經義考新校

九

卷二三四～卷二六八

孟子 爾雅 群經 四書

逸經 毖緯 擬經

[清]朱彝尊 撰

林慶彰 蔣秋華 楊晉龍 馮曉庭 主編

上海古籍出版社

經義考卷二百三十四

孟子四

周氏諝孟子解義

佚。

姓譜：「字希聖，尤溪人。熙寧六年進士，歷知新會縣。王安石行新法，求歸田里。」

史氏通孟子義

佚。

陳氏暘孟子解義

宋志：「十四卷。」

佚。

徐氏積**嗣孟**

一篇。

存。

許氏允成**孟子新義**

宋志：「十四卷。」

佚。

張氏簡**點注孟子**

十四卷。

佚。

晁公武曰：「皇朝熙寧中，蜀州張簡點節經注，附以釋文，以教童子。」

章氏甫**孟子解義**

十四卷。

佚。

盧熊曰：「章甫，字端叔，自建州徙居於吳。熙寧三年進士，知壽春縣。大臣以甫孟子解義進，詔付秘書省，除應天府國子教授。崇寧初，除都官郎中。」

按：龜山志墓，稱係浦城人。

蔡氏參**孟子廣義**

一卷。

佚。

黄氏敏**孟子餘義**

一卷。

佚。

按：以上二書，見紹興續刊四庫闕書目。

晁氏説之**詆孟**

佚。

周密曰：「晁以道作詆孟。」

余氏允文**尊孟辨**

通考：「七篇。①」

存。闕。

〔補正〕

案：「篇」當作「卷」。又案：此余允文，建安人，今通攷版本或作「虞允文」者，訛。（卷九，頁十三）

〔校記〕

四庫輯大典本三卷，續辯二卷，別録一卷。（孟子，頁五九）

陳振孫曰：「建安余允文隱之撰。以司馬公有疑孟，及李覯泰伯常語、鄭厚叔折衷皆有非孟之言，故辨之爲五卷。後二卷，則王充論衡刺孟及東坡論語説中與孟子異者，亦辨焉。」

按：余氏尊孟辨五卷，今惟辨温公疑孟十一條、史剡一條、李泰伯常語十七條、鄭叔友藝圃折衷十條，附載晦菴全集中。

沈氏括**孟子解**

一卷。

---

①「七篇」，依補正、四庫薈要本應作「七卷」。

存。

呂氏大臨**孟子講義**

宋志：「十四卷。」

佚。

游氏酢**孟子雜解**

宋志：「一卷。」

佚。

孟子解義

宋志：「十四卷。」

佚。

楊氏時**孟子義**

未見。

時自序曰：「道之不行久矣，自衰周以來，處士橫議，儒、墨異同之辨起，而是非相勝，非一日也。

孟子以睿知剛明之材，出於道學陵夷之後，非堯、舜之道不陳於王前①，非孔子之行不行於身，思以道援天下，紹復先王之令緒，其自任可謂至矣。當是之時，人不知存亡之理，恃强威弱，挾衆暴寡，以謂久安之勢，在此而已。夫由其道，則七十里而興，不由其道，雖天下而亡，古今之常理也。彼方恃强挾衆，而驟以仁義之言誘之，動逆其所順，則不悟其理，宜其迂闊而不足用也。故轍環於齊、魯、晉、宋之郊，而道終不行，亦其勢然矣。雖膏澤不下於民，其志不施於事業，而世之賴其力，亦豈鮮哉？方世衰道微，使儒、墨之辨息，而奸言詖行不得逞其志，無君無父之教不行於天下，而民免於禽獸，則其爲功非小矣。古人謂孟子之功不在禹下，亦足爲知言也。今其書具存，其要皆言行之迹而已。君子之言行無所不在，道肆諸筆舌以傳後世，皆所以明道也。發諸身，措諸用捨，皆所以行道也。世之學者因言以求其理，由行以觀其言，則聖人之庭户，可漸而進矣。精思之，力行之，古之好學者皆然，而亦不肖之所望於諸君也。然聖道淵懿，非淺識所知，姑誦所聞，未知中否？諸君其擇之，反以告焉，是亦朋友之義也。」

尹氏焞**孟子解**

宋志：「十四卷。」

佚。

〔校記〕

① 「前」，備要本作「朝」。

四庫存目著録，謂是依託。（孟子，頁五九）

陳振孫曰：「尹彦明所著十四卷未成，不及上而卒。」

趙希弁曰：「右和靖先生尹侍講焞所著也。先生乃伊川之高弟，欽宗累聘不赴，賜號和靖。紹興初，再以崇政殿説書召，既侍講筵，首解論語以進，繼解孟子，甫及終篇而卒。此本乃邢正夫刻於岳陽泮宫者。」

林氏之奇孟子講義

佚。

之奇自序曰：「孟子、論語皆先聖之法言，學者之要道也。然孟子之書，大抵推明論語之意，故學論語者，必自孟子始。七篇之書，趙臺卿謂孟子自作，其説不然。論語、孟子皆先聖既没之後，門弟子所録，不惟門弟子所録，亦有出於門弟子門人者，如論語稱『有子曰』、『曾子曰』，皆門人所録也。以至冉子、閔子皆稱子，以是知其門人皆有所紀録於中。如孟子之書，乃公孫丑、萬章諸人之所録，其稱『萬子曰』者，則又萬章門人之所録，蓋集衆人之聞見而後成也。其言則孟子之言，其書則門人之手，不可必也。趙臺卿以謂孟子當蒼姬之訖録，值炎劉之未奮，進不得佐興唐、虞雍熙之治，退不能信三代之餘風，恥没世而無聞，是故退而垂憲言以貽後人，而爲此書。夫既與門人答問而言之矣，又恥没世而無聞，退而編次其言以傳後世，此蓋漢、魏以降文人之通弊，孔、孟之志必不若是之狹也。趙臺卿既以此書爲孟子所作，故其論序篇則曰：孟子之意，以謂帝王之盛，惟有堯、舜。堯、舜之道，仁義爲尚，故以梁惠王問利國，對以仁義爲首篇。仁義根於心，然後可以大行其政，故次以公孫丑問管、晏之政，答以曾西之所羞。以至滕文公、離婁數篇，莫不有説。凡爲篇所以七者，以象七政；章所以二百六十一者，以象三時之日數也；三萬四千六百八十五字者，所以法五七之數而不敢盈。若此之類，其説迂闊，是猶相馬者徒求於物色牝牡之間，而失其真者遠矣。以是知言辭多寡、先後，謂非出於一時所記，此非孟子之意也。大抵求孟子之意者，必求其言，至於文字多寡，篇名先後，出於一時之偶然，不可泥也。」

程氏俱**孟子講義**

四篇。

存。

葉氏夢得**孟子通義**

十卷。

佚。

上官氏愔**孟子略解**

佚。

汪氏琦孟子說

五卷。

佚。

陳氏禾孟子傳本傳作「解」。

宋志：「十四卷。」本傳：「十卷。」

佚。

王氏居正孟子疑難

十四卷。

佚。

李氏撰孟子講義

十四卷。

佚。

廣孟子說養氣論

三篇。

佚。

羅氏從彥**孟子師說**

未見。

陳淵論孟師說總跋曰：「予與仲素定交，幾四十年。憶初從龜山，龜山以孟子『飢者甘食，渴者甘飲』，與夫『人能無以飢渴之害爲心害，則不及人不爲憂矣』，令仲素思索，且云：『此語若易知易行，而有無窮之累。』一日，疏其義以呈龜山，曰：『飲食必有正味，飢渴害之，則不得正味而甘之。猶學者必有正道，不悦於小道而適正焉，則堯、舜人皆可爲矣，何不及之有哉！』龜山云：『此説甚善！但更於心害上一著，猛省留意，則可以入道矣。』仲素一生服膺此語，凡世之所嗜好，一切禁止，故學問日新，尤不可及。自非龜山抽關啓鑰，而仲素於言下省悟，何以臻此？使仲素而不死，則其精進此道，又豈予之所能知哉！今日李君愿中以其遺書質予，其格言要論自爲一家之書，閲其學益進，誦其言益可喜，信乎自心害而去之也。自仲素之亡，傳此書者絶少，非愿中有志於我道，其能用心如此之專乎？既録一本，以備玩味。今歸其書，併以仲素之所授①於龜山者語之，以俟異日觀其學之進，則此語不無助焉。紹興辛酉正月。」

〔補正〕

陳淵條内「所授于龜山者」，「授」當作「受」。（卷九，頁十三）

羅革跋曰：「族兄仲素篤志好學，推研義理，必欲到聖人止宿處。以王氏解經釋字雖富贍詳備，然終不得聖賢大學之意，遂從龜山游，摳衣侍席二十餘載，獨聞至當。得洛中横渠論説頗多，乃編成語、孟二解，記當時對問之語，不加文采，録其實也。廖仲辰於龜山門下，與仲素爲友，得其本録之。庚戌、辛亥中來，聚生徒於南齋，授予此本。廖諱衙，爲龜山之侄婿，議論尤得壼奥。程氏，西洛人。明道先生諱顥，字伯淳，明道其號也；伊川諱頤，字正叔，明道先生之弟。横渠先生，陜西人，姓張諱載，字子厚，與伊川兄弟同時。龜山諱時，字中立，在洛中爲入室高弟，仕至工部侍郎，世居將樂。仲素，名從彦，以特奏中下科，蓋吾族後山之裔，享年六十有四歲。自廣回，卒於汀州之武平縣。紹興壬申二月廿八日，弟革因閲此書，記於汀州之教授廳云。」

鄭氏剛中**孟子解**

三卷。

---

① 「授」，依補正、四庫薈要本、文淵閣四庫本應作「受」。

佚。

張氏栻**孟子詳説**

宋志：「十七卷。」

未見。

癸巳孟子説

宋志：「七卷。」

存。

〔補正〕

案：宋志作孟子解七卷，與此異。（卷九，頁十三）

又案：是書題「癸巳」，孝宗乾道九年也。（卷九，頁十三）

栻自序曰：「歲在戊子，栻與二三學者講誦於長沙之家塾，輒不自量，綴所見爲孟子説。明年冬，會有嚴陵之命，未及終篇。辛卯歲，自都司罷歸。秋冬行大江，舟中讀舊説，多不滿意，從而删正之，其存者蓋鮮矣。還抵故廬，又二載，始克繕寫，撫卷而歎曰：『嗟乎！夫子之道至矣，微孟子，其孰能發揮之？方戰國之際，在上者徒知以强大威力爲事，而在下則異端並作，充塞仁義。孟子獨以身任道，從容乎其間，其見於用，則進退辭受，無往而不得；見於言，則精微曲折，無一之不盡。蓋其篤實輝光，左右逢原，莫非天理之所存也。使後之人知夫人皆可以爲聖人，而政必本於王道，邪説暴行無所逃其迹，而人之類免於夷狄禽獸之歸，其於聖門豈小補哉！今七篇之廣大包含，至深至遠，而循求有序，充擴有方，在學者篤信力行何如耳！雖然，予之於此，蓋將終身焉，豈敢以爲成説，以傳之人哉！特將以爲同志者，講論切磋之資而已。題曰癸巳孟子説云者，蓋將斷此而有考於異日也。」

程氏迥**孟子章句**

佚。

鄭氏耕老**孟子訓釋**

佚。

趙氏敦臨**孟子解**

佚。

黄氏開**孟子辨志**

佚。

徐氏時動**孟子說**

四十卷。

佚。

江西通志：「徐時動，字舜鄰，豐城人，師事胡安國。紹興五年第進士，爲虔州教官。改吉州，移疾不復仕。述孟子說四十卷。」

劉氏季裴**孟子解**

佚。

張氏九成**孟子解**

通考：「十四卷。」

未見。

〔補正〕

按：宋志：「張九成孟子拾遺一卷，語録十四卷。」與通考載無垢所著孟子解，書名不同。（卷九，頁十三）

〔四庫總目〕

朱彝尊經義考注云「未見」。此本爲南宋舊槧，實作孟子傳，不作孟子解。又盡心篇已佚，而告子篇以上已二十九卷，則亦不止十四卷，蓋通考傳寫誤也。（卷卅五，葉十七～十八）

〔校記〕

四庫著録作孟子傳二十九卷。佚盡心篇。（孟子，頁五九）

孟子拾遺

宋志：「一卷。」

未見。

唐肅曰：「先生從學龜山，學有源本。於經傳多所訓釋，而孟子書尤究心焉。」

施氏德操**孟子發題**

一卷。

存。

潛説友曰：「彦執，鹽官人。學有本末，主孟子以排釋氏，實有强立不惑之見。」

郎曄①跋曰：「海昌施先生，隱君子也。諱德操，字彦執。與横浦游從頗厚，文章學問亦其輩流也。

---

① 「郎曄」，文淵閣四庫本、文津閣四庫本俱作「郎煜」。

病發而没，識者悲之。生平論箸甚富，未暇裒録。偶得其孟子發題，輒鋟木以廣其傳，使學者嘗此一臠，亦可以知先生之大略。」

兩浙名賢録：「德操學有本末，主孟子，排釋氏，學者稱爲持正先生。」

按：張子韶祭彦執文：「予生平朋友，不過四人：姚、葉先亡，公繼已去。」又與彦執書稱其「發於言辭，粹然可録」。今孟子發題一篇，附載横浦集後。

陳氏傅良**經筵孟子講義**

二篇。

存。載止齋集。

陸氏筠**翼孟音解**

佚。

周必大序曰：「八卦畫而萬象分，此文字所由作也。自五帝迨戰國，雖六書之法形制或異，然篆、籀猶存，未失本意。秦變末俗，始改散隸，後世益以爲譌謬。傳寫六經、論、孟，間改舊文。而諸儒用今字爲注解，因今韻立音訓，道隨説隱，義逐時晦，爲不少矣。韓退之云『凡爲文辭，宜略識古字』，故寶蓄科斗孝經及漢衛宏官書以爲依據，奈何後之人不復致意於斯也。臨川陸嘉材，諱筠，一字元禮，博習修潔，登紹興己丑進士第，不汲汲進取，惟盡心於所沿。初主貴溪簿，闢邪説而正官廳，王右史洋爲之記。

厥後魔賊焚縣，相戒獨留簿廳，其感人心如此。仕至朝奉大夫，浙西安撫司參議官，賜服金紫，享年七十有六。平生篤志孟子，著翼孟音解九十一條，擇春秋左氏傳、莊、列、楚詞、西漢書、説文之存古文者，深思互考，遂成此書。如以『折枝』爲『磬折腰肢』；讀『樂酒』若『樂山』、『樂水』；『角招』爲『韶』；『睟子』爲『牟』；『殺三苗』，本作『竄』；『二女果』本作『婐』之類，粲若白黑。至論舜生於諸馮，遷於負夏，卒於鳴條，視漢儒所記檀弓、蒼梧之語，孰近孰遠？孰信孰疑？此古今學者議論所未及也。且舜居河東，歷山、雷澤各有其地，而越人別指歷山舜井、象田，仍以餘姚、上虞名縣，風土記曲爲之辭，人不謂然！蓋異端之作，其來已久，於舜平居附會已類此，況身後乎？所謂九疑之葬，二妃之溺，宜退之黄陵碑云『皆不可信』。彼孔安國解書，以『陟方』訓『升道①』，其説尤拘。書固曰『升高必自下，陟遐必自邇』，豈專訓『升』乎？然退之近捨孟子，而遠引竹書紀年，何也？予每歎恨，不得質疑於韓門，而喜嘉材嗜古著書，有益後覺。藏其本殆三十年，今嗣子新融水尉孝溥追叙先志，請序卷首，始爲推而廣之。昔唐彭城劉軻慕孟子而命名，著翼孟三卷，白樂天記其事，賴以不朽。嘉材視劉何愧，特予非樂天比，其能使嘉材不朽乎？慶元六年四月戊戌。」

江西通志：「陸筠，字嘉材，一字元禮，金谿人。紹興中進士，官江西帥司參議奉祠。平生好孟子，因著翼孟音解。嘗過豐城，僑居南禪寺緑筠軒，愛其名與己協，遂留不去。」

---

① 「道」，文淵閣四庫本作「遐」。

南昌府志：「筠作翼孟音解，凡九十一條。」

倪氏思**孟子問答**

十二卷。

佚。

朱子熹**孟子集注**

宋志：「十四卷。」

存。

〔校記〕

四庫本七卷。（孟子，頁五九）

晏淵曰：「淳熙四年，文公年四十八，注孟子『子産聽鄭國之政』，謂成周改歲首而不改月，則晚年之確論也。嘗欲更注，而其書已行於世。以時令考之，戌亥①之月未甚寒，猶可褰裳以涉也。子丑之間，涸陰沍寒，當此之時，而以乘輿濟民，民能免於病涉乎？橋梁道路，可以觀政。九月成杠，十月成梁，戒事之辭也；十一月徒杠成，十二月輿梁成，序事之辭也。國語有戒備之意，孟子就凍極之時言

① 「戌亥」，依文津閣四庫本應作「戊亥」。

之，皆夏時云。」

孟子集義 初名精義。

宋志：「十四卷。」

存。

孟子或問

宋志：「十四卷。」

存。

孟子問辨

十一卷。

存。

右見本集。

孟子要略

未見。

真德秀序曰："太守陳侯既刊文公朱先生論語詳説於郡齋，又得孟子要略以示學者，曰：先生之於孟子，發明之也至矣！其全在集注，而其要在此編。蓋性者，義理之本源，學者必明乎此，而後知天下萬善皆由此出，非有假乎外也，故此編之首，曰性善焉。性果何物哉？曰五常而已耳。仁義者，五常之綱領也，故論性之次，曰仁義焉。心者，性之主，不可以無操存持養之功，故論心爲仁義之次。事親從兄，天性之自然，而本心發見之尤切者也，故孝弟爲論心之次。仁義者，人心之所同，而所以賊之者，利也，學者必審乎義利之分，然後不失其本心之正，故義利爲孝弟之次。義利明矣，推之於出處，則修吾之天爵而不誘於人爵，推之於政事，則純乎王道而不雜乎霸功，故義利之次，二者繼之。聖賢之學，循天理之正，所以盡其性也；異端之學，循人欲之私，所以拂其性也，故以是終焉。先後次第之別，其指豈不甚明也哉！學者於集注，求其全體，而又於此玩其要指焉，則七篇之義，無復餘藴矣！雖然，學者之於道，豈苟知而已耶？昔嘗聞先生與其門人論輯此書之意而誨之曰：『觀書不可僅過目而止，必時復玩味，庶幾忽然感悟到得義理與踐履處，融會乃爲自得。』嗚呼！是又先生教人之要指也。予之刻此書也，豈苟然哉？侯以序引見屬退，惟末學未能窺先生之門牆，故於侯之命雖不敢辭，而亦不敢以序自任也。故論次侯本語，系諸編末，爲朋友共講云。"

按：是序亦載劉爚雲莊集。

讀余氏尊孟辨説

一卷。

存。

黄氏幹**孟子講義**

一卷。

存。

幹自述曰：「幹蒙恩假守漢陽，每念此郡士風簡質渾厚，可與適道。輒誦所聞，以與士友講説，爲孟子講義二十章。衰晚愚昧，廢學日久，不足以發明聖賢之藴奥，然孟子之書，明白切至，誦其本文，亦足以使人興起，於此二十章之中，玩味而有得焉！則七篇之指，可以類推，聖賢之道，可以馴致。惟諸友勉之，庶幾異日漢水之濱，將有聖道，爲諸儒倡者矣。嘉定乙亥長至。」

輔氏廣**孟子答問**

未見。

袁桷論孟答問總序曰：「解經莫嚴於聖賢，見於語、孟，其語簡，其旨明。子思之釋經，尤得聖人之微旨，今其書具在也。自漢傳注之學興，蔓辭衍説，浸淫乎萬言。魏、晉一切掃削，明理之説，歸於空玄。二者之弊，遂淪於偏滯，學者昧昧，無所依憑焉。踰千有餘歲矣，至宋春陵碩儒，開伊、洛之緒，正説至道，粲於簡册，良謂大備。後朱文公出，懼其剽竊之近似也，源同而派别之，統宗據要，蓋將使夫學者不躐等而進，若律之有均，衡之有權，不得以錙銖差也。既又懼其疑之未釋，復爲問答以曲喻之，其詳且盡，不復可以有加矣。書大行於天下，而後之師慕者，類天台釋氏之教文，旁行側注，挈綱立目，茫乎皓首，不足以窺其籓籬，卒至於聖人之經旨，莫之有解。日從事於口耳，孩提之童，齊襟拱手，相與言道德性命者皆是也。栯幼承父師，獨取黄、輔二先生之書而讀之。黄公之書，嘗輔翼其未備，若可疑者，則以昔之所聞於先師而申明之。至於輔公，則直彰其義，衍者隱之，幽者暢之，文理炳著，不別爲標的，以盡夫事師之道。微文小義簡焉，以釋經爲急，而其知行體用之説，不蘄合而有合矣。二公所爲，是誠有益於後世。而今世補文公之遺書，夸多務博，雜然前陳，莫知簡擇，予獨病之。合黄、輔以傳，則文公授受之旨，益得以達。輔公書，其子季章舊刻於武岡，兵禍散軼。今其從孫政與其子華亭丞友仁相與謀，曰：『遺書不傳，吾輔氏子孫責曷敢緩？』遂刻先生之書於家塾，俾序其事。予獨連言於黄公者，將使夫後人知二公爲文公親授，黄公之澤已斬，輔氏爲未墜，是可哀也已，是可嘉也已，願勉哉！正學之興，其必在是也。」

許氏升**孟子説**

佚。

朱子曰：「順之孟子説，備見用意之精，但苦於太高，卻失本意。」

晏氏淵**孟子注**

佚。

曹學佺曰：「淵，字亞夫，號蓮蕩，晉中郎將晏靖之後。世居襄陽，後徙居蜀，家涪坪山，受學於晦菴。」

鄒氏補之**孟子注**

佚。

馮氏椅**孟子圖**

佚。

張氏顯父**孟子問答**

佚。

戴銑曰：「顯父，字敬之。」

劉氏砥**孟子注解**

佚。

經義考卷二百三十五

孟子五

徐氏存孟子解

佚。

章氏服孟子解

三卷。

佚。

黄氏次伋評孟

佚。

周密曰：「黄次伋作評孟。」

李氏彖**孟子講義**

佚。

徐氏珣**孟子解**

佚。

潘氏好古**孟子説**

佚。

袁氏甫**孟子解**

佚。

宋史：「袁甫，字廣微，學士燮之子。嘉定七年進士第一，吏部侍郎兼國子祭酒權兵部尚書，卒謚正肅。」

陳氏易**孟子解**

佚。

陳氏駿**孟子筆義**

佚。

孫氏奕**孟子明解**

十四卷。

未見。

按：聚樂堂藝文目有之。

王氏自申**孟子旨義**

佚。

魏了翁志墓曰：「公字仲甫，登淳熙五年進士，知信州。」

陳氏藻**孟子解**

佚。

陳氏櫄**孟子解**

佚。

陳氏耆卿**孟子記蒙**

佚。

葉適論孟記蒙跋曰：「古聖賢之微言，先儒所共講也，然皆曰至二程而始明，凡二程所嘗講，皆曰至是止矣。其密承親領游、楊、尹、謝之流，而張、吕、朱氏後時同起，交闡互暢，厥義大弘，無留藴焉。竊怪數十年士之詣門請益，歷階覩①奥者，提策警厲之深，涵玩充溢之久，固宜各有論述，自名其宗，而未聞與衆出之以扶翼其教，何哉？豈敬其師之所以覺我，而謙於我之所以覺人歟？天台陳耆卿生晚，而又獨學，奚遽筆之書？然觀其簡峻捷疾，會心切己，則非熟於其統要者，不能入也；總括凝聚，枝源派本，則非博於其倫類者，不能推也；機鑰嚴秘，門藏户攝，則非老於其室家者，不能守也；勾萌榮動，

① 「覩」，文淵閣四庫本誤作「都」。

春華秋實，則非妙於其功用者，不能化也。蓋數十年所未見，而一日得之，余甚駭焉。嗟夫！余雖後死，而素無其質，終不足以進此道矣。使子及其時，步趨規矩於親領密承之間，回復折旋於互暢交闡之盛，不挺然異材乎？不柄受之以扶翼其教乎？愧余之不足進，余昔之言也，美余之不可及，余今之言也，當以今之言爲揭。」

趙氏善湘**孟子解**

十四卷。

佚。

夏氏良規**孟子解**

佚。

傅氏子雲**孟子指義**

佚。

時氏少章**孟子大義**一作贅説。

佚。

黄氏宙**孟子解**

佚。

李氏惟正**翼孟**

佚。

魏了翁志墓曰：「君諱惟正，字中父，邛之蒲江人。紹熙八年進士，令仁壽，僉書大安軍判官。逆曦變起，潔身自全，今辟僉書劍南西川節度判官。嘗著書翼論、孟，至是翼孟猶未成書，公退則竟其説，内外勞勩，遂得疾卒。」

魏氏天祐**孟子説**

佚。

戴氏溪**石鼓孟子答問**

宋志：「三卷。」

佚。

錢氏文子**孟子傳贊**

宋志：「十四卷。」

佚。

王氏萬**孟子説**

佚。

蔡氏元鼎**孟子講義**

佚。

魏氏了翁**孟子要義**

十四卷。

未見。

譙氏仲午**孟子旨義**

佚。

魏了翁志墓曰：「譙仲甫，諱仲午，其先由邛徙蒲江。嘉定四年登進士第，授迪功郎，調雙流縣尉，陞從事郎，調隆州州學教授，轉通直郎致仕。其遺文有孟子旨義藏於家。」

蔡氏模**孟子集疏**

十四卷。

存。

蔡杭後序曰：「杭聞之先師曰：『論、孟二書，孔門傳授心法也。古之學者，其始即此以爲學，其卒非離此以爲道，窮理盡性，修己治人，内外一致，蓋取諸此而已。』噫！天何言哉！四時行焉，百物生焉。天何言哉！聖人盛德大業，日新而富有，其存神過化，固有在言語之外者，子貢所謂『夫子之言性與天道，不可得而聞者』，此也。至若語之而不惰，於吾言無所不説，非顔氏子，其誰能之？故自曾子之徒，會集以爲論語，孟氏傳得其宗，著書七篇，有以廣其所未發，以此見聖人之精藴，與天地相爲無窮，非大賢成德，何足以蠡測而管窺之哉？自漢以來，及我有宋，訓釋論、孟凡幾家，求其得聖賢之意蓋鮮矣。天不愛道，濂溪周子生焉，爲民先覺，絶學賴以復續。再傳而得河南二程子，然後孔、孟之教復行，其書稍稍尊信於世。追及紫陽朱子，沿流泝源，集諸儒之大成，洞四書之藴奥，天下學者翕然宗之。若論、孟二書，則有集義以發其所疑，有或問以别其所異，於是盡平生之力，兼衆説之長，而集注出焉。蓋至於今，家傳人誦，學者有所標的，其羽翼斯文之功，顧不大歟。噫！朱子之心，即周、程之心，孔、孟之心，能言者不可復加矣。杭之王父西山府君在師門最久，朱子因以老友稱之，嘗引以自匹，則曰翁季二書之會萃也，取舍決擇，與有聞焉。先伯父節齋府君，先君子九峰府君，克世師師學，易簀不離左右，得於問辨講明爲尤詳。先君子謂杭兄弟曰：『學二書者，求諸集注固也，集注氣象涵蓄，語意精密，至引而不發，尤未易讀。嘗欲取集義、或問，及張、吕諸賢門人高弟往復問答語，如朱子所謂蒐輯條流，附益諸説者，類聚縷析，期於語脈分明，宗旨端的而已。』不幸齎志以往。嘉熙己亥，杭需次家食，伯氏覺軒相與語及過庭舊聞，慨然旁搜博取，以就先志。越明年，重罹陟屺之戚，廬墓東原，對床讀禮之暇，益繙閲諸書，參伍考訂，至忘寢食。伯氏不以杭無似，俾共商榷焉，朝夕玩味稽合，蓋亦有年。杭以隨牒四方，不獲執筆硯，從伯氏卒業。歲在丙午，備員册府，伯氏以書誨杭曰：『集疏成編，今九年矣，吾未敢脱稾，尚冀有進，試爲我序所以會集之意。』杭聞伯氏究心於是也，參或問以見同異，采集義以備缺遺，文集則以剖決而無隱，語録則以講辨而益精，以至兩世之所見聞，門人之所敷繹，有足以發越朱子言外之意，及推廣其餘説者，會而通之，間以評論附焉。故觀集疏者，集注之意易見；觀集注者，論、孟之指益明。恍如侍席於竹林精舍間，雖千載猶一日也。然則集疏之作，有助於學者，不既多乎！抑先君子有言，書之成也，不易讀其書者，可以易而得之乎？不敢僭書篇端，姑述其概於後，與同志共之。」

〔補正〕

後序末當補云「淳祐六年」。（卷九，頁一四）

王氏奕**孟子説**

佚。

王氏汝猷孟子辨疑

宋志：「十四卷。」

佚。

饒氏魯孟子記聞

佚。

馬氏廷鸞孟子會編

佚。

劉氏元剛孟子演義

佚。

朱氏申孟子箋

佚。

黃氏震**讀孟子日抄**

一卷。

存。

王氏柏**孟子通旨**

七卷。

未見。

金氏履祥**孟子考證**

未見。

〔校記〕

四庫著録孟子集注七卷。（孟子，頁六〇）

陳氏普**孟子纂要**

佚。

普自序曰：「孟子七篇之書，其大原大本，皆從性善流出，臨機應物，縱横出没，雖千變萬化，而脈絡貫通，條理分明，曾不離乎一本之妙。戰國之時，人欲横流，異端交亂，壞人心術，孟子揭性善二字，所以開人心之蔽，塞邪説之原，其有功於聖門者不細矣。其言仁、義、禮、智，則曰心之固有，非由外鑠。惻隱、羞惡、辭讓、是非之情，則以爲五性之端。孩提親愛，則指其良知之發，乍見孺子入井，則明其本然之善。窮理則曰盡心知性，修身則曰存心、養性，養心則曰寡欲，學問則曰求放心，不動心則曰持志養氣，天道、人道則曰誠者思誠。牛山之木，山徑之蹊，夜氣之存，斧斤之伐，皆極言存心養性工夫。陳王道，則以仁義事君，則曰格非心。行王政，則推其不忍之心。保赤子，則曰舉斯加彼。論王霸，則以用心之誠僞。言桀、紂，則以其失民心。堯、舜，則曰不失其性。湯、武，則曰善反諸身。喪親，則曰自盡。兼愛，則言一本不爲。枉尺直尋，不肯背馳詭遇。安於義命，不慕乎人爵之榮。富貴利禄，則曰所性不存。困窮拂鬱，則曰動心忍性。知幾能權，見道不惑，長短輕重，權度不差，用心措慮，隨事制宜，其本原統會，皆自性善中來。七篇上下，若萬語千言，不出乎一心之妙用。蓋其學本子思，子思出於曾子，曾子親承一貫之旨而學專於内，故傳之無弊。性善之旨，又自明德修道中來，故其爲言，多與中庸、大學相表裏，所以繼往聖、開來學、正人心、破邪説，其功德被於無窮，教化行乎萬世。學者有見於此，而後知其性善之本，仁、義、禮、智不從外得，一心之中，萬理咸備，雖堯、舜，人皆可爲，庶有以發憤自强，不徒自暴自棄云耳。然微程、朱發明奥旨，則亦孰知斯人之爲功，而識乎性之本善也？予於習讀之暇，姑撮一二要旨以爲蒙訓，庶幾思索而有得其意云。」

〔補正〕

自序内「修身則存心」，「則」下脱「曰」字。（卷九，頁十四）①

亡名氏集百家孟子解

通考：「十二卷。」

佚。

晁公武曰：「集古今諸儒，自裴日休至强至、賈同百餘家解孟子成一編。」

〔補正〕

晁公武條内「裴日休」，「裴」，通考作「皮」。（卷九，頁一四）

王氏若虚**孟子辨惑**

一卷。

存。

若虚自述曰：「孟子謂：『説詩者，不當以文害辭，以辭害志；以意逆志，是爲得之。』趙氏曰：『欲使後人深求其意，以解其文，不但施於説詩也。』此最知言。蓋孟子之書，隨機立教，不主故常，凡引人於善地而已。故雖委巷野人之所傳，苟可駕説以明道，皆所不擇。其辭勁，其氣厲，其變縱横而不測，

①　本文不誤，補正誤校。

蓋急於救世而然。以孔子微言律之，若參差而不合，所以生學者之疑。誠能以意逆志而求之，如合符契矣。趙氏雖及知此，而不能善爲發明，是以無大功於孟子。司馬君實著所疑十餘篇，蓋淺近不足道也。蘇氏解論語與孟子辨者八，其論差勝，自以去聖人不遠，及細味之，亦皆失其本旨。張九成最號深知者，而復不能盡，如論行仁政而王，王者之不作，曲爲護諱，不敢正言，而猥曰：『王者，王道也。』此猶是鄭厚輩所見。至於對齊宣、湯、武之問，辨任人、食色之惑，皆置而不能措口。嗚呼！孟子之意難明如此乎？」

趙氏秉文**刪集孟子解**

十卷。

佚。

劉氏章**刺刺孟**

一卷。

佚。

杜氏瑛**孟子集注旁通**

四卷。

未見。

李氏恕**孟子旁注**

七卷。

佚。

吴氏迂**孟子集注附録**

未見。

讀孟子法

一卷。

未見。

李氏昶**孟子權衡遺説**

五卷。

佚。

元史：「昶取孟子舊説、新説矛盾者，參考歸一，附以己見，爲孟子權衡遺説五卷。」

夏侯氏尚玄**原孟**

未見。

陸元輔曰：「元華亭夏侯尚玄文卿撰，别字石嵓。」

亡名氏孟子通解

十四卷。

佚。

孟子衍義

十四卷。

佚。

孟子思問録

一卷。

佚。

孟子旁解

七卷。

未見。

黄虞稷曰："以上四部，不知撰人，皆元人所著也。旁解首載趙氏題辭，其本文下，細書以釋之。"

劉氏三吾等**孟子節文**

二卷。

未見。

張萱曰："洪武間，翰林學士劉三吾上。言孟子一書，中間詞氣抑揚太過，請節去八十五條，課試不以命題，科舉不以取士。其餘存者，頒之學官。上可其奏，命曰節文。"

楊士奇曰："孟子節文一册，有翰林學士劉三吾題辭，蓋三吾等奏請爲之者也。總一百七十餘條，此外惟課試不以命題，科舉不以取士而已。刊板在太學。"

祝允明曰："聖祖以孟子當戰國之世，故辭氣或抑揚太過。今天下一統，學者不得其本意，而概以見之言行，則學非所學，而用非所用，命劉三吾删其過者，爲孟子節文，不以命題取士。"

楊氏守陳孟子私抄

七卷。

未見。

守陳自序曰：「蒙抄孟子，一如論語之例，既輟筆，仰而思之。孔子在當時，或譏或毁，鮮知其聖，惟其門人若回、賜數人知之深耳。暨其卒也，世稍誦法之，然皆識其小而遺其大，得其麤而忘其精，雖檀弓所記之言行，亦或有失其真，而況乎他？逮夫世遠言湮，異端雜出，惟孟子傳得其真，所著若性善、四端、義利、王霸之類，皆發明其大與精者。且闢楊、墨，拒儀、衍，而獨尊之，謂其賢於堯、舜，邁於夷、尹，惠自生民以來所未有者。其論明辨博偉，足詔萬世，至今人仰孔子，如天地之大，日月之明者，孟子之力居多也。孟子在當時，亦多譏毁之者，後世若荀卿、王充、蘇軾、李覯、鄭樵、馮休之論，尚譊譊不已。尊信之者，惟趙邠卿、韓文公、二程子、張南軒、陸嘉材、余隱之，纔幾人耳。至朱子尊信尤至，謂其道性善，大有功於聖門也；言思誠，得曾、思之所授受也；論經界喪禮，見命世亞聖之大才也；歷叙群聖，見自任之重也。凡七篇之言，皆爲發明其藴奥，至於馮、李、鄭三人之説，又皆别白其瑕疵，故至今論書，則必稱論、孟；論人，則稱孔、孟而翕然無異詞者，朱子之功多矣。然則孔子之道，得孟子而益彰；孟子之道，得朱子而彌著。三子之道一也，而淺深異焉。志學、從心，孔子之所以聖也；知言養氣，孟子之所以亞聖也；窮理反躬，朱子之所以賢也。學朱子而漸造乎孟子，造孟子而寖近乎孔子，此士之所當務也，蒙竊有志焉。詩曰：『高山仰止，景行行止。』書是以自策。」

李氏承恩**孟子記**

未見。

童氏品**孟子編類、鄒書**

俱未見。

吕氏柟**孟子因問**

三卷。

未見。

林氏士元**孟子衍義**

未見。

陸元輔曰：「士元，敻山人。正德甲戌進士。」

楊氏時喬**孟子古今四體文**

七卷。

存。

李氏（栻）孟子道性善編

一卷。

未見。

李氏（鼎）孟子詁

一卷。

未見。

萬氏（表）孟子摘義

未見。

管氏（志道）孟子訂釋

七卷。

存。

〔校記〕

四庫存目作孟子訂測，内分「訂釋」、「測義」二例。（孟子，頁六〇）

陳氏士元**孟子雜記**

四卷。

存。

姚氏舜牧**孟子疑問**

七卷。

存。

王氏豫**孟子尊周辨**

一卷。

未見。

鄭元慶曰：「王豫，字介夫，烏程人。萬曆丁丑進士，歷官福建按察司僉事。」

郝氏敬**孟子説解**

十四卷。

存。

陸元輔曰：「郝仲輿孟子説解，前有讀孟子三十一條爲一卷；又孟子遺事一卷，餘隨文詳説十二卷。」

陳氏懿典**孟子貫義**

二卷。

存。

懿典自序略曰：「十三經中，孟子有趙岐注，晦庵爲孟子集注，又於禮記中表章曾子大學、子思中庸，爲之章句，與論語集注並行，號爲四書。成祖文皇帝詔儒臣編輯四書、五經大全，科場取士，士皆各占一經，而論、孟、學、庸三義，則人人所同，誠重之也。大學、中庸本皆一篇，朱子析爲章句，其次第貫通之脈絡自在，不必添説。論語、孟子注疏，集注於一章下有小引，而有無詳略不同。予在京邸時，曾爲論語衍其義數篇，歸來始竣。後又演孟子前三篇，病冗寢閣。己巳，復爲續之。庚午春仲始卒業，而爲之序。」

顧氏起元**讀孟私箋**

二卷。

未見。

戴氏君恩**繪孟**

七卷。

存。

林侗曰：「戴君恩，字忠甫，澧洲人。萬曆癸丑進士，累官右僉都御史，巡撫山西。」

陳氏一經**孟子大全纂**

五卷。

存。

黃氏宗羲**孟子師説**

一卷。

存。

〔校記〕

四庫本二卷。（孟子，頁六〇）

宗羲自序曰：「天下之最難知者，一人索之而弗獲，千萬人索之。而無弗獲矣。天下之最難致者，一時窮之而未盡，千百年窮之，而無不盡矣。四子之義，平易近人，非難知、難盡也，學其學者，詎止千萬人、千百年？而明月之珠，尚沈於大澤，既不能當身理會，求其著落，又不能屏去傳注，獨取遺經。精思其故，成説在前，此亦一述朱，彼亦一述朱，宜其學者之愈多而愈晦也。先師子劉子，於大學有統義，於中庸有慎獨義，於論語有學案，皆其微言所寄，獨孟子無成書。羲讀劉子遺書，潛心有年，麤識先師宗旨所在，竊取其意，因成孟子師説一卷，以補其所未備，或不能無所出入，以俟知先生之學者，糾其謬云。」

經義考卷二百三十六

孟子六

吴氏迂孟子年譜

一卷。

佚。

季氏本孟子事蹟圖譜

二卷。

存。

本論曰：「史記孟軻傳載孟子事甚略，如『孟母三遷』之事，見於列女傳；『東家殺豚，而買肉以食①之』，見於韓詩外傳。以司馬遷之博取，而亦不之録也，意劉向、韓嬰必有據而傳之也。及長，受業於子思之門人，故孟子自言曰：『予未得爲孔子徒也，予私淑諸人也。』其所履歷，見於孟子書，則鄒、任、滕、薛、魯、宋、齊、梁，皆其所遊之國也；鄒穆公、魯穆公、平公、梁惠王、襄王、齊宣王、滕文公，皆其所見之君也。史記於所歷鄒、任、滕、薛、魯、宋之事略不一書，惟曰：『道既通，游事齊宣王，宣王不能用。適梁，梁惠王不果所言，則見以爲迂遠而闊於事情。』又於魏世家惠王三十五年，載惠王卑禮厚幣以招賢者，孟軻至梁。又於燕世家載『燕君噲讓國子之』，并附會孟子勸齊伐燕之言，齊因伐之燕，士卒不戰，城門不閉，遂大勝燕。考之年表，是爲燕君噲七年，齊湣王十年也。如此，則其時孟子在齊矣。以伐燕爲齊湣王事，本出荀子，史記蓋祖荀子，皇極經世因之，而古史亦謂孟子先事齊宣王，後乃見梁惠王、襄王、齊湣王。然『伐燕』之説，孟子書所載甚詳，實齊宣王事也，史記等書所言，大相戾矣。今以史記齊、魏年表考之：梁惠王三十五年當齊宣王七年，是爲周顯王三十三年乙酉。梁惠王，三十六年卒，子襄王立，襄王元年當齊宣王九年，是爲周顯王三十五年丁亥。齊宣王，十九年卒，子湣王立，湣王元年當梁襄王十二年，是爲周顯王四十六年戊戌。梁襄王，十六年卒，子哀王立，哀王元年當齊湣王六年，是爲周慎靚王三年癸卯。梁哀王，二十三年卒，當齊湣王二十八年，是爲周赧王十九年乙丑。司馬温公主孟子書，以伐燕爲齊宣王事，故其修通鑑也，於齊宣王在位之十九年，則上損十年以入威王之世，下

①「食」，文津閣四庫本誤作「實」。

益十年以合湣王伐燕之期，而宣王之世移十年於威王，湣王之世移十年於宣王，如此則宣王元年當梁惠王三十五年，後又四年，即史記梁襄王之四年也。然又以孟子自魏適齊，當在梁襄王初年，恐與齊宣王即位之年不相直，故據杜預引汲冢書魏國紀年惠王三十六年改元，從一年始至十六年而稱惠成王卒，即惠王也。疑史記誤分惠成之世爲後五年也。哀王二十三年卒，故不稱謚，謂之今王。又據世本，惠王生襄王，無哀王，而以今王爲襄王，然則梁惠王之後十六年，即周慎靚王之二年壬寅也，蓋據史記『孟子以惠王三十五年至梁』之説，而明其先至魏，後至齊也。故朱子綱目因之，書『孟軻至魏』於惠王三十五年招賢之日，書『去魏適齊』於惠王後十六年襄王初立之時，書『去齊』於宣王十九年齊人取燕之下。孟子適齊之歲，實宣王十四年也，則孟子居魏者閲十八年，居齊者閲六年。今孟子書所記魏事甚少，齊事甚多，豈宜在魏日如此之深，而在齊日如此之淺耶？或增或損，或合或離，本無定據，聊以遷就孟子伐燕之歲而已。夫汲冢書以梁惠王於三十六年改元爲惠成王，古無改元之事，安知惠成王非即襄王之别稱耶？世本之説，亦何足據，而必以爲無哀王之世耶？伐燕之事，史記載於湣王十年，其誤必矣。但齊宣王之世，上損十年，本出臆見，吕氏大事記於宣王初年從史記，卒年從通鑑，亦益以湣王十年通爲二十九年，庶幾近之，其餘亦多與孟子書不合。又孟子所記魯繆公、平公事，史皆未有及之，他所傳聞，豈足盡信耶？今以史記魯世家考之，繆公元年，周威烈王十七年壬申也，在位三十三年，卒之年，周安王二十五年甲辰也。平公元年，周慎靚王五年乙巳也，在位二十年，卒之年，周赧王十八年甲子也。繆公元年，上距哀公十六年孔子之卒七十年，孔子之子伯魚卒於孔子之前四年，而伯魚之子子思仕魯爲臣，雖當繆公初年，已七十五歲矣，況或在其後乎？孟子生於子思之後，未必親見子思也，孔叢子等書及趙岐①注皆云『孟子親受業於子思』；今據孟子，初見梁惠王，而惠王稱之曰『叟』，蓋六十以上之稱也。即六十而逆推其始生，則魯繆公之十五年也。及成童入大學之年而見子思，則繆公之三十年，子思蓋百有四歲矣，故謂孟子受業於子思之門人，豈可謂史記爲臆説哉！自魯繆公十五年，下距平公元年，實七十九年，又六年當臧倉之沮而適宋，則孟子年八十五年矣。若以見梁惠王之年爲年七十，則其生當先十年。至其成童時，雖子思年方逾耄，力或尚强，但距臧倉之沮爲九十五年，而喪母在其前六年，則孟子當年八十九，而其母不幾於百有十歲乎？故即梁惠王稱孟子爲『叟』，而知其年逾六十矣。又二十四年，孟子託景丑氏喻齊王，而自以齒德當達尊，則去齊以後，年歲可知矣。蓋自春秋以後，戰國以前，史記所稱世次，或有虚加，或有闕略，皆無以考其詳，惟以孟子書爲證而序正之，可也。孟子，鄒人也，鄒、魯相近，則魯其少所問學而常遊之地也。居鄒四十年間，無所考見其歷聘之跡，必隱居尚志，已能不動於心，故授徒講學，弟子日進，而曹交得聞『人皆可以爲堯、舜』之説，遂欲假館鄒君，則知至鄒問道也。及門者之多，必在此時歟！鄒與魯鬨，鄒君穆公憤其民不救長上之死，而孟子以『上慢殘下』責之，亦其在鄒時事也。時季任爲任處守，以幣交，受之而不報。他日之任見季子，有爲屋廬子答任人『禮與食、色輕重』之説。已而之平陸，儲子爲齊相，以幣交，亦受之而不報。他日之齊，不見儲子，有與屋廬子論『季子不得之鄒，儲子得之平陸』之説。至則不見齊王，故陳代以不見諸侯爲小，而萬章亦有『不見諸侯何義』之問。孟子皆舉『齊景公招虞人，不往』爲説，以其爲齊故事，人易曉也。

① 「趙岐」，備要本作「趙氏」。

王疑其有異，使人瞷之，意儲子通意宣王知先加禮，故得見孟子也。當其三見而未言事，蓋欲以道格其非心，而不遽求於用人行政之間也。其處平陸也，謂其『大夫失伍』，而孔距心受爲己罪以告宣王，王亦歸罪於己，似可與有爲也。然短喪一念，大本已失，雖攻其邪心而未能格，徒以兼金百鎰之餽爲厚賢之禮，孟子以其無處而辭之。又匡章通國皆稱不孝而與之遊，陳仲子人皆以爲廉而斥其無親戚，君臣、上下，於俗亦多不合，故不久去而之宋君剔成之世，意雖至其國，亦不先見剔成，故公孫丑有『不見諸侯何義』之問。觀其問，列於宋事之間，必公孫丑從行之宋，因宋而發也。孟子居宋，疑必有上下之交，如『尊德樂義』爲宋句踐言之，『什一，去關市之征』爲戴盈之論之，郜爲宋滅其子孫爲告，告子之相見，疑即此時，而『性善』微旨，王道大端，必有以開示宋之君臣矣。時滕文公爲世子，將之楚，過宋，見孟子而往來及之，可以見其居宋之久矣。孟子將東至於薛，然後適魏，宋公餽兼金七十鎰，而辭曰『餽贐』，若非期於適魏，不可以爲遠行也。由薛以往，必設兵以備寇盜，薛君兼金五十鎰，而辭曰『聞戒』，謂之『聞』，則兵衛之資，孟子自具也。薛、宋各餽兼金，必孟子爲謀其國者有善道，故二君加禮焉。陳臻嘗問『前日於齊王餽兼金一百而不受，於宋餽七十鎰而受，於薛餽五十鎰而受』，以齊爲『前日』，以宋與薛爲『今日』，必一時之事，而適齊在前，宋、薛在後也。夫宋與滕、薛及鄒、魯、小邾，皆泗上諸侯也，初本服於魏，魏爲秦敗，楚遂滅小邾，而宋與薛皆迫於楚。滕已事楚，而孟子由薛之魏，得無以鄒爲父母之邦，將因大國以爲之謀與？是適魏，固適齊後事也。故史記言遊事齊宣王在梁惠王之前，疑必有據。惠王一見孟子，而首有『利國』之問，既又有『鴻雁、麋鹿』之問，既又因歲凶而有『民不加多』之問，孟子皆以仁義之道啓之，而惠王之志在於報怨，乃欲雪齊、秦、楚之恥，非愛民之仁也，故孟子歎其不仁，而他日爲公孫丑言之，居魏而與之論仕者，又僅有周霄焉，則魏可知已。甫踰年而惠王卒，襄王嗣之，孟子始見，以其望之無可畏，而卒然之問，乃其急功利之心，孟子固宜以此而去魏也。但綱目以爲去魏適齊，則去魏之後，無復有滕事。且其所紀適齊之年，距伐燕歲僅閱六年，而孟子於其間任爲卿之重，居喪母之憂，其日宜不如是淺也。故自魏而歸，未適齊也。而去魏於襄王之初，必不在惠王後十六年之後也。歸鄒未幾，滕定公薨，文公使然友之鄒，問喪禮於孟子，其言曰『昔者孟子嘗與我言於宋』，則在宋見世子之後，固嘗歸鄒。其後至滕，館於上宫，蓋在此時。文公問爲國，又使畢戰問井地，君臣力行孟子所告井田、學校之仁政，於是感動遠方之人，許行自楚，陳相、陳辛自宋，皆至於滕，願爲之氓。功效如此，非歲月遲久，不可卒致也。且陳相見而道許行之言，孟子此時宜在滕，豈其復歸鄒，而往來於滕以爲之經理，非但其君臣潤澤之功也。故其弟滕更及門卒業，亦可以知在滕之非一日矣。滕界齊、楚大國之間，既事楚，而齊争之，故欲息肩於一國，而有『事齊、事楚』之問。及齊人將築薛，當在周顯王之四十八年，齊人封田嬰爲薛公之前，距孟子去魏之歲，實已一十三年。而滕文公甚恐，且有『竭力以事大，不得免焉』之問，則設『遷國』、『效死』二策以告之，滕亦以能愛民事大免焉。孟子終有意於宣王，故復至齊，時公孫丑設爲當路於齊，加齊卿相之問，則猶未爲卿也。及見宣王，有『齊桓、晉文』之問，又有『交鄰有道』之問，又有『湯放桀，武王伐紂』之問，其餘『問樂、問囿』與夫『雪宫、明堂』之問，皆因其所好而啓之以王道。宣王亦感發焉，如好勇、好貨、好色之疾，皆不自隱，故孟子以爲足用爲善，其子弟亦多從之。王子墊問『士何事』，而得聞『居仁由義』之説。一日，孟子自范之齊，而歎王子氣體有異，豈亦因聞教而氣質漸變與？自是孟子爲卿於齊，食禄十萬。因宣王問卿，而告以『同姓之卿可以易位』之説，其言甚危，宣王至於變色，亦不敢不諫已以終孟子之説焉，可謂知所尊矣！故景丑有見王敬子之云，蓋禮貌終始未嘗衰也。其與王驩使滕，爲文公之喪也，非大國之君，無使貴卿及介往弔之禮，此固重文公之賢而隆其數，亦孟子欲親往弔以盡存没始終之大禮也。不然，賓師固無官守者，王亦不得以事勞之也。是時方務於合從、連横，以攻伐爲賢，景春稱公孫衍、張儀爲大丈夫，而孟子鄙其爲妾婦之道，則固不合矣。又見齊王日少，而不免於一暴十寒，謂『無惑乎王之不智』，蓋爲此也。但一日即有萌生，所以猶日有望焉，故設爲工師求木、玉人琢玉之喻，殆欲啓以臣所受教之義，望之可謂切矣。尋以母喪去位，自齊葬於魯，反於齊，止於嬴，有與充虞論棺槨之言。在齊居憂者三年，王驩寵嬖日盛，專使如魯樂正子之賢至，從之至齊，尋亦進用爲右師，與國政，而宣王蔑臣好殺，不但戮一盆城括而已，用人行政之失，必有不勝其間適者。孟子免喪，復見宣王於崇，因士師不能治士，而詰之以四境之不治，顧左右而言他，其情態掩護，視向之有疾不隱異矣。既又有故國世臣，昔進今亡之説，又有『手足、腹心、犬馬、國人、土芥、寇讎之説。是時右師用事，在朝多曲媚之，而往弔公行子之喪，孟子獨以禮自抗，致其爲簡之怒，此亦去齊之幾也，故退而有去志，遂不受禄。觀此，則前日爲卿受禄可知矣。宣王方欲伐燕，所謂『繼而有師命，不可以請也』。時沈同私問燕可伐與？則應之曰：『可！本爲天吏，則可以伐也。』或者因有勸齊伐燕之疑？齊既伐燕，勝之，以問孟子，則爲之設爲『取之』與『勿取之』二端，正爲齊宣不能爲武王之事而不可取也。王不能從，而遂取之。諸侯將救燕，復謀於孟子，又不能用其謀衆、置君之策，而燕人卒叛。宣王慚，陳賈爲王見而解之羞惡之端，又爲小人所遏，宜可以請去，而心猶眷眷，故復將朝王，而王不知，乃託疾以召，故亦以疾辭，而就景丑氏發其義。而不可留之意，尤可見矣。勸蚳鼃以士師諫，去之，爲齊人所譏，則解之以無官守言責，正爲仕不受禄，故得自由耳。蓋去志決矣。先是，齊饑，嘗勸齊發棠，至是國人以復饑望發，故答陳臻，有馮婦之喻，遂致爲臣而歸。宣王就見孟子，他日欲中國而受孟子室，養弟子以萬鍾，使時子因陳臻以告孟子，孟子辭之而宿於晝。有欲爲王留行者，孟子責以爲已慮而不及子思，爲隱几之臥以絶之。既去齊，而尹氏譏其三宿之濡滯，及因高子而得聞孟子所以不忍舍王之意，則自知爲小人。淳于髡顧以名實未加而去爲不仁，而『嫂溺援手』之喻，疑亦在此時也。充虞在路見有不豫之色，因而發問；去齊豈果其所欲哉？由齊事而觀，則孟子當宣王之始末固兩至齊矣。古史謂先事齊宣王，後見梁惠王、襄王、齊湣王，不爲無據，但誤以伐燕爲湣王事耳。燕人之畔，當在燕立太子平爲王時，蓋齊人勝燕已二年矣，孟子在齊遲迴久之而後去。綱目書：去齊於伐燕之歲，則太早矣。竊意宣王之年再加二年於湣王之世，庶得事實也。魯欲使樂正子爲政，孟子聞之，喜復至魯。然樂正子得政猶未專也，以孟子之賢告於平公，將就見焉，乘輿駕而臧倉止之，其非毁之説以『後喪踰前』，則知孟子至魯在喪母之後久矣。適值魯欲使慎子爲將軍，伐齊取南陽，而以爲不可，但能以『當道志仁』之説規慎子，而於平公固不遇也。既無所遇而亦且老，憂世之心則未忘也。聞宋王偃將行王政，乃復之宋，是時楚伐秦，秦敗楚，秦、楚搆兵，連年不息。宋牼將之楚，遇於石邱，牼之言：一則曰楚王，二則曰秦王，必秦惠王稱王之後之事，亦惟此時而秦、楚之兵屢搆也。偃之將行王政，意孟子先見剔成時遺教猶存，故偃有志於此。雖圖王不成，必不如世家所云：『射天射諫臣而爲桀、宋也。』如果爲桀所爲，孟子豈復至其國哉？故萬章問將行王政，齊、楚惡而伐之，亦告之以行王政之效，未嘗以其爲不足王也。其臣有戴不勝者，能進薛居州，孟子曰：『一薛居州獨如宋王何！』

其稱宋王，故知其再至宋爲王偃時也。計其時，方燕立太子平，後一年是爲周赧王四年，即臧倉沮魯平公之年也。而適宋在其後，則亦不越乎一年之内無所事於久居矣。或以齊、楚惡而伐之，爲宋王偃四十九年，齊湣王與魏、楚伐宋事爲證，則其時距赧王四年又二十九年，孟子幾百一十五歲矣。故齊、楚之伐宋，必在赧王四年前之事也，但史無可考耳！蓋孟子之適宋有二：其初自齊而往，當宋剔成在位，滕文公爲世子之時；其後自齊由魯而往，當滕文公既卒，宋偃稱王之後。大事記載自齊之宋，自宋適滕，勸滕文公修井法書於致爲臣於齊而歸之後，而於宋剔成及魯平公之事皆略不書，乃獨於適滕言之？且孟子當王偃時適宋已甚老矣，豈復能爲滕經理而久居其國耶？呂氏必以戰國策於偃稱王時載『滅滕伐宋』之事而信其然，不知薛先爲齊所并，封田嬰，見於史記。滕後亦爲齊所滅，見於杜氏世族譜及陸氏纂例，皆非偃事也。呂氏亦未及詳考，與通記世次始終，則子思、孟子生於鄒、魯，克躋上壽而皆以耄耋之年，子思猶事魯君，孟子再入宋國，有可異焉？蓋其賦受充養精神血氣，有不偶然而任重道遠，殆有死而後已者矣。七篇出於孟子所嘗自言，非其徒所能增益也！其所記列國君臣問答，皆必實有其人與其事，又非如莊、列諸子寓假姓名以立言者也。今以其書比而次之，則所歷聘諸國，往之先後，居之久近，自有其據，不待强求鑿索，次第昭然。其他書所載傳聞舛錯，一以是書正之而不敢苟，予豈好辯哉！」

譚氏貞默**孟子編年略**

一卷。

存。

貞默自述曰：「孟子行事，欲編次歲月，要在不見諸侯與見諸侯兩端。或問人曰：『孟子不見諸侯，因何開卷便見梁惠王？』人無以對也。蓋孟子不見諸侯，是四十以前居魯教授弟子時事，非在齊、梁間語也。禮，士居本國，必君先就見，然後往見異國君，不以禮先，亦不得越境而見，故曰在國曰市井之臣，在野曰草莽之臣。庶人不委質爲臣，不敢見於諸侯，禮也。往役，義也，往見，不義也，皆就本國言也，此謂不見諸侯也。見諸侯自齊宣王始，四十不動心之年也。後適梁見梁惠王，惠王尋卒，見梁襄王。去梁適宋，受宋餽，時值宋王偃，滕文公過宋見孟子。適薛，受薛餽，時值薛孟嘗君。復適齊見齊湣王，久於齊。去齊，見鄒穆公。之滕，復見滕文公，始歸魯。魯平公欲往見不果，此孟子往來齊、梁間見諸侯事也。不見在隱居求志之日，見在行義達道之時，本前後兩截事。曰迫斯可以見，曰古之人未嘗不欲仕也，又惡不由其道，由其道固可往見也，如是則見不見乃並行不悖。其不可不編年者一。史傳本云『孟子鄒人』，不云『鄒國人』，如云子路弁人，曾子武城人，不言魯。明乎弁、武城、鄒皆魯下邑也。孟子書云『自齊葬於魯』，不云『葬於鄒』，因其時邾國亦改爲鄒，慮混魯、鄒邑名。又書中往來齊境，見鄒穆公，時客邾鄒，與然友之鄒，孟子居鄒異。慮鄒國、鄒邑，後人失考者或疑爲一，故葬母大事，特書『自齊葬於魯』，明魯爲父母之邦也。趙岐注誤云『孟子時，邾改爲鄒』，後人遂信邾、鄒爲一。夫邾、魯在春秋，世敵仇也，三桓孟孫氏居魯不居邾明矣。孟子爲孟孫氏後，在春秋時季孟屢伐邾，安得爲邾人？且邾在兖北青境，鄒在兖南徐境，道里甚遠，安得云近聖人之居，如此其甚！説文云：『鄹，孔子鄉。』即叔梁紇所治地，所謂鄹人之子也，孔子所生名，故鄹城去孟子所居五十里。以邑則孔、孟皆鄒人，以國則孔、孟皆魯人。鄒、魯可合孔、孟而稱，不可分孔、孟而稱。是以孟子去齊，曰『致爲臣而歸』，歸魯也。孟子對齊王稱臣，爲卿也，梁王不稱臣，不爲卿也。對鄒穆公不稱臣，而其語倨曰『君之民』，曰『夫民今而後得反之』，視對滕文公尤不同，以此知其爲異邦非本國。即如『鄒人與楚人戰』一語，明乎鄒非本國也。樂正子語魯平公則曰：『君奚爲不見孟軻？』『君前臣名也』；曰『後喪踰前喪』、『棺槨衣衾之美』，專議孟子家事也，明乎父母國之義也。孟子曰『臧氏之子』，臧氏，臧文仲後，與孟子同姬姓各氏者也。曰『吾之不遇魯侯，天也』，如孔子云『吾舍魯何適』，深以不遇本國之君，老而更無可遇，故曰『天也』。『魯欲使慎子爲將軍』、『欲使樂正子爲政』，非居魯而何以遂知也？孟子居鄒邑，即是居魯，明乎父母之邦也。書有二鄒，爲故邾、故騶之别，千古殽訛，其不可不編年者一。所見諸侯，先孟子而卒者：齊宣王、梁惠王、梁襄王、鄒穆公、滕文公、魯平公，書中俱稱謚。後孟子而死者：齊湣王、宋王偃，不稱謚，止稱王，因書中無湣王謚，遂混齊兩王爲一王，兩伐燕爲一伐燕，幸史記列傳、世家互載甚明。去齊乃適梁，去梁乃適齊，久於齊，不久於梁，久於湣，不久於宣，曰『此則寡人之罪』，曰『今又棄寡人而歸』，是王由足用爲善也。今又棄云者，前後兩去齊也，書史參伍自見，其不可不編年者二。滕出自周文王第十四子叔繡之後，見春秋者：滕侯縠、宣公嬰齊、孝侯輒、昭公元、文侯壽、成公原、悼公寧、頃公結、隱侯虞母。再傳戰國：有定公、文公，見孟子，俱失名。古紀世本諸侯之世，滕國有考公麋、元公弘，則文公後也。或云周赧王二十九年，滕爲宋所滅，則去孟子卒三年，誤也。傳記滕文公卒，再傳二十一年滅於宋。春秋釋例云『滕國，春秋後七世，爲齊所滅』，又云『滕自叔繡以下，至公丘二十一世，爲秦所滅』互異。公丘亡國，故無謚也。小國得延至秦，并喪禮、井田之效，略可見於兹矣。不得編年，則滕文公爲世子，滕定公薨，越在後，而文公問事齊、楚，問築薛，問『不得免，越前矣。薛在春秋時，自薛伯穀至薛惠公，凡六傳，黄帝之苗裔，奚仲後也。至戰國，爲齊威王所滅，以封其少子田嬰，嬰傳子田文，即孟嘗君。當孟子時，滕猶論語之滕，薛非論語之薛矣。不得編年，則在薛受餽，不知其爲何人？既云『齊人莫如我敬王』，又云『説大人則藐之』，其言自左，更不知『大人』爲何人矣。孟子見梁襄王，謂『望之不似人君，就之不見可畏』，厥後魏襄之年，屢困秦、楚。孟子自范之齊，望見齊王之子，謂其『居移氣，養移體』，『王子若彼』云云，有先幾歎羨之意。厥後湣王走死，法章復國爲齊襄王，不得編年，則不知孟子立湣王朝，將以齊王之子爲宣王子，則孟子於齊、梁二王子，何無故軒輊如此也？其不可不編年者四。孟子編年，悉本史記世家、列傳，參以皇極經世、竹書紀年；若通鑑所載，歲月殽訛殊甚，不足憑也。孟母三遷、斷織諸事，不見史記，韓詩外傳所載，在史記前，劉向列女傳所載尤詳，徵之孟子書『自齊葬於魯』，充虞『木若以美』之説，及臧倉『後喪踰前喪』之説，則賢母在齊歸葬，與母氏罔極之思，隱躍七篇内矣。傳首必稱母氏，傳中復述母語，非稗説也。孟子願學孔子誦詩讀書，教授弟子，必在博學無方，强立不反之日，如公孫丑、萬章之徒，悉自魯而從游齊、梁間者也。後車數十乘，從者數百人，所過必傳食，所處必館宫，齊以雪宫始，以授室終，滕以上宫館，皆師賓之道也。其不可不編年者五。孟子爲孟孫氏後，學者或疑之，愚獨以爲信也。左傳昭公七年，公至自楚，孟僖子病，不能相禮。及將死，屬説與何忌於夫子，使事之而學禮焉，故孟懿子與南宫敬叔師事仲尼。觀孟子書『不侵及魯三桓』一語，獨稱孟獻子百乘之家，友德不挾，以比於小國費惠公之師子思，大國晉平公之尊亥唐，上遡堯、舜，以天下友匹夫，其所以述祖德者，不亦淵遠哉！然則孟子之爲孟孫氏後，信也。編年以母氏始，以仲子、季子終，孟子書中自齊葬魯，對王使人問疾，問公都子義内，皆著意語，略見於句字間者也。若父名激公宜，母仉氏，妻田氏，仲子名澤，雜見他書，不妄載。此其不可不編年者六也。」

閻氏若璩**孟子生卒年月考**

一卷。

存。

若璩自述曰：「孔子生卒出處年月，具見史記孔子世家，而孟子獨略，於是説者紛紜。余嘗以七篇爲主，參以史記等書，然後歷歷可考。蓋①爲鄒人，晚始游梁，繼仕齊爲卿。久之，歸鄒，又如宋，以樂正子故至魯，終之滕。道不行，歸而作書七篇。卒當在赧王之世。卒後，書爲門人所叙定，故諸侯王皆加謚焉。」

〔補正〕

自述内「蓋爲鄒人」，「蓋」下脱「生」字。（卷九，頁十四）

吴氏迂**孟子家記**

一卷。

---

①「蓋」字下，依補正、四庫薈要本、文淵閣四庫本應補「生」字。

佚。

吴氏萊孟子弟子列傳

三卷。

佚。

萊自序曰：「太史公孟子列傳，首孟軻，繼鄒衍、奭、淳于髡、慎到、荀卿、墨翟、尸佼、長盧子，曰皆在孔子後，荀卿可言也。彼數子者不同道，奈何同傳？將以孟子寘諸戰國辨士之流乎？是又非不知孟子者也。一則曰述唐、虞、三代之德，一則曰述仲尼之意，彼數子者亦有一於此乎？當戰國之時，士多以游説縱横、攻戰刑法之説行，而時君猶欲好儒自飾。吴起，戰士也，乃以儒服見魏武侯。武侯之子惠王，與齊宣王皆卑辭厚幣以聘孟子，然徒切於事功，卒以迂緩不合，人且謂其好辯而已。儒、墨並稱，百家雜説渾殽之矣，豈太史公狃見而溺聞若是乎？方其叙孔子世家，進之與十二諸侯同列，周本紀、十二諸侯世家則又皆書曰『孔丘』，卒尊之也至矣！及所載多左氏、國語雜事，欲以明聖人多能，聖人豈果以多能稱哉？又作七十弟子列傳，則徒分裂①論語問答以實之，餘徵家語弟子解，他悉無所徵，是亦孟子列傳類也。東漢趙岐始注孟子，其序曰『孟子幼被慈母三遷之教』，史不載，今猶見，故列女傳且言孟子將去齊，母老，擁楹而歎，有憂色，母乃引詩、易詔之，似與兖虞路問時意同。岐又曰『有外書四篇，文

① 「裂」，四庫薈要本、文淵閣四庫本、文津閣四庫本、備要本俱作「列」。

不能弘深』，今猶略見劉向説苑，所謂『人知糞其田而不知糞其心』者，疑即性善辨中語。若他事之逸者，雖太史公不能具知，況後世乎？蓋戰國以儒自名者八家，而四家最顯：子游氏、子夏氏、荀氏、孟氏。孟子學出於曾子、子思，荀卿猶從而譏之，曰：世俗之溝愚瞀儒嚾嚾然，略法先王，案往舊造説而不知其統，我則異焉，治則法後王而已矣。至於子游、子夏，亦曰是儒之賤者。所重必仲尼、子弓。子弓未審何人，韓子曰：『仲尼弟子，有馯臂子弓。』漢儒林傳：『商瞿授①易仲尼，瞿傳魯橋疵子庸，子庸傳江東馯臂子弓。』子弓與仲尼不同時，又行事無大卓卓，不足以配孔子。邢昺論語疏引王弼説『逸民朱張，字子弓』，然弼説又不見有他據也。要之，孔子嘗稱冉雍可使南面，且在德行之科。雍字仲弓，蓋與子弓同是一人，如季路又稱子路然也。將荀卿之學，實出於子弓之門人，故尊其師之所自出，與聖人同列，亦已浸淫於異端矣。於是孟子之没者久，所謂『溝愚瞀儒』，正指萬章、公孫丑之徒也。荀卿在戰國號稱大儒，猶同門異户者如此，又況鄒衍、奭、淳于髡、墨翟以下諸子，違離怪誕者甚矣，何可與同傳哉？荀卿既死，李斯用事，孟子之徒黨盡矣，悲夫！予故本太史公孟子列傳，删去諸子，且益以高弟子萬章、公孫丑之徒，凡十有九人云。」

〔補正〕

宋濂曰：「先生謂孟子乃亞聖之大才，司馬遷不當使與鄒衍、淳于髡、慎到、荀卿、墨翟、尸佼、長盧

自序內「商瞿授易」，「授」當作「受」。

① 「授」，依補正、四庫薈要本、文淵閣四庫本應作「受」。

同傳，因删去孟子①，益以萬章、公孫丑之徒，作孟子弟子列傳。」

〔補正〕

宋濂條内「因删去孟子」，「孟」當作「諸」。（卷九，頁十四）

顧炎武曰：「趙岐注孟子，以季孫、子叔二人爲孟子弟子。又曰告子名不害，兼治儒、墨之道者，嘗學於孟子，而不能純徹性命之理。又曰高子，齊人也，學於孟子，鄉道而未明，去而學他術。又曰盆成括嘗欲學於孟子，問道未達而去。宋徽宗政和五年，封告子不害東阿伯、高子泗水伯、盆成括萊陽伯、季孫豐城伯、子叔承陽伯，皆以孟子弟子故也。史記索隱曰：『孟子有萬章、公明高等，並軻之門人。』廣韻又云：『離婁，孟子門人。』不知其何所本。元吴萊著孟子弟子列傳，惜乎今不傳也。」

按：宋政和五年，太常寺言兗州鄒學孟子廟，詔以樂正子配享，公孫丑以下從祀，定其封爵。内季孫贈豐城伯、子叔贈承陽伯，凡配享一人，從祀一十七人。而淵穎吴氏孟子弟子列傳序稱一十九人，蓋益以滕更也。

① 「孟子」，依補正、四庫薈要本、文淵閣四庫本應作「諸子」。

經義考卷二百三十七

爾雅一

爾雅

漢志：「三卷二十篇。」今本十九篇。

存。

揚雄曰：「孔子門徒游、夏之儔所記，以解釋六藝者也。」

郭威曰：「爾雅周公所制，而文有張仲孝友。張仲，宣王時人，非周公之制明矣。」

王充曰：「爾雅之書，五經之訓故。」

張晏曰：「爾，近也。雅，正也。」

張揖曰：「昔在周公，纘述唐、虞，宗翼文、武，克定四海，勤相成王，六年制禮以導天下，著爾雅一篇以釋其義。今俗所傳三篇，或言仲尼所增，或言子夏所益，或言叔孫通所補，或言沛郡梁文所考，皆解家所説，先師口傳，疑莫能明也。」

劉熙曰：「爾雅，爾，昵也；昵，近也。雅，義也；義，正也。五方之言不同，皆以近正爲主也。」

葛洪曰：「史佚教其子以爾雅。爾雅，小學也。又孔子教魯哀公學爾雅。爾雅之出遠矣，學者皆云周公所記。張仲孝友之類，後人所足耳。」

劉勰曰：「爾雅者，孔徒之所纂，而詩、書之襟帶也。」

晉書蔡謨傳：「謨初渡江，見蟛蜞，大喜曰：『蟹有八足，加以二螯。』令烹之。既食，吐下委頓，方知非蟹。後詣謝尚而説之，尚曰：『卿讀爾雅不熟，幾爲勸學死。』」

〔補正〕

晉書蔡謨傳：「謨初渡江，見蟛蜞，大喜曰：『蟹有八足，加以二螯。』令烹之。既食，吐下委頓，方知非蟹。後詣謝尚而説之，尚曰：『卿讀爾雅不熟，幾爲勸學死。』」

丁杰按：郭注爾雅「螖蠌」曰：「即蟛螖也，似蟹而小。」陶宏景注本草曰：「蟛蜞似蟹而小，似蟛螖而大。」劉峻注世説曰：「今蟛蜞小於蟹，而大於蟛螖，三物狀甚相類。」據此，則蔡謨誤蟛蜞爲蟹，謝尚又誤蟛螖爲蟛蜞，均未深考，附識於此。（卷一〇，頁一）

陸德明曰：「爾雅所以訓釋五經，辨章同異，多識鳥獸草木之名，博覽而不惑者也。爾，近也；雅，正也，言可近而取正也。釋詁一篇，蓋周公所作，釋言以下，或言仲尼所增，子夏所足，叔孫通所益，梁文所補，張揖論之詳矣。」

賈公彦曰：「爾雅者，孔子門人作，以釋六藝之文。」

張懷瓘曰：「周公相成王，申明禮樂，以加朝祭服色尊卑之節，又造爾雅。宣尼、卜商增益潤色，釋言暢物，略盡訓詁。」

裴肅曰：「爾雅博通詁訓，綱維六經，爲文字之楷範，作詩人之興詠，備詳六親九族之禮，多識鳥獸草木之名，今古習傳，儒林遵式。」

歐陽修曰：「爾雅非聖人之書，不能無失，考其文理，乃是秦、漢之間學詩者，纂集説詩博士解詁。」

高承曰：「爾雅大抵解詁詩人之旨，或云周公作。以其文考之，如『瑟兮僩兮』，衛武公之詩也。『猗嗟名兮』，齊人刺魯莊公也。而文皆及之，則周公安得述也？當是出於孔子删詩、書之後耳。」

葉夢得曰：「爾雅訓釋最爲近古，世言周公作，妄矣。其言多是詩類中語，而取毛氏説爲正，予意此但漢人所作耳。」

晁公武曰：「世傳釋詁，周公書也，餘篇仲尼、子夏、叔孫通、梁文增補之。文字之學凡有三，其一體制，謂點畫有縱横曲直之殊。其二訓詁，謂稱謂有古今雅俗之異。其三音韻，謂呼吸有清濁高下之不同。論體製之書，説文之類是也。論訓詁之書，爾雅、方言之類是也。論音韻之書，沈約四聲譜及西域反切之學是也。三者雖各名一家，其實皆小學之類，而漢藝文志獨以爾雅附孝經類，隋經籍志又以爾雅附論語類，皆非是。今依四庫書目，置於小學之首。」

曹粹中曰：「昔人謂爾雅釋詁一篇，周公所作。釋言以下，仲尼所增，子夏從而足之，叔孫通、梁文又從而補益之。今考其書，知毛公以前，其文猶略，至康成時則加詳矣。何以言之？如『學有緝熙于光明』，毛公云：『光，廣也。』康成則以爲：『欲學于有光明者。』而爾雅曰：『緝熙，光也。』又『齊子豈弟』，猶言『發夕』也，而爾雅曰：『豈弟，發行也。』『薄言觀者』，毛公無訓；『振古如兹』，毛公云：『振，自也。』康成則以觀爲多，以振爲古，其説皆本於爾雅。使爾雅成書在毛公之前，顧得爲異哉？按：平帝元始四年，王莽始令天下通爾雅者詣公車，固出自毛公之後矣。」

朱翼曰：「爾雅非周公書也。郭璞序云『興於中古，隆於漢氏』，未嘗指爲周公。蓋是漢儒所作，亦非中古也。」

林光朝曰：「爾雅，六籍之户牖，學者之要津也。古人之學，必先通爾雅，則六籍百家之言，皆可以類求矣。及散裂爾雅而投諸箋注，説隨意遷，文從義變，説或拘泥，則文亦牽合，學者始以訓詁之學爲不足學也，不知釋詁、釋言、釋訓，亦猶詩之有六義，小學之有六書也。」

朱子曰：「爾雅是取傳注以作，後人卻以爾雅證傳注。」

陳傅良曰：「古者重小學，漢嘗置博士，如毛氏詩訓、許氏説文、揚氏方言之類，皆有所本。隋、唐以來，以科目取士，此書浸廢，韓退之尚以注蟲魚爲不切，則知誦習者寡矣。」

陳振孫曰：「漢志『爾雅二十篇』，今書惟十九篇。志初不著撰人名氏，郭璞序亦第稱『興於中古，隆於漢氏』而已。至陸氏釋文始謂釋詁爲周公所作，其説蓋本於魏張揖。」

錢文子曰：「爾雅出於漢世，正名命物，講説者資之。」

王應麟曰：「陸璣爲詩草木疏，劉杳爲離騷草木疏，王方慶有園亭草木疏，李文饒有山居草木記，君子所以貴乎多識也。然爾雅不釋『蒢萿』，字書不見『栮檻』，學者恥一物之不知，其可忽諸！若終軍之對鼮鼠，盧若虛之辨𪕎①鼠，江南進士之問天鷄，劉原父之識六駮，可謂善讀爾雅矣。」又曰：「爾雅注：漢武帝時得豹文鼮鼠，孝廉郎終軍知之，賜絹百匹。文選注引竇氏家傳以爲竇攸，世祖詔諸侯子弟從攸受爾雅。二説不同。」又曰：「爾雅：『西至於邠國，謂之四極。』朱文公曰：『邠國近在秦、隴，非絶遠之地。』按：説文引爾雅曰：『西至汃府巾切。國謂四極。汃，西極之水也。』」又曰：「白虎通引親屬記，即爾雅釋親也。」

〔補正〕

王應麟條内「盧若虛之辨𪕎鼠」，「𪕎」當作「鼨」。

王應麟曰：「爾雅注『漢武帝時得豹文鼮鼠，孝廉郎終軍知之，賜絹百匹。』文選注引竇氏家傳以爲竇攸，世祖詔諸侯子弟從攸受爾雅。二説不同。」杰按：郭注此條有二誤。據水經穀水注及文選任昉表注，則對鼮鼠者乃竇攸，而郭氏誤爲終軍。又據説文、字林及唐書盧藏用傳，則文彩如豹者乃鼨鼠，而郭氏誤爲鼮鼠。王應麟既引盧若虛之辨鼮鼠，又引竇攸之對豹鼠，似尚失指郭氏之誤。（卷一〇，頁一一二）

楊士奇曰：「爾雅，古小學書，初無深義，世謂周公作，非也。」

張崇縉曰：「訓詁之書，莫先於爾雅。爾雅所載，大極天地四時之幽窈，細察昆蟲草木之瑣屑，顯悉人事之庶，微析群言之錯，故自漢以下，列諸經籍，布諸學官，儒者靡不覽誦。嗣是作者，若釋名、埤

①「𪕎」，依補正、四庫薈要本、文淵閣四庫本、文津閣四庫本應作「鼨」。

雅、廣雅、博雅、小爾雅諸書，雖各陳所見，以足未完，其實大綱咸肇於爾雅，奇邃古妙，莫能過焉。」

鄭公曉曰：「爾雅蓋詩訓詁也。子夏嘗傳詩，今所存者大、小序，又非盡出子夏，然則爾雅即子夏之詩傳也。」

犍爲文學爾雅注

七録：「三卷。」

佚。

〔校記〕

王謨、黄奭、馬國翰均有輯本。（爾雅，頁六〇）

陸德明曰：「犍爲，郡文學卒史臣舍人，漢武帝時待詔，闕中卷。」

〔補正〕

陸德明曰：「犍爲，郡文學卒史臣舍人，漢武帝時待詔，闕中卷。」杰按：文選羽獵賦注引爾雅「犍爲舍人注」，又引釋詁「郭舍人注」，則舍人姓郭。但左傳正義中舍人、文學竝見，則又似二人也。附識以俟考。（卷一〇，頁二）

按：犍爲舍人注爾雅，賈氏齊民要術引有二條。其一「蚚斸謂之定」，注云：「蚚斸，鉏也，一名定。」其一「菥蓂，大薺」，注云：「薺有小，故言大薺。」而今本爾雅注疏俱無之。

又按：舍人待詔在漢武時，此釋經之最古者。其書雖不傳，間采於邢氏之疏。疏所未載，字義可考者如：釋言「原」作「𡌣」；「縭介」，「縭」作「緉」，注云：「緉，羅也。介，別也。」「渝」作「繻」；「宛」作「跳」，注云：「跳者，躍之閒。」「覭」，注云：「擅也。」釋訓「條條」作「攸攸」；「矯矯」，注云：「得勝之勇也。」「洸洸」作「僙僙」；「薨薨」作「雄雄」；「委委佗佗」作「褘褘它它」，注云：「心之美也。」「赫赫」作「奭奭」；「壿壿」，注云：「舞貌。」「夢夢訰訰」，注云：「煩懣，亂也。」「仇仇敖敖，傲也」，「傲」作「毀」，注云：「仇仇，無倫理之貌。警警，衆口毀人之貌。」「佌佌」，注云：「形容小貌。」「饎」作「喜」，注云：「古曰饎。」「履帝武敏」，「敏」作「畞」，注云：「古者姜嫄履天帝之跡於畎畞之中而生后稷。」「籧篨戚施」，注云：「籧篨，巧言也。戚施，令色誘人。」「夸毗」，注云：「卑身屈己也。」釋草「㕧九葉」，注云：「九枝共一莖。」「中馗」作「中鳩」，注云：「兎奚名顆東，顆東名中鳩。」釋木「萊荎著」，「荎」作「柢」，「著」作「都」；「梈」作「皋」；「櫟其實梂」，注云：「栗①實名梂也。」「櫬梧樸枹者，謂櫬采薪，采薪即薪，謂作橐」，注云：「櫬梧樸枹者，櫬者其理也。樸者，相追附也。橐者，莖也，如竹箭，一讀曰枹也。櫬名采薪，又名即薪。」釋蟲「奚相」作「奚桑」。釋魚「活東」作「顆東②」。釋鳥「鴽鴾母」，「母」作「蕪」；「亢鳥嚨」，注云：「嚨嚨，財可見也」。釋獸「猶」作「鸑」；「寓屬」作「麌屬」；「鼫鼠」，注云：「其鳴如犬也。」「騉駼枝蹄」，注云：「騉駼者，外國之名。枝蹄者，枝，足也。」「前足皆白騱，後足皆白翑」，「騱」作「鷄」，「翑」作「狗」；「白馬黑鬣駱」，「鬣」作「髦」。凡此皆邢氏所未采，而見

---

① 「栗」，依補正應作「櫟」。
② 「顆東」，文津閣四庫本作「顆東」。

之陸氏釋文者也。

〔補正〕

竹垞案内「栗實名栜也」，「栗」當作「櫟」。（卷一〇，頁二）

劉氏歆**爾雅注**

七録：「三卷。」

佚。

〔校記〕

黄奭、馬國翰均有輯本。（爾雅，頁六〇）

陸德明曰：「與李巡注正同，疑非歆注。」

樊氏光**爾雅注**

隋志：「三卷。」唐志、釋文序録：「六卷。」

佚。

〔校記〕

黄奭、馬國翰均有輯本。（爾雅，頁六〇）

陸德明曰：「京兆人，後漢中散大夫。沈璇疑非光注。」

按：樊氏注見於陸氏釋文者，釋言「舫」作「坊」，「泭」作「坿」。釋訓「躍躍」作「濯濯」，「儵儵」作「攸攸」，「臯臯」作「浩浩」，「愮愮」作「遥遥」，又作「洮洮①」。釋草「瓝」作「駮」。釋木「著」作「屠」，「槹」作「格」，「檕」作「槁」，「炕」作「抗」。釋鳥「爰居」，注云：「似鳳凰。」「亢鳥嚨」，注云：「嚨嚨，亢鳥之頸也。」皆邢氏疏所不載。

〔補正〕

竹垞案内「又作洮洮」，當作「佻佻」。（卷一〇，頁三）

李氏巡爾雅注

七録：「三卷。」

佚。

〔校記〕

黄奭、馬國翰均有輯本。（爾雅，頁六〇）

陸德明曰：「汝南人，後漢中黄門。」

〔補正〕

杰按：後漢書宦者傳：「汝陽李巡以爲諸博士有行賂定蘭臺漆書經字以合其私交者，乃白帝，與諸

① 「洮洮」，依補正、四庫薈要本應作「佻佻」。

儒共刻五經文於石。」竹垞於爾雅不引後漢書，於刊石不引釋文叙録，蓋不知注爾雅之李巡，即請刻石之李巡也。（卷一〇，頁三）

按：李氏注，釋言「虹」作「降」，「握」作「幄」，「毳」作「毴」。釋器「康瓠」作「光瓠」，「篨」作「箟」。釋鳥「鶼鶼」，注云：「鳥有一目一翅，相得乃飛，故曰兼兼也。」釋獸「麔父」作「澤父」，亦見釋文。

孫氏炎爾雅注

隋志：「七卷。」唐志：「六卷。」宋志：「十卷。」釋文序録：「三卷。」

佚。

〔補正〕

杰按：孫炎有二。據邢昺爾雅疏叙云：「爲注者，有犍爲文學、劉歆、樊光、李巡、孫炎。」此則魏之孫炎，在郭璞前者也。又云：「爲義疏者，俗間有孫炎、高璉。」此則唐、宋間别一孫炎，在郭璞後者也。隋、唐志於「孫炎爾雅」俱稱「注」，且卷數或六或七，皆不盈十，宋志則稱「孫炎疏十卷」，書名卷數竝異隋、唐，其爲後之孫炎無疑，此混而爲一，似誤。（卷一〇，頁三）

〔校記〕

黄奭、馬國翰均有輯本。（爾雅，頁六〇）

爾雅音

七録：「二卷。」釋文序録：「一卷。」

佚。

〔校記〕

黄奭、馬國翰均有輯本。（爾雅，頁六〇）

顔之推曰：「孫叔然創爾雅音義，是漢末人獨知反語。」

按：訪碑録載淄州長山縣西南三十里長白山東有孫炎碑，碑陰有門徒姓名，係甘露五年立，惜今不可得見矣。

郭氏璞**爾雅注**

隋志：「五卷。」唐志：「一卷。」釋文序録、宋志：「三卷。」

存。

璞自序曰：「夫爾雅者，所以通訓詁之旨①歸，叙詩人之興咏，總絶代之離詞，辨同實而殊號者也。誠九流之津涉，六藝之鈐鍵，學覽者之潭奥，摛翰者之華苑也。若乃可以博物不惑，多識於鳥獸草木之

① 「旨」，文淵閣四庫本作「指」。

名者，莫近於爾雅。爾雅者，蓋興於中古，隆於漢氏。豹鼠既辨，其業亦顯，英儒贍聞之士，洪筆麗藻之客，靡不欽玩耽味，爲之義訓。璞不揆檮昧，少而習焉，沈研鑽極，二九載矣。雖注者十餘，然猶未詳備，並多紛謬，有所漏略，是以復綴集異聞，會萃舊説，考方國之語，采謠俗之志，錯綜樊、孫，博關群言，剟其瑕礫，搴其蕭稂，事有隱滯，援據徵之，於其易了，闕而不論。别爲音圖，用祛未寤。輒復擁篲清道，企望塵躅者，以將來君子爲亦有涉乎此也。」

陸德明曰：「先儒於爾雅多爲億必之説，乖蓋闕之義。惟郭景純洽聞强識，詳悉古今，作爾雅注，爲世所重。」

陳振孫曰：「爾雅舊有劉歆、樊光、李巡、孫炎之學，今惟郭氏行於世。」

述異記：「郭景純注爾雅臺，今在夷陵郡。」

祝穆曰：「爾雅臺在硤州，郭璞注爾雅於此。」

郭子章曰：「景純注爾雅，握筆嘉州，在今烏尤山，江魚吞墨，千年猶黑。」

〔補正〕

郭子章曰：「景純注爾雅，握筆嘉州，在今烏尤山，江魚吞墨，千年猶黑。」杰按：晉書郭璞傳無入蜀之文，王象之輿地碑記目：「嘉定府下有郭璞移水記，蘇轍詩指其注爾雅於此。」考記中有嘉州二字，而嘉州之名實始後周，不應預見郭璞文中。又考嘉州在漢爲犍爲郡，諸書所云「爾雅臺」者，疑是犍爲舍人之遺蹟，與璞無涉。（卷一〇，頁三）

爾雅圖讚

七録：「二卷。」隋志：「爾雅圖十卷。」唐志：「一卷。」

佚。

〔校記〕

王謨、黄奭、馬國翰均有輯本。（爾雅，頁六〇）

鄭樵曰：「爾雅圖蓋本郭注而爲圖，今雖亡，有郭璞注，則其圖可圖也。」

爾雅音義

唐志：「一卷。」七録：「二卷。」

佚。

江氏灌**爾雅音**

隋志：「八卷。」唐志：「六卷。」

佚。

爾雅圖讚

唐志：「一卷。」

佚。

晉書：「灌字道群，陳留圉人，吴郡太守。」

〔補正〕

杰按：晉江灌即江逌從弟，本傳不言其曾注爾雅。此作圖讚者，乃陳之江灌，唐初尚存，下引名畫記所稱是也。此合爲一人，列於梁沈旋之前，似誤。（卷一〇，頁四）

按：張彦遠名畫記云：「灌字德源，陳尚書令，至①武德中爲隋司馬②。著爾雅圖二卷，音六卷，讚二卷。」

〔補正〕

竹垞案内「爲隨司馬」，「隨」下脱「州」字。（卷一〇，頁四）

---

① 「至」字，四庫薈要本脱漏。

② 「隋司馬」，依補正、四庫薈要本、文淵閣四庫本應作「隨州司馬」。

沈氏旋**集注爾雅**

隋志：「十卷。」

佚。

〔校記〕

黄奭、馬國翰均有輯本。（爾雅，頁六〇）

史傳：「沈旋字士規，武康人。梁尚書僕射沈約子，襲封建昌縣侯。歷中書侍郎，永嘉太守，司徒從事中郎，司徒右長史。免父喪，爲太子僕，復以母憂去官。蔬食辟穀，服除猶絶粳粱。爲給事黄門侍郎，撫軍長史，出爲招遠將軍，南康内史，在任清治。卒官，謚恭侯。有集注邇言行世。子實，嗣弟趨，字孝鯉，亦知名，位黄門郎。」

陸德明曰：「梁有沈旋，約之子，集衆家之注。」

施氏乾**爾雅音**

佚。

〔校記〕

黄奭、馬國翰均有輯本。（爾雅，頁六〇）

陸德明曰：「陳博士。」

謝氏嶠**爾雅音**

佚。

〔校記〕

黄奭、馬國翰均有輯本。（爾雅，頁六〇）

陸德明曰：「陳國子祭酒。」

顧氏野王**爾雅音**

佚。

〔校記〕

黄奭、馬國翰均有輯本。（爾雅，頁六〇）

陸德明曰：「陳舍人顧野王既是名家，今亦采之。」

按：顧氏注，釋言：「虹，潰也。虹作訌。」邢氏疏引大雅抑篇云「實虹小子」，召旻篇云「蟊賊内訌」，蓋本之。

陸氏德明**爾雅釋文**

通考：「一卷。」

存。

〔補正〕

按：宋志云「爾雅音義二卷」，即此書。且今釋文實二卷，此云一卷，似沿通考傳刻之訛。（卷一〇，頁四）

爾雅音義

宋志：「一卷。」

未見。

玉海：「天聖四年五月，國子監摹印陸德明音義二卷頒行。」

〔補正〕

按：陸德明作釋文以釋經典音義，其爾雅二卷，通考稱爲爾雅釋文，宋志稱爲爾雅音義，實一書也。此於釋文之外，又列音義，且曰未見，何也？（卷一〇，頁四）

曹氏憲**爾雅音義**

唐志：「二卷。」

佚。

高氏璉**爾雅疏**

宋志：「七卷。」

佚。

裴氏瑜**爾雅注**

宋志：「五卷。」

佚。

〔校記〕

馬國翰有輯本。（爾雅，頁六〇）

中興書目：「爾雅注五卷，唐裴瑜撰。其序云：『依六書八體，撮諸家注未盡之義，勒成五卷，并音一卷。』今本無音。」

釋智騫**爾雅音義**

二卷。

佚。

玉海：「釋智騫撰爾雅音義。景德二年四月，吴鉉言其多誤，命杜鎬、孫奭詳定。」

毋氏昭裔**爾雅音略**

通考：「三卷。」

佚。

晁公武曰：「爾雅舊有釋智騫及陸朗釋文，昭裔以一字有兩音或三音，後生疑於呼讀，今①釋其文義最明者爲定。」

〔補正〕

晁公武條内「今釋其文義」，「今」當作「乃」。（卷一〇，頁四）

吴任臣曰：「昭裔，河中龍門人。孟知祥鎮西川，辟掌書記，尋擢御史中丞。後主拜中書侍郎同平章事，改門下侍郎進左僕射，以太子太師致仕。所著有爾雅音略三卷。」

---

① 「今」，依補正、四庫薈要本應作「乃」。

經義考卷二百三十八

爾雅二

邢氏昺爾雅疏

宋志：「十卷。」

存。

昺自序曰：「夫爾雅者，先儒授教之術，後進索隱之方，誠傳注之濫觴，爲經籍之樞要者也。夫混元闢而三才肇位，聖人作而六藝斯興，本乎發德於衷，將以納民於善。洎夫醇醨既異，步驟不同，一物多名，繫方俗之語，片言殊訓，滯今古之情，將使後生，若爲鑽仰？由是聖賢間出，詁訓①遞陳，周公倡之

① 「詁訓」，備要本誤作「訓詁」。

於前，子夏和之於後，昆蟲①草木，爰自爾以昭彰，禮、樂、詩、書，盡由斯而紛郁。然又時經戰國，運歷挾書，傳授之徒寖微，發揮之道斯寡，諸篇所釋，世罕得聞，惟漢終軍獨深其道，豹鼠既辯，斯文遂隆，其後相傳，乃可詳悉。其爲註者，則有犍爲文學、劉歆、樊光、李巡、孫炎，雖各名家，猶未詳備。惟東晉郭景純用心幾二十年，註解方畢，甚得六經之旨，頗詳百物之形，學者祖焉，最爲稱首。其爲義疏者，則俗間有孫炎、高璉，皆淺近俗儒，不經師匠。今既奉勅校定，考案其事，必以經籍爲宗，理義所詮，則以景純爲主。雖復研精覃思，尚慮學淺意疏，謹與尚書駕部員外郎直秘閣臣杜鎬、尚書都官員外郎秘閣校理臣舒雅、太常博士直集賢院臣李維、諸王府侍講太常博士兼國子監直講臣孫奭、殿中丞臣李慕清、大理寺丞國子監直講臣王煥、大理評事國子監直講臣崔偓佺、前知洺州永年縣事臣劉士玄等共相討論，爲之疏釋，雖上遵睿旨，共竭於顓蒙，而下示將來，尚慙於疏略。謹序。」

〔補正〕

自序内「昆蟲艸木」當作「蟲魚艸木」。（卷一〇，頁四）

晁公武曰：「舊有孫炎、高璉疏，皇朝以其淺略，命邢昺、杜鎬等别著此書。」

陳傅良跋曰：「古者重小學，爾雅所以作也。漢興，除秦之禁，嘗置博士，列於學官，至今漢儒書行於世，如毛氏詩訓、許氏説文、揚氏方言之類，蓋皆有所本云。隋、唐以來，以科目取士，此書不課於舉子，由是寖廢。韓退之以古文名世，尚以注蟲魚爲不切，則知誦習者寡矣。國初諸儒獨追古，依郭氏注

---

① 「昆蟲」，依補正、四庫薈要本、文津閣四庫本應作「蟲魚」。

爲之疏，爾雅稍稍出。比於熙豐三經行，學者非字説不學，自先儒注疏皆罷絀，而爾雅亦廢。予憶爲兒時入鄉校，有以爾雅問題者，予用『能辨鼠豹①，不識蟛蜞』爲對，其事至淺，諸老先生往往驚嘆以爲博也。郡有刊疏并音釋若干卷，以久不就，字畫多殘闕。金華趙君子良來爲推官，繕補之，始頗可讀。趙徵余言，因叙此書之所以廢，且見子良之志。子良學於東萊吕伯恭氏，於余爲同年進士，名善珍。」

程敏政曰：「爾雅疏序在舒館直雅集中，題曰代邢昺作。」

王氏雱**爾雅**

佚。

項安世跋曰：「予讀王元澤爾雅，爲之永歎曰：嗚呼，王氏以②父子之學之苦，即其比物引類之博，分章析句之工，其用力也久，其屬辭也精，以此名家，自足垂世，視揚子雲、許叔重何至多遜，而必欲用此説也。咸五帝而登三王，縛頡利而臣高昌，則已疏矣，度不能勝，而乃濟之以愎，輔之以狡，招合一時之群小，盡逐累世之舊臣以慼吾國，而覆之以③遺凶流毒，至使後之擅國者世師焉，以享上衹辟之説悦人主，以邦朋國是之説空廷臣，則王氏父子實爲之④津梁，可不痛哉。」

① 「鼠豹」，四庫薈要本作「豹鼠」。
② 「王氏以」，依補正、四庫薈要本、文淵閣四庫本應作「以王氏」。
③ 「以」，四庫薈要本作「其」。
④ 「之」字，文淵閣四庫本脱漏。

〔補正〕

項安世跋内「王氏以父子之學之苦」，「以」字當在「王」字之上。（卷一〇，頁四）

陸氏佃**爾雅新義**

宋志：「二十卷。」

未見。

陳振孫曰：「陸佃撰。其於是書，用力勤矣。自序以爲雖使郭璞擁篲清道，跂望塵躅可也。以愚觀，大率①不出王氏之學，與劉貢父所謂不徹薑食，三牛三鹿戲笑之語，殆無以大相過也。書曰『玩物喪志』，斯其爲喪志也弘矣。頃在南城傳寫，凡十八卷。其曾孫子遹刻於嚴州，爲二十卷。」

〔補正〕

陳振孫條内「以愚觀」，下脱「之」字。（卷一〇，頁四）

鄭氏樵**爾雅注**

三卷。

存。

---

① 「以愚觀大率」，依補正、文淵閣四庫本應作「以愚觀之，大率」，四庫薈要本誤作「之要」。

樵自序曰：「大道失而後有六經，六經失而後有爾雅，爾雅失而後有箋注。爾雅與箋注，俱奔走六經者也，但爾雅逸，箋注勞。爾雅者，約六經而歸爾雅，故逸；箋注者，散爾雅以投六經，故勞。有詩、書而後有爾雅，爾雅馮詩、書以作，往往出自漢代箋注未行之前，其孰以爲周公哉！爾雅釋六經者也，爾雅明，百家箋注皆可廢。爾雅應釋者也，箋注不應釋者也。人所不識者，當釋而釋之，曰應釋；人所不識者，當釋而不釋，所釋者，不當釋而釋之，曰不應釋。古人語言，於今有變，生今之世，何由識古人語？此釋詁所由作。五方言語不同，生於夷①，何由識華②語？此釋言所由作。物有可以理言者，以理言之；有不可以理言，但喻其形容而已。形容不可明，故借言之訓以爲證，此釋訓所由作。宗族、婚姻，稱謂不同，宮室、器樂，命名亦異，此釋親、釋宮、釋器、釋樂所由作。人之所用者，人之事耳，何由知天之物？此釋天所由作。生於此土，識此土而已，九州之遠，山川丘陵之異何由歷？此釋地、釋丘、釋山、釋水所由作。動物植物，五方所産各有名，古今所名亦異謂，此釋草、釋木、釋蟲、釋魚、釋鳥、釋獸、釋畜所由作。何物爲六經？集言語、稱謂、宮室、器服、禮樂、天地、山川、草木、蟲魚、鳥獸而謂經，以義理行乎其間而爲緯，一經一緯，錯綜而成文，故曰六經之文。爾雅謂言語、稱謂、宮室、器服、禮樂、天地、山川、草木、蟲魚、鳥獸之所命不同，人生不應識者也，故爲之訓釋。義理者，人之本，有人生應識者也，故嬰兒知好，瞽者、聾者知信義，不馮文字而後顯，不藉訓釋而後知，六經所言，早爲長物，何況言下

① 「夷」，文津閣四庫本作「此」。
② 「華」，文津閣四庫本作「彼」。

復有言哉！故爾雅則不釋焉。後之箋注家反是，於人不應識者則略，應識者則詳，舍經而從緯，背實以應虛，致後學昧其所不識而妄①其所識也。蓋人所不應識者，經也，實也，不得釋則惑，得釋則明。若曰『關關雎鳩，在河之洲』，不得釋，則人知『雎鳩』爲何禽，『河洲』爲何地哉？人所應識者，緯也，虚也，釋則不顯，不釋則顯。董遇有言『讀百遍，理自見』者，爲此也。若『雎鳩』、『河洲』，不得旨言，雖千誦何益哉！何謂釋則不顯？且如論語所謂『學而時習之，不亦説乎』，無箋注，人豈不識？孟子所謂『亦有仁義而已矣，何必曰利』，無箋注，人豈不識？中庸所謂『天命之謂性，率性之謂道』，無箋注，人豈不識？此皆義理之言，可詳而知，無待注釋。有注釋則人必生疑，疑則曰此語不徒然也，乃舍經之言而泥注解之言，或者復舍注解之意而泥己之意以爲經意，故去經愈遠。正猶人夜必寢，旦必食，不須告人也，忽而告人曰吾夜已寢矣，旦已食矣，聞之者豈信其直如此耳，必曰是言不徒發也，若夜寢旦食，又何須告人？先儒箋解虚言，致後人疑惑正類此。因疑而求，因求而迷，因迷而妄，指南爲北，俾日作月，欣欣然以爲自得之學，其實沈淪轉徙，可哀也哉！此患無他，生於疑耳；其疑無他，生於本來識者，而作不識者解耳。爾雅訓釋六經，極有條理，然只是一家之見，又多狥於理而不達乎情狀，故其所釋六經者，六經本意未必皆然。樵酷愛其書，得法度，今之所注，只得據爾雅意旨所在，因採經以爲證，不可叛之也。其於物之名大有拘礙處，亦略爲之摭正云爾。」

陳振孫曰：「鄭樵撰。其言爾雅出自漢代箋注未行之前，蓋憑詩、書以作爾雅。爾雅明，則百家箋

①「妄」，四庫薈要本作「忘」。

注皆可廢。爾雅應釋者也，箋注不應釋者也，言語、稱謂、宫室、器服、草木、蟲魚、鳥獸之所命不同，人所不能識者，故爲之訓釋。義理，人之所本有，無待注釋，有注釋則人必生疑，反舍經之言而疑①注解之言，或者復舍注解之意而泥己之意以爲經意。此其爲説雖偏，而論注釋之害，則名言也。」

〔補正〕

陳振孫條内「而疑注解之言」，「疑」當作「泥」。（卷一〇，頁五）

潘氏翼**爾雅釋**②

佚。

王瓚曰：「翼，字雄飛，青田人。建炎中，徙居樂清。王十朋之師也。」

羅氏願**爾雅翼**

三十二卷。

存。

願自序曰：「惟宋十一世，淳熙改元，羅子次爾雅翼，定著五萬餘言。乃論古初，造化始耑，萬彙芒

---

① 「疑」，依補正、四庫薈要本、文淵閣四庫本應作「泥」。

② 「爾雅釋」，備要本誤作「爾雅翼」。

芴，並生其間，民生如標枝，鹿豕爲群，自以爲一物，不自貴珍。有聖人者立，傑出其倫，使同類相收，異類區分。正名百物，毛羽介鱗，圜首方趾，自別爲民，乃佃乃漁，乃刊乃焚。選百羞百穀，以爲常珍，味其辛毒，俾相君臣。靈智以爲畜，猛虤服循，異物著之鼎，別姦與神。遂超萬物，莫與之①鄰。號名三才，與天地均，裁制萬品，皆由乎人，物患既去，其利畢陳。智者用其實，因既以②文，有所著作，假之而論。故詩首關雎，春秋感麟。易八卦始畫，仰天俯地，窮魚獸③之文。書契因之，是生典、墳。禮觀象作服，贄死生之物，以明卑尊。吹竹聽鳳，爲樂本原。魯論貴多識，譏五穀不分。聖有所不語，亦有所常言。至王會紀遠物，則多異聞。離騷志潔，惟掇其芳芬，不若爾雅，博洽雅馴。起於漢世，學者自爲專門，欲輔成詩道，廣摭旁穿，萬物異名，始著於篇。先師說之，義多不鮮，由古學廢絶，說者無所旁緣。風土不同，各據所偏，江南之産，踰北而遷，至其語音，亦不相沿。鄭人命死鼠，儗於璵璠，六書之相假，鱓則爲鱣，物亦固有難識，不可汎觀。惡莠亂苗，豫章須七年，非好古博雅，身履藪澤，孰能究宣？野人能別之，不能見於傳。至謂鶡女匠、魚罟爲筌④、六駮以爲馬，不可駕牽。謂芍藥無香，說芳艸者，初不識蕙與蘭。羅子疾之，乃探其原，因爾雅爲資，略其訓詁，山川星辰，研究動植，不爲因循。觀實於秋，玩華於春，俯瞯淵魚，仰察鳥雲，山林皐壤，遇物而欣。有不解者，謀及芻薪、農圃以爲師，釣弋是親，用

---

① 「與之」，依補正、四庫薈要本、文淵閣四庫本應作「之與」。
② 「以」，依補正、四庫薈要本、文淵閣四庫本應作「其」。
③ 「魚獸」，依補正、四庫薈要本、文淵閣四庫本應作「鳥獸」。
④ 「筌」，依補正應作「荃」。

相參伍，必得其真。此書之成，爲雅羽翰，其涵如海，其負如山，其稱物小，義炳而寬，不强所不知，義無不安。宇中所有，目擊而存，指毛命獸，見末知根，可用閲覽，虞悦性情，玩化無窮，以觀我生。率是佐時，人主以裁成，通之於六籍，疑義以明，千世之下，與雅並行。後有子雲、君山之儔，乃知其精，雅道復顯，功斯亦宏矣。」

〔補正〕

自序内「莫與之鄰」，當作「莫之與鄰」。「因既以文」，「以」當作「其」。「窮魚獸之文」，「魚」當作「鳥」。「魚罟爲筌」，据爾雅翼作「荃」。（卷一〇，頁五）

王應麟後序曰：「爾雅翼三十有二卷，歙羅公願端良譔。惟大學始教，格物致知，萬物備於我，廣大精微，一草木皆有理，可以類推。卓爾先覺，即物精思，體用相涵，本末靡遺。水華庭草，玩生意以自怡；鶉雛觀仁，乾坤具梅枝。鉅而包萬彙乎觀物，纖而析衆芳乎楚辭。約不膚陋，博不支離，蓄德致用，一原同歸。彼謏聞者，誤荔挺杜若，不識蟹蟚，騶牙重常徒語，怪而麃鴒售欺。矧編絶簡脱之餘，舄虎魚豕，柳卯荄茲，至於菉緑楝夷，蕡蘋薺茨，苹蓱萊棗，熊能螭离，鵠鶴鷻鶉，雜糅而紛披，諼蕙導蕖，夆蜂嚶鸎，訓義之參差。芑有菜、草、粟之別，杞有梓、柳、檵之殊。名之相混，獸則蛭、蜩、蝦、蛤，草則虌、蝱、藕、雔。女摯之亲與榛異，鳴垤之雚與鸛異，校諸經而多違。小大同稱，有鯤有麑。新雉之木以爲草，類苑紀鸒斯；王會芣苢，伊尹書盧橘。荒異物其誰咨？娵隅以音變，烏啄以字迷。堯韭舜榮，儷句爲嬉。豆逼莫解，荇蕁曰莧葵；問稻何草，而謂羊蹢鴟。候氣廢葭莩，議樂昧秬秠。或有能辨蒲盧，表枸杞，別象膽與？駁而問天鷄，指不勉之善，取騶虞竊脂。然洽通之彦，猶蒟醬失對，謬剥棗於豳詩。

蓋騖遠略近，躐高忽卑，孰知爾雅附於經，多識是資。諸儒箋釋，角立壘畦，歆、炎、樊、李、文學犍爲、景純之後，顧、謝、沈、施、陸音、邢疏，分轡並馳。鮒演以小，累矩疊規，揖廣憲博，劉續陸埤，斟酌群言，嚌醇擩醨。理無窮，書有賾，未窺夫浩倉槩物，化育亡厓，益不殫名，隸首難偏稽。山經所有，恢詭譎奇，地員九十，物草十二褢，考工記郤行紆行之屬，鴻烈庶鳥庶魚之類，萬耑千歧。物物而察，必研其幾，匪淹綜沈潛，貫璣組絲，纔克鉤索幼眇，甄剖是非。淵哉若人，如五總龜，筆爲鉏耒，迺芸迺菑，覽故考新，揆敘物宜，根極六藝，冰渙昔疑，囊括百家，抉庋擿玭，豈惟傳騷，説詩亦解頤。纂次有典則，班、馬可追，爲雅忠臣，翼之以飛，本立言之志，欲率是佐時，陶冶旁薄，印贊範圍，中和位育，與物春熙，匪衒豹鼠之辯，以貽蟲魚譏，入國問喬木，誦其文爲師。昔者朱子稱經緯縝密，惜其先萎，小集僅傳，知此者希。歲甲午書成，迨庚午九十七載，出若有期，自今顯行，式永厥垂，繇是進大學之道，學者葆之。先是，公之從曾孫裳，録藏家楹。訪求得其書，則前大學博士方君回也。識卷後而刊於郡者，浚儀王應麟也。」

方回跋曰：「宋興二百一十五年，淳熙甲午，新安存齋羅公願字端良次爾雅翼成。又九十六年咸淳庚午，浚儀王侯應麟爲守，始刊布之。回聞之先生君子，南渡後，文章有先秦西漢風，惟羅鄂州一人。甫七歲，能爲青草賦，以壽其先尚書。少長，落筆萬言。既冠，乃數月不妄下一語，其精思如此。以南劍州守陛辭，孝廟大賞異，俾易鄂州。明年淳熙乙巳卒。今新安志行於世，與馬、班等，小集僅文之十一，劉公清之子澄所刊，晦翁謂文有經緯，嘗欲附名集後，又謂羅端良止此可惜。蓋年四十餘，使老壽，進未艾也。爾雅翼者，序見小集，世未見其書，回訪求，得公之從孫裳手抄副本三十二卷。侯躬自校餴，雖庾聞隱説，具能知所自來，可謂後世子雲矣。回竊謂後世學者，於天下書鑽研少而剽竊多，靡勞餘力，意義曉然，古人有終身不能通者，或開卷頃刻而得之：道德性命之類，有北溪字義，而真西山讀書記爲尤精。車冕器服之類，有三禮圖，而陳祥道禮書爲尤博。考論經傳，草木鳥獸蟲魚，則許謹①、陸璣、張揖、曹憲、邢昺、陸佃，不如此翼之爲尤悉。是書皆前代所無，挾是以求，爲儒易易矣。雖然，學陋俗壞，承弊踵訛，以無言道，以氣言性，以知覺言仁，以詐謀言智，以反經言權，以姑息言恕，以輪迴言生死，以祠廟言鬼神，詖淫邪遁，先儒闢之非不至，而士之陷溺者，猶不自知也。以誤注本草爲世之害，而不以誤注易爲世之大害，識者患焉。賢侯②父子有德吾州，嘗以右螭直北門，是將推所學陶天下，俾本末精麤，將無不一歸於是云。」

〔補正〕

方回跋内「賢侯」當作「侯賢」。（卷一〇，頁五）

洪焱祖跋曰：「鄉先生羅公端良著爾雅翼三十有二卷：釋草八卷，凡一百二十名；釋木四卷，凡六十名；釋鳥五卷，凡五十八名；釋獸六卷，凡七十四名；釋蟲四卷，凡四十名；釋魚五卷，凡五十五名。通爲名四百有奇，附見者不與。夫爾雅之作，多爲釋詩，毛公傳詩，皆據爾雅。今觀此翼，明詩之義者一百二十章，明三禮之義者一百四十章有奇，他如易象、春秋傳，間亦因有發明。蓋先生成此書時

---

① 「許謹」，四庫薈要本、文淵閣四庫本俱作「許慎」。

② 「賢侯」，依補正、四庫薈要本、文淵閣四庫本應作「侯賢」。

年三十有九，經學最精，非但爲爾雅之翼而已也。咸淳庚午，郡守厚齋先生浚儀①王公應麟始刊布之。今五十年矣，板逸不存，郡守自齋先生北譙朱公霽屬學官訪求墨本，節費重刊，且以難字頗多，初學未能遽曉，俾焱祖詳加音釋，附於各卷之末。又舊本出於筆吏之手，頗有訛舛，謹爲正之，所不知者闕。昔莆田鄭公樵序昆蟲草木略，以爲學者皆操窮理盡性之說，而以虛無爲宗，至於名物之實學，則置而不問。愚嘗竊疑其言之過，及觀所作草類，以公之博物洽聞，猶不免自以蘭蕙爲一物，則知鳥獸草木之學，豈易言哉！先聖教人學詩多識者此也。學者觀於此翼，其勿以明道、玩物喪志之說②，藉口而自恕云。延祐七年。」

顧璘跋曰：「予向嘗讀宋羅鄂州集，見朱子敬服其文，以爲南渡以來，文人之所鮮有。近復得鄂州所著爾雅翼於其遠孫惟美，則又以見鄂州之學之博，而非人之所易窺也。爾雅，博物之書也，天下之物廣矣，一物之理未窮，則一物之知缺焉。學者之意，豈不以一物未窮，若無害乎其學，而不知學之疎淺，未必不自兹而始也。孔子生知之人也，其入太廟，必每事問，復曰：『我非生而知之，好古敏以求之者也。』此聖人之所以爲聖也。是書之於格物詳矣，學者能復熟研究，由是而進大學之道，蓋無難者。則是書也，固將與雅並行，有不俟後世之子雲而知之矣。正德己卯。」③

---

①「浚儀」，文津閣四庫本誤作「浚義」。
②「說」，文淵閣四庫本作「失」。
③自「顧璘跋」條以下至卷末，文淵閣四庫本全數脱漏。

都穆序曰：「爾雅，周公書也。昔之志藝文者，以之附於孝經，志經籍者，以之附於論語，皆所以尊經也。唐四庫書目始置之小學之首，至宋邢昺等奉勅爲疏爾雅，遂復與諸經並列。由周而後，人之作者，漢孔鮒有小爾雅，魏張揖有廣雅，宋陸農師有埤雅，此外又有爾雅翼者，其爲卷三十有二，總十萬①餘言，宋知鄂州新安羅公願之所著也。書嘗一刻於宋，再刻於元，以屢經兵燹，人間罕存。雖公之後人與鄉之士夫間有藏者，率皆繕寫，且多譌缺。予家舊藏乃宋刻本，後以歸李工部彦夫，蓋彦夫新安人也。今羅公十六世孫文殊持是書來謁，詢之，知其捐貲新刻，即予向所遺李君者也，遂作而歎曰：博哉！羅公之學乎。世之學者，多務高遠而忽卑近，至於訓詁，直眇焉視之，以爲無用而不足究心。嗚呼！其亦弗思而已矣。孔子之教學者曰『博學於文』，孟氏亦曰『博學而詳説之』，而況大學之教，先於格物。夫一物不知，君子所恥。孔子，聖人也，嘗辨商羊、識萍實，論者謂其小吾夫子。殊不知人而曰聖，以其無所不通，使有問焉，懵然無答，其與庸人亦奚異哉？大抵學以聖人爲師，古之人如東方曼倩、張司空，其學雖不能窺聖門牆，而其博物，人到於今稱之，世之君子或猶有未逮。然則物豈可以易格，學豈可以自足也哉？是書之出，後於陸氏，而考覈名物，援引百家，所謂『其涵如海，其負如山』者，誠非虛語。若其博，視陸氏殆又過之，學者得此，不俟旁求汎閱，而坐收格物之功，則公澤之及人，固亦多矣。惜乎史闕公傳，文獻通考亦不載其書，兹非文殊，不能使其晦而復傳。噫！羅氏之子孫衆矣，若文殊者，顧不謂之孝邪？」②

---

① 「十萬」，依補正、四庫薈要本、文淵閣四庫本應作「五萬」。

② 文淵閣四庫本，此條全闕。

〔補正〕

都穆序内「總十萬餘言」，「十」當作「五」。又云「惜乎史闕公傳，文獻通考亦不載其書」，按：宋史羅願附其父汝楫傳後，此云「史闕公傳」，失考。（卷一〇，頁五）。

洪氏焱祖**爾雅翼音釋**

三十二卷。

存。

徽州府志：「洪焱祖，字潛夫，歙人。由平江學録遷衢州路學教授，改處州遂昌簿，以休寧縣尹致事。爾雅翼音注三十二卷，列於徽學，今廢。」

陳氏櫟**爾雅翼節本**

佚。

櫟自述曰：「羅鄂州爾雅翼博矣！好處可以廣人之識見者儘多，可恨處牽引失其精當者不少。内引三百篇之詩處多不是，嘗編一節本。」

胡氏炳文**爾雅韻語**

未見。

危氏素**爾雅略義**

十九卷。

未見。

張萱曰：「元至正初，檢討危素節略郭、邢二家注疏，進御抄本。」

薛氏敬之**爾雅便音**

未見。

羅氏日褧**爾雅餘**

八卷。

未見。

譚氏吉璁**爾雅廣義**

五十一卷。

存。

顧炎武曰：「舟石勤於讀經，叩其書齋，插架十三經注疏，手施朱墨，始終無一誤句，我行天下，僅見此人。」

亡名氏爾雅音訓

通考：「二卷。」

佚。

崇文總目：「不著撰人名氏。以孫炎、郭璞二家音訓爲尚狹，頗增益之。」

互注爾雅貫類

宋志：「一卷。」

佚。

王應麟曰：「不知作者，取字同者類之。」

爾雅兼義

通志：「十卷。」

佚。

爾雅發題

通志：「一卷。」

佚。

經義考卷二百三十九

群經一

漢石渠五經雜議　唐志題劉向①。

漢志：「十八篇。」唐志：「七卷。」

佚。

〔補正〕

案：此條下當補載前漢書宣帝紀：「甘露三年，詔諸儒講五經同異，太子太傅蕭望之等平奏其議，上親稱制臨決焉。」（卷一〇，頁五）

范寧曰：「漢興以來，瓌望碩儒，各信所習，是非紛錯，準裁靡定，故有父子異同之論，石渠分爭

① 「劉向」二字下，文淵閣四庫本有「撰」字。

之說。」

劉勰曰：「石渠論藝，白虎通講，聚述聖言，通經論家之正體也。」

呂祖謙曰：「宣帝論五經，亦長專門之風，其用經術，差勝武帝。」

按：徐天麟西漢會要彙載雜議群儒姓名：蕭望之、韋玄成、施讎、梁丘臨、歐陽地餘、林尊①、周堪、孔霸、張山拊、張生、薛廣德、戴德、戴聖、聞人通漢、劉向，凡十有五人。攷假倉以小夏侯學爲謁者論石渠，而徐氏失載，又大戴未聞其議石渠，意誤讀孟卿傳也。

劉氏向**五經通義**

隋志：「八卷。」七録：「九卷。」唐志同。

〔補正〕

案：隋志「五經通義八卷」，下云「梁九卷」，皆未系姓名。（卷一〇，頁五）

佚。

〔校記〕

王謨、黄奭、馬國翰均有輯本。（群經，頁六一）

王應麟序曰：「劉向辨章舊聞，則有五經通義。通義者，漢五經課試之學也。維漢以文立治，以經

① 「林尊」二字，文津閣四庫本脱漏。

選士，鴻生傳業，支蕃葉滋，闡繹道真，探索聖藴。決科射策，則有通義之目，以孟子明事，則有博文之名，趙岐題辭觕述大概，謹稽合史傳而爲之説曰：聖人作經載道，學者因經明道。學博而不詳説，無以發群獻之眇旨；説詳而不反約，無以折衆言之殽亂。故必泝正學之源，而後能通乎聖人之海。粤自木鐸聲寢，經與道榛塞，孟子闢邪距詖，羽翼孔道，七篇垂訓，法嚴義精。知性知天，易之奥也；以意逆志，詩之綱也；言稱堯、舜，書之要也；井田爵禄之制，可以知禮；王霸義利之辨，可以知春秋，儒者稱之曰『通五經』。噫！若孟氏，斯謂之通矣。媺哉！漢之尊經乎。儒五十三家，莫非賢傳也，而孟子首置博士；九流百八十九家，莫非諸子①也，而通義得述。孟子斯文之統紀，以一多士之趨向以純，非徒綴訓故，誦佔畢而已。若稽前載，建元五年春，五經始立博士；元朔五禩，通一藝者試之；孝元好儒，通一經者復之；博士十四，昉於建武；選受四經，俶於建初，科有甲乙，試有家法，或試經於太常，或試誦説於博士。永元十四年，司空徐防建言開五十難，解釋多者爲上第，演文明者爲高説。所謂博文明事，雖軼不傳，然建武中，太子諸王欲爲通義而聘鄭衆；建初四年，會諸儒白虎觀，命史臣著通義；曹褒傳慶氏禮，亦篹通義十二篇。觀其名，可求其略矣。還觀有漢之盛，鉅儒石師開門授徒，著録至萬六千人，經數家，家數説，章句多者百餘萬言，歷禩綿邈，湮没居多。嘗即詩、禮訓注考之，小弁述親親之言，王制述貢助徹之法，爵德齒釋於大宰，經界釋於小司徒，圭田市廛關譏釋於載師、廛人、司

① 「諸子」，文淵閣四庫本作「賢傳」。

闕，助有公田，國中什一，及函矢之説，又詳列於考工記①。珠貫絲組，上下洽通，蓋傳得其宗，無越鄒孟，求觀聖道，必自兹始。否則續以華藻，汨以緯候，荄兹詭辨，稽古曼辭，燕説郢書，吾道蕪矣，焉得而通諸？雖然，經學至於通而止，漢儒之説，何其紛紛也。五經通義，劉向輯之；五經通論，沛獻著之。程曾通難，洼丹易通，專己黨同，轍殊牖異，君子已不能無憾，況課試之學，以明經爲利禄之塗，則通義乃諸儒之筌蹄也，其不傳於今有以夫。吁！師異道，人異論，漢儒之説，猶得以考同異，折是非也。暨唐貞觀十二年，會萃章句爲正義百七十卷，由是舉天下宗一説而無深造自得之功。若明經又變爲帖誦，而口義墨義興焉，君子又惜通義之不傳於今也。」

按：五經通義，唐志尚存，觀王伯厚擬序，宋季已無傳矣，今就群書所引者次於後。冬至，陽動於下，推陰而上之，故大寒於上。夏至，陰動於下，推陽而上之，故大熱於上。日在牽牛則寒，在東井則暑。牽牛外宿，遠人，故寒；東井内宿，近人，故温也。冬至所以寢兵鼓，商旅不行，君不聽政事何？冬至陽氣萌②，陰陽交精，始成方③萬物，氣微④不可動泄，王者承天理⑤，故率⑥天下静而不擾也。易曰：

---

① 「考工記」，文津閣四庫本誤作「考功記」。
② 「萌」字下，依補正、四庫薈要本、文淵閣四庫本、文津閣四庫本應補「生」字。
③ 「方」字，依補正、四庫薈要本、文淵閣四庫本、文津閣四庫本應删。
④ 「微」字下，依補正、四庫薈要本、文淵閣四庫本、文津閣四庫本應補「在下」二字。
⑤ 「理」字下，依補正、四庫薈要本、文淵閣四庫本、文津閣四庫本應補「物」字。
⑥ 「率」字下，文津閣四庫本誤衍「先」字。

「先王以至日閉關，后不省方。以此助之始。夏寢兵鼓，不設政事何？所以助陰氣之養也。震與霆皆霹靂也。月中有兎與蟾蜍何？月，陰也，蟾蜍，陽也，而與兎並明，陰系①乎陽也。神之大者曰昊天上帝，其佐曰五帝。王者所以祭天地何？王者父事天，母事地，故以子道事之。祭日以丁與辛何？丁者反覆自丁寧，辛者當自尅辛也，王者所以因。郊祭日月、星辰、風伯、雨師、山川何？以爲皆有功於民，故祭之也。皆天地之明神從官也，緣天地之意，亦欲及之，故歲一祭焉。禮日出於南門外，禮月、四瀆於北門外，禮山川、丘陵於西門外，禮風伯、雨師於東門外，各即其位也。其祭之奈何？曰：祭日者縣，祭月者□②，祭風雨者檦，祭星者布，祭山川者沈，各象其貌也。王社③藉田中爲千畝，報功也。文家右社稷左宗廟，質家左社稷右宗廟。泰山一曰岱宗，言王者受命易姓，報功告成必於岱宗也。東方萬物始交，岱宗處之長也，言爲群岳之長。王者諸侯所以三年一祫，五年一禘何？三年一閏，天道小備，故三年一祫，祫皆取未遷廟主合食太祖廟中。五歲再閏，天道大備，故五歲一禘，禘者締也，取已遷廟主合食太祖廟中。王者受命而起，所以立靈臺何？以爲在於中④也，國之南，附近辟雍，依□宮⑤也。靈臺制度奈何？師説云：「積土崇增，其高九仞，上平無屋。」高九仞者，極陽之

---

① 「系」，文津閣四庫本作「繫」。
② 「□」，依補正、四庫薈要本、文淵閣四庫本、文津閣四庫本應作「毀」。
③ 「王社」，文津閣四庫本作「王立社稷」。
④ 「在於中」字下，四庫薈要本、文淵閣四庫本、文津閣四庫本俱作「野中」。
⑤ 「□宮」，四庫薈要本、文淵閣四庫本俱作「頖宮」，文津閣四庫本作「仁宮」。

數，上平無屋，望氣顯著。天子立辟雍者何？所以行禮樂，宣德化，教導天下之人，使爲士君子，養三老，事五更，與諸侯行禮之處也，義取四方來觀者平均爾。諸侯不得觀四方，故闕東，以南半天子之學，故曰頖宮。頖之言半也，頖宮水雍其半，蓋東西門以南通水，北無水也。三王教化之宮，皆名爲學。曰學校者，校之言教也。夏曰校，殷曰序，周曰庠，兼用之，鄉爲庠，里爲序，家爲塾。諸侯會天子，則以方明爲主，覲禮云：「明①，木也，其形四方六面，上玄下黄，東青南赤，西白北黑。」方明者，上下四方神明之象也。號者，所以表功德，號令天下也。謚者，死後之稱，累生時之行而謚之，善行有善謚，惡行有惡謚，所以爲勸善戒惡也。謚之言列，陳列其行，身雖死，名常存，故謂謚也。問曰：「天子有天子大號，諸侯寧有國大號乎？」答曰：「天子居無上之位，下無所屈，故立大號以勸勉子孫。諸侯有爵禄之賞，削絀之義，鈇鉞之誅，故無所有國之號也。」顓頊者，顓猶專，頊猶愉，幼少而王，以致太平，嘗自愉儉嗛約自小之意，故兩字爲謚。帝堯、帝舜，先號後謚也。帝者，德盛與天同號，謚雖美，終不過天也，故如其次。道之婦人以隨從爲義，夫貴於朝，婦貴於室，故得蒙夫之謚。婦人無爵，故無謚。崩薨從何王始乎？曰：從周。何以言之？曰：尚書曰「放勳乃殂落」，舜曰「陟方乃死」，武王以前未稱崩薨也，至成王太平，乃制崩薨之義，尚書曰「翌日乙丑成王崩」是也。凡奔喪，近者先聞先還，遠者後聞後還。諸侯未葬，嗣子聞天子崩，不奔喪。王者制禮，緣人心而爲之斷，閔孝子之思，不忍去棺柩，故不使奔也。王冕，夏曰收，以入宗廟，長尺六寸，廣八寸，前起冕長六寸，廣

①「明」，依四庫薈要本、文淵閣四庫本、文津閣四庫本應作「方明」。

八寸，員冠前緇布在上，五采組十二旒。夏、殷之冕，如周制矣。夏冕黑白赤組旒，殷冕黑黄青組旒，皮弁冠，前後玉飾。玉有五德：温潤而澤，有似乎知；鋭而不害，有似乎仁；抑而不撓，有似乎義；有瑕乎内，必見於外，有似乎信；垂之如隊，有似乎禮樂者，所以象德表功。因事之宜，受命而王者，有六樂焉：以太一樂天，以咸池樂地，以肆夏樂人，以大夏樂四時，以大濩樂五行神明，以大武樂六律，各象其性而爲之制，以樂其先祖。黄帝樂所以爲咸池者何？咸，皆也；池，施也；黄帝時道皆施於民也。王者之樂有先後者，各尚其德也。以文得之，先文樂，持羽旄而舞；以武得之，先武樂，持朱干玉戚而舞。八音者，金、石、絲、竹、匏、土、革、木也。金爲鐘，石爲磬，絲爲絃，竹爲管，匏爲笙，土爲塤，革爲鼓，木爲柷。敔簫，編竹爲之，長尺有五寸。歌之言謳也，以厚志意，故發聲而歌長言。鄭國有溱、洧之水，男女聚會，謳歌相感，今鄭詩二十一篇，説婦人者十九，故鄭聲淫也。舞四夷①之樂，明德澤廣被四表也。東夷②之樂曰侏離，南夷③之樂曰任，西夷④之樂曰禁，北夷⑤之樂曰昧。東夷⑥之樂持矛舞，助時生也；南夷⑦之樂持羽舞，助時養也；西夷⑧之樂持鉞舞，助時殺也；北夷⑨之樂持干舞，助時藏也。聞宫聲，無不温雅而和之；聞徵聲，無不善養而好施。功成作樂，治定制禮，所以禁奢侈、滌邪志、通中和也。餘見正義者不具録。

〔補正〕

竹垞案内「冬至陽氣萌」，下脱「生」字。「始成方萬物」，「方」字當删。「氣微不可動泄」，「微」下脱「在

①②③④⑤⑥⑦⑧⑨「夷」，文津閣四庫本俱作「方」。

下」二字。「承天理」下脱「物」字。「祭月者□」,「者」下一字是「毀」。「夏曰校,殷曰序,周曰庠」,按:太平御覽卷五百三十三引此文作「殷爲庠,周爲序」,與説文「庠」字注所引禮官合,與孟子文異,今此處引通義而文從孟子,何也?「持羽旄而舞」,「旄」下脱「衣繡衣」三字。(卷一〇,頁五—六)

五經要義 唐志題劉向撰。

〔補正〕

隋志:「五卷。」

案:隋志「五經要義五卷」下云:「梁十七卷,雷氏撰。」(卷一〇,頁六)

佚。

〔校記〕

王謨有輯本,馬國翰亦有五經要義輯本。(群經,頁六一)

按:藝文類聚引要義文云:「周禮鐘、磬皆編懸之,二八十六而在一簴謂之堵,磬一堵謂之肆①。」初學記引要義文云:「天子藉田千畝,以供上帝之粢盛,當孟春啓蟄,既郊之後,身率公卿大夫而親耕焉,所以先百姓而致孝敬也,立壇於田所祠之,其制度如社之壇。」又云:「王者受命,創始建國,立都必居中土,所以總天地之和,據陰陽之正,均統四方,旁制萬國者也。」又云:「古者著裘於内,而以繒

---

①「磬一堵謂之肆」,依補正、四庫薈要本、文淵閣四庫本、文津閣四庫本應作「鐘一堵、磬一堵謂之肆」。

衣覆之，乃加以朝服。會之時，袒其朝服，見裘裏覆衣謂之裼。裼之言露，可見之辭，所以示美承①好而爲飾。加以朝服謂之襲，袒謂之裼，大裘不覆，反本取其質也。」又云：「諸侯黼裘，以誓田雜羔狐爲黼文也。」又云：「天子之笏謂之珽，挺②然而無屈也。韠者，舜所制也。太古之時未有布綿③，人食禽獸肉而衣其皮，知蔽前，未知蔽後。至舜，冕服既備，故復制之，示不忘古。韠名有三：朝廷則謂韍韠，宗廟謂之韠韐。韍者，大帶之飾，非韠也。天子朱韠，諸侯赤韠。赤，盛色也。」又云：「將行者有祖道，一曰祀行，言祭道路之神以祈也。」又云：「木主之狀四方，穿中央，以達四方。天子長尺二寸，諸侯長尺，皆刻謚於其背。」又云：「磬，立秋之樂也。」杜氏通典引要義文云：「冠，嘉禮也。冠首服也，首服既加，而後人道備，故君子重之，以爲禮之始矣。」太平御覽引要義文云：「古者后夫人必有女史彤管之法，后妃群妾以禮御於君所，女史書其日，授其環以進退之。有娠則以金環退之，當御者以銀環進之。著於左手，於左者陽也，以當就男，故著左手，右手陰也，既御而復，故此女史之職也。」

〔補正〕

竹垞案内「謂之堵」下脱「鐘一堵」三字。初學記引要義文云「天子藉田千畝」云云，按藝文類聚卷三

---

① 「承」，依補正、四庫薈要本、文淵閣四庫本應作「呈」。

② 「挺」，文津閣四庫本作「珽」。

③ 「布綿」，依補正、四庫薈要本、文淵閣四庫本、文津閣四庫本應作「布帛」。

十九引此條至「下致孝敬也」，作「五經通義」，不作「要義」，與此異。「所以示美承好」，「承」當作「呈」。「未有布綿」，「綿」當作「帛」。（卷一〇，頁六）

沛獻王劉輔**五經通論**

佚。

後漢書：「沛王輔好經書，善説京氏易、孝經①、論語傳及圖讖。作五經論，時號曰沛王通論。」

金樓子：「劉輔性矜嚴，有盛名，沈深好經書，善説京氏易、論。集經傳及圖讖文作五經通論，世號之曰沛王通。明帝甚敬重之，賞賜恩寵加異。」

熊方曰：「沛獻王輔，光武子，建武十五年四月封右馮翊公，十年十月進爲中山王，二十年六月徙爲沛王。」

班氏固等**白虎通德論**一作「議奏」，一作「通義」。

隋志：「六卷。」宋志：「十卷。」

存。

後漢書楊終傳：「終言宣帝博徵群儒，論定五經於石渠閣，方今天下少事，學者得成其業，而章句

---

① 「孝經」，文淵閣四庫本誤作「考經」。

之徒，破①壞大體，宜如石渠故事，永爲後世則。於是詔諸儒於白虎觀，論考同異焉。會終坐事繫獄，博士趙博、校書郎班固、賈逵等，以終深曉春秋，學多異聞，表請之，終又上書自訟，即日貰出，乃得與於白虎觀焉。」

儒林傳：「建初中，大會諸儒於白虎觀，考詳同異，連月乃罷，肅宗親臨稱制，如石渠故事，顧命史臣，著爲通義。」

孝明八王傳：「陳敬王羨，博涉經書，有威嚴，與諸儒講論於白虎殿。」

丁鴻傳：「肅宗詔鴻與廣平王羨及諸儒樓望、成封、桓郁、賈逵等，論定五經同異於北宮白虎觀，使五官中郎將魏應主承制問難，侍中淳于恭奏上，帝親稱制臨決。」

班固傳：「遷玄武司馬。天子會諸儒，講論五經，作白虎通德論，令固撰其事。」

蔡邕曰：「孝宣會諸儒於石渠，章帝集學士於白虎②，通經釋義，其事優大。」

劉知幾曰：「漢世諸儒集論經傳，定之於白虎閣，因名曰白虎通。」

通鑑曰：「白虎觀議五經，名儒丁鴻、樓望、成封、桓郁、班固、賈逵及廣平王羨皆與焉。」

中興書目：「白虎通十卷，凡四十篇。今本自爵號至嫁娶，凡四十三篇。」

呂祖謙曰：「講白虎觀議論發於楊終，以人才好惡定諸儒是非，亦未爲得。」

---

① 「破」，文津閣四庫本誤作「頗」。

② 「白虎」，文津閣四庫本作「白虎觀」。

陳振孫曰：「章帝詔諸儒講論五經同異，五官中郎將魏應承制問，侍中淳于恭奏，帝親稱制臨決，作白虎議奏，蓋用宣帝石渠故事。石渠議奏今不傳矣，班固傳稱撰集凡四十四門。」

曹氏褒五經通義

〔補正〕

佚。

十二篇。

按：曹侍中又有演經雜論百二十篇，亦應列此。（卷一〇，頁六）

按：劉向、曹褒俱撰五經通義，群書所引大都皆向之説，惟太平御覽一條，竊有可疑，文云：「歌者象德，舞者象功，君子尚德下功，故歌在堂，舞在庭。何言歌在堂也？燕禮曰『升歌鹿鳴』，以是知之。何言舞在庭也？援神契曰『合忻之樂舞於堂，西夷①之樂陳於户』，以是明之。」度劉向時援神契未行於世，至褒撰禮，多雜以五經讖記之文，然則此蓋褒十二篇中語也。

許氏慎五經異義

隋志：「十卷。」

---

①「西夷」，四庫薈要本、文津閣四庫本作「四方」，文淵閣四庫本作「四夷」。

佚。

〔校記〕

王謨有輯本。（群經，頁六一）

後漢書：「許慎，字叔重，汝南召陵人。少博學經籍，馬融常推敬之，時人爲之語曰：『五經無雙許叔重。』爲郡功曹，舉孝廉，再遷除洨長。初，慎以五經傳説臧否不同，於是撰爲五經異義，又作説文解字十四篇。」

新唐志：「鄭玄駁。」

按：許氏異義，唐以後無傳，僅散見於初學記、通典、御覽諸書所引。至於鄭康成駁議，三禮正義而外，僅存數條。一曰：「妾母之子爲君，子得尊其母爲夫人。按春秋公羊説，妾子立爲君，母得稱夫人。故上堂稱妾，屈於嫡，下堂稱夫人，尊行國家。則士庶起爲人君，母亦不得稱夫人。父母者，子之天也，子不得爵命父母，至於妾子爲君爵其母者，以妾本接事尊者，有所因也。穀梁説魯僖公立妾母成風爲夫人，入宗廟，是子而爵母也，以妾爲妻，非禮也，故春秋左氏説成風得立爲夫人，母以子貴。謹按：尚書舜爲天子，瞽瞍爲士，明起於匹庶者，子不得爵父母也。至於魯僖公本妾子，尊母成風爲小君，經無譏文，公羊、左氏議①是也。」鄭氏駁曰：「禮喪服父爲長子三年，以將傳重故也；衆

①「議」，依補正、四庫薈要本、文淵閣四庫本、文津閣四庫本應作「義」。

子則爲①之周，明無二嫡也。女君卒，貴妾繼室，攝其事爾，不得復立夫人。魯僖公妾母爲夫人者，乃緣莊夫人哀姜有殺子般、閔公之罪，應貶故也。近漢吕氏②殺戚夫人及庶子趙王，不仁，庶③不得配食，文帝更尊其母薄后，非其比耶？妾子立者得尊其母，禮未之有也。」一曰：「奔大喪，左氏説諸侯蕃衛之臣，不得棄其封守。諸侯千里之内奔，千里之外不奔，四方不可室空，故遣大夫也。」鄭氏駁云：「禮天子於諸侯無服，諸侯爲天子斬縗三年，是尊卑異者也。春秋文四年，夫人成風薨，王使榮叔來④唅且賵，又王使毛伯⑤來會葬，傳曰：『禮也。』至叔孫得臣如京師葬襄王，則使⑥無言焉。天子於魯既唅賵又會葬爲得禮，是則魯於天子，一大夫會葬而已，爲不得禮可知矣。按昭三十年晉侯去疾卒，秋，葬晉頃公，傳曰：『鄭游吉弔，且送葬，魏獻子使士景伯詰之，其對辭有：「靈王之喪，我先君簡公在楚，我先大夫印段實往，敝邑之少卿也。王吏不討，恤所無也。」』豈非左氏諸侯奔天子之喪，及會葬之明文耶？孔氏禮疏亦引之，其文稍異。大鴻臚眭生⑦説諸侯踰年即位，乃奔天子喪。春

---

①「爲」，文津閣四庫本作「謂」。
②「吕氏」，文津閣四庫本作「吕后」。
③「庶」，四庫薈要本、文淵閣四庫本、文津閣四庫本俱作「廢」。
④「來」，四庫薈要本作「歸」。
⑤「毛伯」，四庫薈要本作「召伯」。
⑥「使」，四庫薈要本作「傳」。
⑦「眭生」，文淵閣四庫本誤作「眭先」。

秋之義，未踰年君死，不成以人君禮，言王者未加其禮，故諸侯亦不得供其禮於王者，相報也。許氏又按禮不得以私廢公，卑廢尊，如禮得奔喪，今以私廢奔天子之喪，非也。又人臣之義，不得校計，天子未加禮於我，亦執之不加禮也，畦生之説非也。鄭玄按孝經資於事父以事君，言能爲人子，乃能爲人臣也。服問嗣子不爲天子服，此則嫌欲速不一於父也。喪服四制曰『門内之治恩掩義，門外之治義斷恩』，此言在父則爲父，在君則爲君也。春秋莊三十二年子般卒，時父未葬也，子者繫於父之稱也。言卒不言崩①，未成君也，未成君猶繫於父，則當從『門内之治恩掩義』。禮者在於所處，此何以私廢公，何以卑廢尊。」一曰：「未踰年之君立廟不？春秋公羊説云：『未踰年君有子則書葬立廟，無子則不書葬，恩無所録也。』左氏説云：『臣之奉君，悉心盡恩不得録。君父有子則爲立廟，無子則廢也。』或議曰：許君按：『禮云臣不殤君，子不殤父，君無子而不爲立廟，是背義棄禮，罪之大者也。』」鄭氏駁云：「未踰年君者，魯子般、子惡是也，皆不稱公書，卒弗謚，不成於君也。廟者當序於昭穆，不成於君，則何廟之立？凡無廟者爲壇祭之，近漢諸幼少之帝，尚皆不廟祭而於陵云。」一曰：「諸侯未踰年，出朝會與不出會何稱？春秋公羊説云：諸侯未踰年不出境，在國中稱子，以王事出，亦稱子，非王事而出會同，安父位不稱子，鄭伯伐許，未踰②，以本爵，譏不子也。左氏説諸侯未踰年，在國内稱子，以王事出則稱爵，詘於王事不敢伸其私恩，鄭伯伐許是也。春秋不得以家事辭王事，諸侯蕃

---

① 「崩」，文津閣四庫本作「薨」。

② 「未踰」，依補正、四庫薈要本、文淵閣四庫本、文津閣四庫本應作「未踰年」。

衛之臣，雖未踰年，以王事稱爵，是也。」鄭氏駁云：「昔武王卒父業，既除喪，出至孟津之上，猶稱太子者，是爲孝也。今未除喪而出稱爵，是與武王義反矣。春秋僖九年春三月丁丑，宋公禦説①卒。夏，公會宰周公、齊侯、宋子、衛侯、鄭伯、許男、曹伯于葵丘。宋子即未踰年君也，出與天子、大夫會，是非王事而非②子耶？未踰年之君繫父不③？公羊説云：未踰年之君皆繫於父，晉里克殺其君之子奚齊④於次，時父未葬，雖未踰年，稱子，成爲君，不繫於父。齊公子商人殺其君舍，父已葬。按禮制，君喪，未葬、已葬儀各有差，嗣君號稱亦宜有差，左氏説是也。」一曰：「諸侯有妾母喪，得出朝會不？春秋公羊説：妾子爲諸侯，不敢以妾母之喪廢事。天子大國，出朝會，禮也。魯宣公⑤如齊，有妾母之喪，經書善之。左氏説云：妾子爲君，當尊其母，有三年之喪而出朝會，非禮也，故譏魯宣公。按禮，妾母無服，貴妾子不立，而他妾子立者也，譏魯宣公。按禮，妾母無服，貴妾子不立，而他妾子立者也，⑥不敢以卑廢尊事⑦者，禮也。即妾子爲君，義如左氏。」鄭氏駁云：「喪服緦麻，庶子爲後爲其

---

①「禦説」，四庫薈要本作「御説」。
②「非」，依補正、四庫薈要本、文淵閣四庫本應作「稱」。
③「不」字，四庫薈要本脱漏。
④「奚齊」二字下，依補正、四庫薈要本、文津閣四庫本應補「是也，左氏説未踰年之君未葬繫於父，殺奚齊」十八字。
⑤「魯宣公」，文津閣四庫本誤作「魯魯宣公」。
⑥「譏魯宣公。按禮，妾母無服，貴妾子不立，而他妾子立者也」二十二字，四庫薈要本、文津閣四庫本、備要本俱脱漏。
⑦「尊事」，文津閣四庫本作「事尊」。

母，此義自天子下至庶人同，不得三年。魯襄公所以得尊其妾母敬嬴爲夫人者，以夫人姜氏大歸，齊不反故也。因是言妾子立，母卒得爲之三年，於禮爲通乎？其服之間，出朝會無王事，與鄭伯伐許何異？」一曰：「大戴記禮器云：『竈者，老婦之祭。』許君按：月令『孟夏之月其祀竈』，五祀之神，王者所祭，非老婦也。」鄭氏駁云：「王爲群姓立七祀：一曰司命，主督察三命也。二曰中霤，主宫室居處也。三曰門，四曰户，主出入。五曰國行，主道路。六曰大厲，主殺也。七曰竈，主飲食也。竈神祝融是老婦。」攷鄭氏於何休漢議亦有駁，而今罕得傳録，此可以類推矣。又按異義，左氏説山林之地，九夫爲度，九度而當一井藪澤之地；九夫爲鳩，八鳩當一井京陵之地；九夫爲辨，九①辨而當一井淳鹵之地；九夫爲表，六表而當一井疆潦之地；九夫爲數②，五數⑤而當一井偃豬之地；九夫爲規，四規而當一井原防之地；九夫爲町，三町而當一井隰皋之地；九夫爲牧，二牧而當一井衍沃之地。九夫爲井賦法，積四十五，除山川坑岸三十六井，定出賦者九井，則千里之畿，地方百萬井，除山川坑岸三十六萬井，定出賦者六十四萬井，長轂萬乘，其詮井地，義亦與後鄭周官注不同。

〔補正〕

竹垞案内「左氏議是也」，「議」當作「義」。「鄭伯伐許未踰」，下脱「年」字。「而非子邪」，「非」當作「稱」。「奚齊」下脱「是也，左氏説未踰年之君，未葬，繫於父，殺奚齊」十八字，据通典卷九十三增。

---

① 「九」，依補正、四庫薈要本、文淵閣四庫本、文津閣四庫本應作「七」。
②③ 「數」，文津閣四庫本俱作「藪」。

「九辨而當一井」，「九」當作「七」。（卷一〇，頁六）

張氏遐五經通義

佚。

鄭氏玄六藝論

隋志：「一卷。」

佚。

〔校記〕

王謨、袁鈞、孔廣林、馬國翰均有輯本。（群經，頁六一）

孔穎達曰：「方叔機注。」

徐彥曰：「鄭君先作六藝論，然後注書。」

史承節撰碑略曰：「公造太學受業，師事京兆第五元，始通京氏易、公羊春秋、三統曆、九章算術。又從東郡張恭祖受周官、禮記、左氏春秋、韓詩、古文尚書，攝齊問道，摳衣請益。去山東而入關右，因盧植而見馬融，考論圖緯，精通禮樂。及黨事起，遂杜門不出，隱修經業，於是鍼左氏之膏肓，起穀梁之廢疾，發何休之墨守。陳元、李育校論古今，劉瓌、范升憲章文義。何進延於几杖，經宿而逃。袁隗表爲侍中，緣喪不赴。孔融之相北海，屣履造門。陶謙之牧徐州，師友折節，比商山之四皓。鄉曰：鄭公類東海之于君，門稱通德。漢公車徵爲大司農，給安車一乘，所過長吏迎送。公乃以病，自乞還家。董卓遷都長安，公卿舉公爲趙相，道斷不至。會黄巾賊數萬，見公皆拜，相約不敢入縣境。時大將軍袁紹總兵冀州，遣使邀公，大會賓客，乃延升上座。身長八尺，飲酒一斛，秀眉明目，儀容温偉。客多豪俊，並有才説①，見公儒者，未以通人許之，競説異端，百家互起，公依方辨答，咸出問表，皆得所未聞，莫不歎服。門人相與撰公答諸弟子問五經，依論語作鄭志②八篇。公所注周易、尚書、毛詩、儀禮、周官、禮記、孝經、尚書大傳、中候、乾象曆，又著天文七政、論魯禮禘祫義、六藝論、毛詩譜、駁許慎五經異義、答臨孝存周禮難，凡③百餘萬言。經傳洽熟，稱爲純儒，齊、魯間宗之。公後夢孔子告之曰：『起！起！今年歲在辰，來年歲在巳，既寤知命，當終。』有頃寢疾，享年七十有四。自郡守以下，嘗受業者，縗絰赴會者④千餘人，乃葬於高密縣城西北一十五里礪阜山之原。嗚呼哀哉！承節以萬歲通天元年行至州，見高密父老，請爲文，因爲之銘。」

吕祖謙曰：「康成貫通六經，會合衆説，於經大有功。」

按：鄭氏六藝論云：「遂皇之後，歷六紀九十一代，至伏犧始作十二言之教。」孔氏疏引叔機注云：「六紀者，九頭紀、五龍紀、攝提紀、合洛紀、連通紀、序命紀，凡六紀也。九十一代者，九頭一、五龍

---

① 「説」，備要本作「學」。
② 「鄭志」，備要本作「鄭氏」。
③ 「凡」，文津閣四庫本作「幾」。
④ 「者」字，文津閣四庫本脱漏。

五、攝提七十二、合洛三、連通六、序命四，凡九十一代也。」叔機未詳何時人。

又按：西漢學士大都專治一經，兼經者自韓嬰、申培、后蒼、孟卿、膠東庸生、瑕丘江翁而外，蓋寥寥也。至東漢而兼者漸多，鄭康成出，凡易、書、詩、周官、儀禮、禮記、論語、孝經①，無不爲之注釋，而又六藝七政有論，毛詩有譜，禘祫有議，許慎五經異議有駁，臨孝存周禮有難，何休之墨守、膏肓、廢疾，或發、或鍼、或起，可謂集諸儒之大成，而大有功於經學者。萬歲通天初，州刺史史承節撰銘曰：「公之挺生，大雅之懿，囊括墳典，精通奧秘，六藝殊科，五經通義，小無不盡，大無不備。」此天下之公言也。惟其意主博通，故於三統、九章、大傳、中候，以及易、書、禮緯，靡不有述。然其箋傳，經自爲經，緯自爲緯，初不相雜。第如七曜四游之晷度，八能九錫之彌文，三雍九室之遺制，經師所未詳者，則取諸緯候以明之。蓋緯候亦有醇駁之不同，康成所取，特其醇者耳，災祥神異之説未嘗濫及也。或疑五帝之名近於怪，然此在漢時著之祀典者，君子居是邦，不非其大夫，矧朝廷之典禮乎？乃宋儒極口詆之，沿及元、明，隨聲附和，至有以此罪之，竟黜其從祀者，其亦不仁甚矣。不觀九峰蔡氏之書傳乎？周天三百六十五度四分度之一，此洛書甄曜度、尚書考靈曜之文也；黑道二去黄道北，赤道二去黄道南，白道二去黄道西，青道二去黄道東，此河圖帝覽嬉之文也，而蔡氏引之，於蔡氏乎何傷？不觀新安文公之注楚辭乎？崑崙者，地之中也，地下有八柱，互相牽制，名山大川，孔穴相通，此河圖括地象之文也；三足烏者，陽精也，此春秋元命包之文也，而文公引之，於文公乎何損？乃一偏之

①「論語、孝經」，文津閣四庫本作「孝經、論語」。

論，在漢儒則有罪，在宋儒則無誅，斯後學之心，竊有未平矣。

鄭記

隋志：「六卷。」

佚。

〔校記〕

袁鈞、馬國翰均有輯本。（群經，頁六一）

隋書：「鄭玄弟子撰。」

劉知幾曰：「鄭之弟子分授門徒，各述師言，更不問答，編録其語，謂之鄭記。」

鄭氏小同**鄭志**

隋志：「十一卷。」唐志：「九卷。」

佚。

〔校記〕

四庫著録輯本鄭志三卷，補遺一卷，又袁鈞、孔廣林均有輯本。（群經，頁六一）

後漢書：「玄所好群書，不得於禮堂寫定，傳與其人，門人相與撰玄答諸弟子問五經，依論語作鄭志八篇①。」

〔補正〕

聘珍按：後漢書云：「元嘗疾篤，以書戒子益恩曰：『末所憤憤者，徒以亡親墳壟未成，所好群書率皆腐敝，不得于禮堂寫定，傳與其人。』其年六月卒，年七十四。自郡守以下，嘗受業者，縗絰赴會千餘人。門生相與撰元答諸弟子問五經，依論語作鄭志八篇。」據此，則所云「不得于禮堂寫定」者，竝非謂鄭志也；又云「所好群書」，非必皆康成所著之書也。今經義攷割此二語于「門人相與作鄭志八篇」之上，則似康成所欲寫者，即所答諸弟子問五經云云矣，此亦竹垞小史抄撮之失耳，今宜删去「所好群書，不得于禮堂寫定，傳與其人」凡十五字。（卷一〇，頁七）

隋書：「鄭志，魏侍中鄭小同撰。」

劉知幾曰：「鄭弟子追論師注及應答，謂之鄭志。」

按：鄭志載於正義及通典者，大抵張逸、趙商、冷剛、田瓊、炅模問而康成答之，又有焦喬、王權、鮑遺、陳鏗、崇精弟子互相問答之辭。」

---

① 「八篇」，備要本作「八卷」。

經義考卷二百四十

群經二

何氏晏**五經大義**

〔補正〕

案：隋志有何妥五經大義五卷，而無何晏之書。經義攷此卷之九葉，載何妥五經大義五卷，而不云隋志，俱當刊正。（卷一〇，頁七）

五卷。

佚。

隗氏禧**諸經解**

佚。

世語：「隗禧，字子牙，京兆人。黄初中，拜郎中。年八十餘，以老處家，就之學者甚多。魚豢嘗從問左傳，禧答曰：『欲知幽微莫若易，人倫之紀莫若禮，多識山川草木之名莫若詩，左氏直相斫書，不足精意也。』豢因從問詩，禧説齊、韓、魯、毛四家義，不復執文，有如諷誦。又撰作諸經解數十萬言，未及繕寫而得聾，後數歲病亡也。」

王氏肅**聖證論**

隋志：「十二卷。」唐志：「十一卷。」

佚。

〔校記〕

王謨、馬國翰均有輯本。（群經，頁六一）

魏志：「散騎常侍王肅著諸經傳解及論定朝儀，改易鄭玄舊説。孫叔然①授學鄭玄之門人，王肅集聖證論以譏短玄，叔然駁而釋之。」

譙氏周**五經然否論**

佚。

---

① 「孫叔然」三字上，四庫薈要本、文淵閣四庫本、文津閣四庫本具有「時」字。

〔校記〕

王謨、馬國翰均有輯本。（群經，頁六一）

蜀志：「譙周撰定法，訓五經，論古史考之屬百餘篇，辭理明①通，爲世碩儒，有董、揚之規。」

〔補正〕

蜀志條内「辭理明通」，「明」當作「淵。」（卷一〇，頁八）

杜佑曰：「譙周五經然否論曰：『小紀云：庶子不爲長子斬，不繼祖與禰也。』此但别庶子，而下言不繼祖者，謂庶子身不繼禰，故其長子爲不繼祖，合而言之也。虞喜難之曰：『禮文三發，二言繼祖，一言連禰，如但繼禰，則應三年，何緣須祖？煩而失要，合子於父，舍經就迂，非事實也。』然則繼祖者必繼禰，繼禰者不必繼祖，今連禰於祖，以己繼之，是繼祖者得三年，繼禰者不得也。至於連禰於祖以别高祖之祖，故因禰以繼祖，别嫌也。」

按：譙氏然否論群書引證絶少，僅綴二條於後。一云：古文尚書説武王崩，成王年十三，推武王以庚辰歲崩，周公以壬午歲出居東，癸未歲反。禮公冠記周公冠，成王命史作祝辭告，是除喪冠也。周公未反，成王冠弁，開金縢之書，時十六矣。是成王十五，周公冠之而後出也。一云：漢初或云三老答天子拜，遭王莽之亂，漢度殘闕。漢中興，定禮儀，群臣欲令三老答拜，城門校尉董鈞駁曰：「養三老所以教事父之道也，若答拜，是使天下答子拜也。」詔從鈞議。譙周論之曰：「禮尸服上服猶以非

① 「明」，依補正、四庫薈要本應作「淵」。

親之故答子拜，士見異國君亦答拜，是皆不得視猶子也。」

傅氏咸**七經詩**

闕。

〔校記〕

王謨有輯本。（群經，頁六一）

晉書：「咸，字長虞。咸寧初，襲父休弈爵，拜太子洗馬，累遷御史中丞①。卒贈司隸校尉，謚曰貞。」

〔補正〕

晉書條内「累遷御史中丞」，當作「尚書右丞」。（卷一〇，頁八）

孔穎達曰：「傅咸爲七經詩，王羲之寫。」

王應麟曰：「藝文類聚、初學記載傅咸周易、毛詩、周官、左傳、孝經、論語詩皆四言，而闕其一。」

徐氏苗**五經同異評**

七録：「一卷。」

佚。

---

①「御史中丞」，依文淵閣四庫本、文津閣四庫本應作「尚書右丞」。

晉書：「苗，字叔冑，高密淳于人。就博士濟南宋鈞受業，遂爲儒宗，作五經同異評。郡察孝廉，州辟從事、治中、別駕，舉異行，公府五辟，博士再徵，並不就。」

束氏晳**五經通論**

佚。

〔校記〕

王謨、馬國翰均有輯本。（群經，頁六一）

楊氏方**五經鉤沈**崇文總目「方」作「芳」，舊唐志「鉤沈」作「鉤深」。

隋志：「十卷。」

佚。

〔校記〕

王謨、馬國翰均有輯本。（群經，頁六一）

晉書：「楊方，字公回。高梁太守，在郡積年。著五經鉤沈。」

崇文總目：「晉楊芳撰，答難申暢，自謂鉤取五經之沈義。篇第亡闕，今少五篇。」

中興書目：「晉高涼太守楊方撰，自序云：『晉太寧元年撰，鉤經傳之沈義，著論難以起滯。』」

按：鈎沉已亡，其見於群書所引者有云：「夫鳥遊曠澤之地而比翮者萬，群虎居繁林之藪而接豪者千數。」又云：「夫霜樹落葉而鴻雁南飛，桃林披華而玄鳥深入。」又云：「東夷①之人以牛骨占事，呈示吉凶，無往不中，牛非含智之物，有若此之驗。」又云：「生而知之者上也。問曰：『孰生而知之乎？』答曰：『聖人二儀②既判，懸象列暄，八風有序，四氣錯御，覽日月而達陰陽之數，消摇八節，俯仰玄黄，彌綸天地之體，窮竟有生之機，瞻天爲師，用醒己心，故曰生知。』不亦審乎！」

徐氏邈**五經音**分見各經。

隋志：「十卷。」

佚。

晉書：「徐邈博涉多聞，雖不口傳章句，然開釋文義，標明指趣，撰正五經音訓，學者宗之。」

戴氏逵**五經大義**

隋志：「三卷。」

佚。

---

① 「東夷」，文津閣四庫本作「東方」。

② 「二儀」，備要本作「一儀」。

〔校記〕

馬國翰有輯本。（群經，頁六一）

晉書：「戴逵，字安道，譙國人。師事范宣，徙居會稽之剡縣。孝武帝時，以散騎常侍、國子博士累徵不就，郡縣敦迫①，乃逃於吳。王珣請徵爲國子祭酒，復不至。」

周氏楊**五經咨疑**唐志「周楊」作「楊思」。

七録：「八卷。」

佚。

梁武帝五經講疏

梁書孔子袪傳：「高祖撰五經講疏及孔子正言，專使子袪檢閱群書以爲義證。」

佚。

按：六代之主，篤好儒術，莫如梁武，立士林館，躬御國子講肄，五經皆有講説，何佟之、嚴植之、賀瑒、明山賓等覆述制旨，朱异、賀琛、孔子袪等遞相講述經義，多至二百餘卷。然自同泰捨身而後，所臨幸者同泰、重雲、愛敬、開善、善覺等寺，所開説者涅槃、般若、大品、浄名、三慧諸經，竺乾之典日

① 「迫」，四庫薈要本作「逼」。

密，周、孔之言日疎，此孟子所云「下喬木而入幽谷」者也。

賀氏瑒**五經異同評**

七録：「一卷。」

佚。

鮑氏泉**六經通數**

隋志：「十卷。」

佚。

梁書：「鮑泉，字潤岳，東海人。少事元帝，累遷至信州刺史。世祖令與王僧辯率舟師東逼邵陵王於郢州，郢州平，元帝以長子方諸爲刺史，泉爲長史，行府州事。侯景密遣將宋子仙、任約率精騎襲之，城陷，執方諸及泉送之景所。後景攻王僧辯於巴陵，敗還，乃殺泉於江夏，沈其屍於黄鵠磯。泉博涉史傳，於儀禮尤明，撰新儀四十卷。」

隋志：「梁舍人。」①

---

① 「隋志梁舍人」五字，文淵閣四庫本脱漏。

沈氏文阿**經典大義**

隋志：「十二卷。」玉海：「十八卷。」

佚。

經典玄儒大義序録

隋志：「二卷。」唐志：「十卷。」

佚。

王氏元規**讀經典大義**

十四卷。

佚。

孫氏暢之**五經雜義**

隋志：「六卷。」

佚。

王氏煥**五經決録**

五篇。

佚。

七世孫通曰：「江州府君之述曰五經決録五篇，其言聖賢製述之意備矣。」

邯鄲氏綽**五經析疑**

隋志：「二十八卷。」唐志：「三十卷。」入法家。

佚。

〔校記〕

王謨、馬國翰有輯本。（群經，頁六一—六二）

按：析疑文見於初學記所引者有曰：「漢志先冬至三日晝，冬至後三日晝，漏四十五刻，夜①五十五刻。先夏至三日晝，夏至後三日晝，漏六十五刻，夜三十五刻。」又曰：「先王之制禮樂也，制禮以節事，修樂以導志，故觀其禮樂，理亂自知也。」又曰：「聞角聲，無不惻隱而慈者。聞商聲，無不斷割而亡事也。」又曰：「夫笙者，法萬物始生，導達陰陽之氣，故有長短。黄鍾之始，象法鳳皇。」

---

① 「冬至三日晝，冬至後三日晝，漏十五刻，夜」十七字，文津閣四庫本脱漏。

元氏延明**五經宗略**

隋志：「三十三卷。」唐志：「四十卷。」

〔補正〕

案：隋志作二十三卷。（卷一〇，頁八）

佚。

房氏景先**五經疑問**

十卷。

佚。

〔校記〕

王謨有輯本。（群經，頁六二）

册府元龜：「魏房景先，孝文時爲太學博士，作五經疑問百餘篇，符璽郎王神貴答之，名曰辨疑，合成十卷。」

葉廷珪曰：「房景先作五經疑問百篇，其語典詣。」

山東通志：「景先，字光宙，山東武城人。累官齊州中正，卒贈洛州刺史，謚曰文。」

〔補正〕

山東通志條内「景先字光宙」，「宙」，魏書作「胄」。（卷一〇，頁八）

王氏神貴五經辨疑

十卷。

〔補正〕

方綱按：此所謂「十卷」者，合疑問而成十卷耳，不應分作二種，若必以王氏之書載曰「十卷」，則上條房氏之書應曰「百篇」，不應曰「十卷」。（卷一〇，頁八）

佚。

後魏書：「房景先作五經疑問百餘篇，王神貴益之，名爲辨疑。」

常氏爽五經略注

佚。

〔校記〕

馬國翰有輯本。（群經，頁六二）

爽自序曰：「傳稱：立天之道，曰陰與陽；立地之道，曰柔與剛；立人之道，曰仁與義。然則仁義者，人之性也，經典者，身之文也，皆以陶鑄神情，啓悟耳目，未有不由學而能成其器，不由習而能利其業。是故季路，勇士也，服道以成忠烈之概。甯越，庸夫也，講藝以成高尚之節。蓋所由者習也，所因者本也，本立而道生，身文而德備焉。昔者先王之訓天下也，莫不導以詩、書，教①以禮、樂，移其風俗，和其人民。故恭儉莊敬而不煩者，教深於禮也；廣博易良而不奢者，教深於樂也；温柔敦厚而不愚者，教深於詩也；疏通知遠而不誣者，教深於書也；潔静精微而不賊者，教深於易也；屬辭比事而不亂者，教深於春秋也。夫樂以和神，詩以正言，禮以明體，書以廣聽，春秋以斷事，五者蓋五常之道，相須而備，而易爲之源，故曰易不可見，則乾坤或幾乎息矣。由是言之，六經者，先王之遺烈，聖人之盛事也，安可不遊心寓目，習性文身哉！頃因暇日，屬意藝林，略撰所聞，討論其本，名曰六經略注，以訓門徒焉。」

册府元龜：「常爽，字仕明，河内人。置學館於温水之右，門徒七百餘人，爽因教授之暇，述六經略注以廣制作，甚有條貫。」

葉廷珪曰：「常爽不事王侯，獨守閒静，講肄經典二十餘年，時號儒林先生。」

張氏鳳**五經異同評**

十卷。

佚。

---

①「而德備焉。昔者先王之訓天下也，莫不導以詩、書，教」二十字，文津閣四庫本脱漏。

樊氏深**五經大義**

〔補正〕

案：隋志作「樊文深」。（卷一〇，頁八）

隋志：「十卷。」

佚。

〔校記〕

馬國翰有輯本。（群經，頁六二）

七經義綱

隋志：「二十九卷。」

佚。

七經論北史本傳作「七經異同」。

隋志：「三卷。」

佚。

質疑

隋志：「五卷。」

佚。

按：樊氏義綱見於類書所引者有云：「孔子曰：天子之德，感天地、洞八方以化。合神者稱皇德，合天者稱帝德，合仁義者稱王。」又云：「珠母者，大珠在中，小珠環之。」又云：「車上五兵：戈、殳、戟、酋、矛。牟夷步卒五兵：戈、殳、戟、酋、矛。」

辛氏彥之**五經異義**

佚。

北史：「辛彥之，隴西狄道人。隋太常少卿，封任城郡公，進位開府，歷國子祭酒、禮部尚書。撰五經異義一部行於世。」

何氏妥**五經大義**

五卷。

佚。

劉氏炫**五經正名**

隋志：「十二卷①。」

佚。

王氏失名**五經通**

隋志：「五卷。」

佚。

亡名氏五經義

隋志：「六卷。」

佚。

五經義略

七録：「一卷。」

① 「十二卷」，四庫薈要本、文津閣四庫本、備要本俱作「十一卷」。

佚。

五經算術

隋志：「一卷。」

佚。

五經算術録遺

隋志：「一卷。」

佚。

經義考卷二百四十一

群經三

陸氏德明**經典釋文**

唐志：「三十卷。」分見諸經序録一卷。

存。

德明自序曰：「夫書音之作，作者多矣，前儒撰著，光乎篇籍，其來既久，誠無閒然。但降聖已還，不免偏尚質文，詳略互有不同。漢、魏迄今，遺文可見，或專出己意，或祖述舊音，各師成心，製作如面。加以楚、夏聲異，南北語殊，是非信其所聞，輕重因其所習，後學鑽仰，罕聞指要。夫筌蹄所寄，惟在文言，差若毫釐，謬便千里。夫子有言：『必也正名乎！名不正則言不順，言不順則事不成。』故君子名之必可言也，言之必可行也。斯富哉言乎，大矣盛矣，無得而稱矣！然人稟二儀之淳和，含五行之秀氣，雖復挺生天縱，必資學以知道，故唐堯師於許由，周文學於虢叔，上聖且猶有學，而況其餘乎？至於處鮑居蘭，翫所先入，染絲斲梓，功在初變，器成采定，難復改移，一薰一蕕，十年有臭，豈可易哉！予少愛墳典，留意藝文，雖志懷物外，而情存著述。粤以癸卯之歲，承乏上庠，循省舊音，苦其太簡，況微言久絶，大義愈乖，攻乎異端，競生穿鑿。不在其位，不謀其政，既職司其憂，寧可視成而已？遂因暇景，救其不逮，研精六籍，采摭九流，搜訪異同，校之蒼、雅，輒撰集五典、孝經、論語及老、莊、爾雅等音，合爲三帙三十卷，號曰經典釋文。古今並録，括其樞要，經注畢詳，訓義兼辯，質而不野，繁而非蕪，示傳一家之學，用貽後嗣。令奉以周旋，不敢墜失，與我同志，亦無隱焉。但代匠指南，取笑於博識，既述而不作，言其所用，亦何傷乎云爾。」

舊唐書曰：「太宗閱陸德明經典音義，美其弘益學者，歎曰：『德明雖亡，此書可傳習。』賜其家布帛百匹。」

崇文總目：「德明爲國子博士，以先儒作經典，音訓不列，注傳全録文，頗乖詳略，又南北異區，音讀罕同，乃集諸家之讀九經、論語、老、莊、爾雅者，皆著其飜語以增損之。」

晁説之曰：「德明因古諸儒音韻之學，著爲釋文，惠乎學者深矣。」

晁公武曰：「經典釋文三十卷，陸德明撰，釋易、書、詩、三禮、三傳、孝經、論語、爾雅、老、莊，頗載古文及諸家同異，德明蓋博極群書也。」

陳振孫曰：「唐陸德明撰，自五經、三傳、古禮之外，及孝經、論語、爾雅、莊、老，兼解文義，廣釋諸家，不但音切也。或言：陸，吴人，多吴音，綜其實未必然。按前世藝文志列於經解類，中興書目始入之小學，非也。」

顔氏師古匡繆正俗

唐志：「八卷。」内説經四卷。

存。

顔揚庭進表曰：「臣聞纖埃不讓，嵩、華所以極天；涓流必納，溟渤所以紀地。況乎業隆學海，義切爲山，庶進簣於崇高，思委輸於潤澤。恭惟皇帝陛下，誕膺睿圖，光臨大寶，隆周比迹，遠邁成、康，炎漢儔功，近超文、景。時和玉燭龍圖，薦於長河；道包金鏡龜書，浮於清洛。收羽陵之蠹簡，俾備蓬山；採汲冢之舊文，咸歸延閣。一言可善，屢動宸衷；九術不遺，每迴天睠。臣亡父先臣師古嘗撰匡繆正俗，稿草纔半，部帙未終，以臣疊①犯幽靈，奄垂捐棄，攀風罔及，陟岵增哀。臣敬奉遺文，謹遵先範，分爲八卷，勒成一部，百氏紕繆，雖未可窮，六典荒訛，於斯矯革。謹齎詣闕，奉表以聞，輕觸威嚴，伏深震悚。永徽二年十二月八日。」

崇文總目：「唐祕書監顔師古撰，采先儒及當世之言，參質謬繆而矯正之。未終篇而師古没，其子始上之，詔録藏祕閣。」

晁公武曰：「師古以世俗之言多繆訛，故質諸經史，刊而正之。永徽中，子揚庭上之。」

陳振孫曰：「莆田鄭樵有刊謬正俗跋八卷，汪玉山亦言揚庭表以爲『稿草纔半，部帙未終』，則是書

---

① 「疊」，文淵閣四庫本作「釁」。

初非定本也。今前後乖剌極多，玉山集中所辯甚詳。」

趙氏英**五經對訣**

唐志：「四卷。」

佚。

唐書注：「英，龍朔中汲令。」

劉氏貺**六經外傳**

唐志：「三十七卷。」

佚。

舊唐書：「子玄子貺博通經史，明天文、律曆、音樂、醫算之術。終起居郎，修國史，撰六經外傳三十七卷。」

裴氏僑卿**微言注集**

唐志：「二卷。」

佚。

新唐書注：「開元中鄭縣尉。」

顔氏真卿**五經要略**

通志：「二卷。」

佚。

李氏適**九經要句**

佚。

熊氏執易**九經化統**

五百卷。

佚。

李肇曰：「熊執易類九經之義爲化統五百卷，四十年乃就，未及上獻，卒於西川。武相元衡欲寫進，其妻薛氏慮墜失，至今藏於①家。」

① 「於」，四庫薈要本作「其」。

淩氏準**六經解圍**

佚。

柳宗元曰：「富春淩君，字宗一。爲崇文館校書郎，累遷翰林學士，以連累出和州，降連州。著六經解圍、人文集未就。」

張氏參**五經文字**

唐志：「三卷。」

存。

參自序曰：「易繫辭曰：『上古結繩以理，後代聖人易之以書契，百官以理，萬人以察，蓋取諸夬。』夬，決也，王庭孚號，決之大者，決以書契也。逮周禮保氏掌養國子以道，教之六書，謂象形、指事、會意、形聲、轉注、假借六者，造字之本也，雖蟲篆變體，古今異文，離此六者，則爲謬惑矣。王者制天下，必使車同軌，書同文，故教人八歲入小學，文有疑者，則必闕而求之。春秋之末，保氏教廢，無所取正，各遂其私，故孔子曰：『吾猶及史之闕文也，今亡矣。』蓋夫子少時，人猶有闕疑之問，後亡斯道，歎其不知而作之也。蕭何漢制，亦有著法，太史試學童，諷書九千字，乃得爲吏。以六體試之，吏人上書，字或不正，輒有舉劾。皆正史遺文，可得焯知者。劉子政父子校中祕書，自史籀以下凡十家，序爲小學，次於六藝之末。後漢許叔重集收①籀、篆、古文諸家之學，就隸爲訓注，謂之説文。時蔡伯喈亦以滅學之後，經義分散，儒者師門，各滯所習，傳記交亂，訛僞相蒙，乃請刊定五經，備體刻石，立於太學之門外，謂之石經，學者得以取法焉，遭離變難，僅有存者。後有吕忱，又集説文之所漏略，著字林五篇以補之。今制國子監置書學博士，立説文、石經、字林之學，舉其文義，歲登下之，亦古之小學也。自頃考功禮部，課試貢舉，務於取人之急，許以所習爲通，人苟趨便，不求當否。字失六書，猶爲小事，五經本文，蕩而無守矣。十年夏六月，有司以職事之病，上言其狀，詔委國子儒官勘校經本，送尚書省參。幸承詔旨，得與二三儒者，分經鈎考而共決之，互發字義，更相難極。又以前古字少，後代稍益之，故經典音字，多有假借。陸氏釋文，自南徂北，偏通衆家之學，分析音訓，特爲詳舉，固當以此正之。卒以所刊，書於屋壁，雖未如蔡學之精密，石經之堅久，慕古之士，且知所歸。然以經典之文，六十餘萬，既字帶惑體，音非一讀，學者傳授，義有所存，離之若有失，合之則難並，至當之餘，但朱發其傍而已。猶慮歲月滋久，官曹代易，儻復蕪汙，失其本真，乃命孝廉生顔傳經收集疑文互體，受法師儒，以爲定例，凡一百六十部，三千二百三十五字，分爲三卷。説文體包古今，先得六書之要，有不備者，求之字林。其或古體難明，衆情驚懵者，則以石經之餘，比例爲助。石經湮没，所存者寡，通以經典及釋文相承隸省，引而伸之，不敢專也。近代字樣，多依四聲，傳寫之後，偏傍漸失。今則采説文、字林諸部，以類相從，務於易了，不必舊次。自非經典文義之所在，雖切於時，略不集録，以明爲經，不爲字也。其字非常體，偏有

① 「集收」，文津閣四庫本作「收集」。

所合者，詳其證據，各以朱字記之，俾夫觀省，無至多惑。大曆十一年六月七日，司業張參序。」

林罕曰：「大曆中，司業張參作五經文字三卷，凡一百六十部。」

陳振孫曰：「唐國子司業張參撰。大曆中，刻石長安太學。」

崇文總目：「初，參拜詔與儒官校正經典，乃取漢蔡邕石經、許慎說文、吕忱字林、陸德明釋文，命孝廉生顔傳①抄撮疑互，取定儒師，部爲一百六十，非緣經見者，皆略而不集。」

顧炎武曰：「張參五經文字，據說文、字林刊正繆失，甚有功於學者。」

唐氏玄度九經字樣

唐志：「一卷。」

存。

唐會要：「開成二年八月，國子監奏得覆定石經字體，官翰林待詔朝議郎權知沔王友、上柱國賜緋魚袋唐玄度狀準。太和漆年②十二月五日，勅覆定九經字體。今所詳覆，多依司業張參五經文字爲準。其舊字樣，歲月將久，點畫參差，傳寫相承，漸致乖誤，今並依字書參詳改正訖。諸經之中，别有疑闕，舊字樣未載者，古今體異，隸變不同，如總據說文，即古體驚俗，若依近代文字，或傳寫乖訛。今與校勘

---

① 「顔傳」，依四庫薈要本、文淵閣四庫本應作「顔傳經」。

② 「漆年」，依文淵閣四庫本、文津閣四庫本、備要本應作「七年」。

官同商較是非，取其適中，纂録爲新加九經字樣一卷，或經典相承，與字義不同者，具引文以注解。今刊削有成，請附於五經字樣之末，用證紕誤。從之。」

玄度序曰：「臣聞秦焚詩、書，塞人視聽，漢興典籍，以廣聰明。伏以龜鳥之文，去聖彌遠，點畫訛變，遂失本源。今陛下運契黄、虞，道崇經籍，觀人文以成俗，念鳥跡之乖方，由是遂微臣之上請，許於國學創立石經，仍令小臣覆定字體，謬當刊校，誓盡所知。大曆中，司業張參掇衆字之謬，著爲定體，號曰五經文字，專典學者，實有賴焉。臣今參詳，頗有條貫，傳寫歲久，或失舊規，今删補穴①漏，一以正之。又於五經文字本部之中，採其疑誤，舊未載者，撰成新加九經字樣一卷，凡七十六部，四百廿一文。其偏傍上下，本部所無者，乃纂爲雜辨部以統之。若體畫全虧者，則引文以證解。於雅言執禮，誠愧大儒，而辨體觀文，式遵小學。其聲韻謹依開元文字，避以反言，但紐四聲，定其音旨。今條目已舉，刊削有成，願竭愚衷，以資後學。」

〔補正〕

自序内「今删補穴漏」，「穴」當作「冗」。（卷一〇，頁八）

林罕曰：「開元中，唐玄度以五經文字有所不載者，復作新加九經字樣一卷，凡七十六部。」

陳振孫曰：「唐沔王友、翰林待詔唐玄度撰，補張參之所不載，開成中上之。二書當在小學類，以其專爲經設，故附見於此。往宰南城，出謁，有持故紙鬻於道右，得此書，乃古京本，五代開運丙午所刻

①「穴」，依四庫薈要本應作「冗」。

也，遂爲家藏書籍之最古者。」

王應麟曰：「唐大曆十年，司業張參纂成五經文字，以類相從。開成中，翰林待詔唐玄度加九經字樣，補所不載。晉開運末，祭酒田敏合二者爲一編，以考正俗體訛謬。後周廣順三年六月，田敏進印板九經、五經文字、九經字樣各二部，一百三十册。宋朝重和元年十一月，言者謂張參、唐玄度所撰五經文字、九經字様，辨證書名，頗有依據，然其法本取蔡邕石經、許氏説文，宜重加修定，分次部類，爲新定五經字樣。從之。」

陶宗儀曰：「唐玄度，不知何許人，文宗時待詔翰林，作九經字樣，辨證繆誤。」

張氏鎰**五經微旨**

唐志：「十四卷。」

佚。

唐會要：「建中元年十月，濠州刺史張鎰撰五經微旨十四卷上之。」

韋氏表微**九經師授譜**

唐志：「一卷。」

佚。

唐書：「韋表微以學者薄師道，不如聲樂賤工能尊其師，著九經師授譜詆其違。」

歐陽氏融**經學分毫正字**

通考：「一卷。」

佚。

崇文總目：「唐太學博士歐陽融撰，辨正經典文字，使不得相亂。篇帙今闕，全篇止春秋中帙，餘篇悉亡。」

韋氏處厚、**路氏**隋**六經法言**唐會要作「五經」。

唐志：「二十卷。」

佚。

唐會要：「長慶二年四月，翰林侍講①學士韋處厚、路隋撰五經法言二十卷上之。」

舊唐書：「韋處厚居納誨之地，乃詮②擇經義雅言，以類相從，爲二十卷，謂之六經法言，獻之。」

〔補正〕

舊唐書條内「乃詮擇經義」，「詮」當作「銓」。（卷一〇，頁八）

---

① 「講」，文津閣四庫本誤作「讀」。

② 「詮」，依補正、四庫薈要本應作「銓」。

唐書：「穆宗立，韋處厚爲翰林侍講學士，以帝沖怠不向學，與路隋合詩、書、易、春秋、禮、孝經、論語，掇其粹要，題爲六經法言二十卷上之，冀助省覽。帝稱善，並賜金幣。」

處厚、隋進表曰：「臣聞三皇講道，五帝講德，三王講仁，五霸講義，所講不同，同歸於理。理道之極，備於六經，雖質文相變，忠敬交用，損益因時，步驟不一，然釋三綱、越五常而致雍熙者，未之有也。自秦火蕩爇，孔壁穿蠹，曲學異塗，專門多惑，榮道之軌並馳，希聖之堂蓋寡，蕪文錯起，浮義日生，簡册混散，篇卷繁積，勞神於累代，弊形於當年，其知愈博，其得愈少。夫然，通方之士、達識之儒且猶不爲也，況南面之尊、師道之契，豈不貪而積而遺其□者乎？伏惟文武孝德皇帝陛下，精義神授，博識天資，山峻詞峰，泉畜學海，膺休運則混六合而不讓，思屈己則舞兩階而不疑，故當希聖踵帝，肩王轢霸，可以區區近躅，擬於聖德哉！臣處厚、臣隋，採合易、詩、書、左氏春秋、孝經等，因其本篇，掇其精粹論紀，先師微旨，今亦附於篇末，總題曰六經法言，合二十卷獻上。取諸身必本於五事，通諸物兼暢於三才，始九族以及於百室，刑室家以儀於天下，聖君良佐之往行，哲人莊士之前言，天人相與之際，幽明交感之應，窮理盡性之辨，藥石攻磨之規，堯、舜、禹、湯、文、武理亂之道盡在，君臣、父子、夫婦、朋友之義必舉，其興可以觀，其違可以戒，此其所存者。至如爻象錯綜，陰陽難名，比興箴誨，幽隱難釋，誥命訓諭，古今不合，威儀數制，命諸有司，褒貶揚摧，歸諸史法，此其所遺者也。商鞅之説秦帝，歎帝道之難行；太宗之納魏徵，流王澤而廣被。由是言之，道無遠近，德無重輕，能者挈之如毛羽，不能者舉之如嵩岱。

今逢希代之君，當難合之運，故不能以百家邪説、六國縱横、秦漢刑①名、魏晉偷薄，爲盛時道。歷代帝王，皆務纂修集，魏稱皇覽，梁著通略，鄴中則有修文之作，江右則有壽光之書，但誇耀於見聞，非垂謀於理本。臣今所貴，實異斯作。陸賈奏甚卑之論，尚稱善於高皇；方朔獻雜糅之説，猶見知於武帝。伏惟陛下機務之暇，燕息之餘，時加省覽，天下幸甚。」

李氏 襲譽 **五經妙言**

唐志：「四十卷。」

佚。

崔氏 郾、**高氏** 重 **諸經纂要** 新唐書本傳作「六經要言」，志作「經傳要略」。

唐志：「十卷。」

佚。

唐會要：「寶曆元年三月，高重、崔郾進纂要十卷。」

舊唐書：「郾與高重抄撮六經嘉言要道，區分事類，凡十卷，名曰諸經纂要，冀人主易省覽。賜錦綵銀器。」

---

①「刑」，文津閣四庫本誤作「形」。

新唐書：「敬宗嗣位，鄭自侍講學士進中書舍人，謝曰：『陛下使臣侍講歷半歲，不一問經義，臣無功，不足以副厚恩。』帝曰：『朕少閒當請益。』鄭退，與高重類五經要言爲十篇上之，以便觀省。」

慕容氏宗本**五經類語**

唐志：「十卷。」

佚。

新唐書注：「字泰初，幽州人，大中時。」

李氏肇**經史釋題**①

唐志：「二卷。」

佚。

崇文總目：「唐李肇撰，起九經，下至唐代實録，列篇帙之凡，概釋其題。」

王應麟曰：「其序云：經以學令爲定，以藝文志爲編，史以史通爲準，各列其題，從而釋之。」

① 「經史釋題」，文津閣四庫本誤作「經史釋通」。

鄭氏澣**經史要録**

唐志：「二十卷。」

佚。

劉氏鎔**經典集音**

唐志：「三十卷。」

佚。

新唐書注：「鎔，字正範，絳州正平人，咸通晉州長史。」

尹氏思貞**諸經義樞**

佚。

馬氏光極**九經釋難**

宋志：「五卷。」

佚。

邱氏光庭**兼明書**

宋志：「三卷。」

存。

陳振孫曰：「唐國子太學博士丘光庭撰。」

僧十朋**五經指歸**

宋志：「五卷。」

佚。

經義考卷二百四十二

群經四

宋真宗皇帝十一經詩

二十七章。

佚。

玉海：「祥符七年六月庚辰，上作周易詩三章。七月辛亥，作尚書詩三章。八月庚午，作春秋詩三章。九月甲申，作毛詩詩三章。庚戌，作周禮詩三章。十月甲戌，作儀禮詩三章。十二月庚辰，作公羊詩三章。八年正月丁未，作穀梁詩三章。閏六月癸巳，作孝經詩三章。賜群臣和。」

胡氏旦**演聖通論**分見各經。

宋志：「六十卷。」内目録一卷。

佚。

崇文總目：「皇朝祕書監致仕胡旦撰，以易、詩、書、論語，先儒傳注得失參糅，故作論辨正之。易百篇，書五十六篇，詩七十八篇，論語十八篇，凡二百五十二，天聖中獻之。」

晁公武曰：「其所論易十六卷，書七卷，詩十卷，禮記十六卷，而春秋論別行。天聖中嘗獻於朝，博辨精詳，學者宗焉。」

陳振孫曰：「易十七，書七，詩十，禮記十六，春秋十，其第一卷爲目録。旦，太平興國三年進士第一人，恃才輕躁，累坐擯斥，晚尤黷貨，持吏短長，爲時論所薄，然其學亦博矣。」

蔣氏至**經解**

佚。

陳耆卿曰：「臨海人，字造之。大中祥符六年，詔舉遺逸章守德象，以名聞，詔索所著經解以進，授將仕郎，本州助教。」

黄氏敏求**九經餘義**

宋志：「一百卷。」

佚。

會要：「祥符五年正月，以懷安軍鹿鳴山人黄敏求爲本軍助教。敏求明經術，嘗著九經餘義四百九十篇，轉運使滕涉以其書上進，帝命學士晁迥等看詳，迥等言所著撰可采，故特有是命。」

崇文總目：「皇朝處士黄敏求撰，摭諸家之説是非者裁正之。」

中興書目：「注疏之外，言其餘義，凡四百九十有四篇。」

孔氏維等**校勘五經正義**

百八十卷。

佚。

玉海：「端拱元年三月①。」

孫氏奭**經典徽言**

五十卷。

佚。

玉海：「天聖初，孫奭撰五經切治道者爲五十篇，號經典徽言上之。」

---

① 「端拱元年三月」六字下，文津閣四庫本有「司業孔維等奉敕校勘」九字。

賈氏昌朝**群經音辨**

宋志：「三卷。」今本七卷。

存。

昌朝自序曰：「臣聞古之人三年而通一藝，三十而五經立，蓋資性敏悟，材智特出者焉。臣自蒙恩先朝，承乏庠序，逮今入侍内閣，凡二十年，年踰不惑，裁能涉獵五經之文，於五經之道，固未有所立。嘗患後世字書磨滅，惟唐陸德明經典釋文備載諸家音訓、先儒之學、傳授異同。大抵古字不繁，率多假借，故一字之文，音詁殊别者衆，當爲辨晰。每講一經，隨而録之，因取天禧以來巾橐所志，編成七卷，凡五門，號群經音辨。一曰辨字同音異，凡經典有一字數用者，咸類以篆文，釋以經據。先儒稱當作、當爲者，皆謂字誤，則所不取；其讀曰、讀爲、讀如之類，則是借音，固當具載。二曰辨字音清濁，夫經典音深作深，音廣作廣，世或誚其儒者迂疎，强爲差别。臣今所論，則固不然。夫輕清爲陽，陽主生物，形用未著，字音常輕；重濁爲陰，陰主成物，形用既著，字音乃重。信稟自然，非所强别。以昔賢未嘗著論，故後學罔或思之。如衣施諸身曰衣冠，加諸首曰冠，此因形而著用也。物所藏曰藏，人所處曰處，此因用而著形也。並參考經故，爲之訓説。三曰辨彼此異音，謂一字之中，彼此相形，殊聲見義。如求於人曰假，與人曰假；毁佗曰敗，自毁曰敗，觸類而求其意趣。四曰辨字音疑渾，如上上下下之類，隨聲分義，所傳已久，今用集録。五曰辨字訓得失，如冰凝同字，汜汜異音，學者昧之，遂相淆亂。既本字法，爰及經義，從而敷暢，著於篇末。此書斷自易、書、詩、禮三經、春秋三傳，暨孝經、論語、爾雅，凡字有出諸經箋傳中者，先儒之説，沿經著義，既釋文具載，今悉取焉；凡字之首音雖顯，而經傳不載者，則依釋文①爲解；凡字之音義章灼者，則不復引據。音辨之作，欲使學者知訓故之言，咸有所自，聊資稽古之論，少助同文之化，謹上。」

王觀國後序曰：「沈隱侯高才博洽，名亞董、遷，始譜四聲，用分清濁，以彰天子聖哲。及製郊居賦，示草王筠，筠讀至『雌霓五的反連蜷』，沈撫掌欣抃曰：『僕嘗恐人呼爲霓次。』至『墜石磓星，冰垂琣而帶坻』，筠皆擊節曰②：『知音者希，真奇殆絶，所以相要，正在此數句耳。』嗚呼！郊居賦一篇，無甚高論，尚病世俗不能辨其音，況群經乎？約欲正音，徒留意於詞章，含宫咀商，惡覩五經之微奥，是宜梁武不甚遵用，涕唾視之，又何足怪夫。國朝之興，首以六經涵養士類，逮仁廟當宁，儒風載郁，典章燦然。文元賈魏公，總角邃曉群經，章解句達，累官國子監，譽望甚休。遷崇政殿説書，天章閣侍講。慶曆、嘉祐中，大拜居政地，海内乂寧。其在經筵，嘗進所著書曰群經音辨，凡五門七卷，爲後學蓍龜，有詔頒行，實康定二年十有一月也。公以經術致將相，出入文武，有謀有庸，被知裕陵，始終如一，勳上柱國，邑萬五千户，其遭遇之厚，極儒者榮。下視沈約見薄於蕭梁，真局促轅下駒耳。故能推其所學，西破趙元昊，南走儂智高，外絶契丹之謀，内弭甘陵之變，群經之效，照若日星。自胡蝗翳天③，神汴失守，

---

① 「釋文」，文淵閣四庫本作「説文」。
② 「筠皆擊節曰」，文淵閣四庫本作「筠擊節，約曰」。
③ 「胡蝗翳天」，文津閣四庫本作「邊警頻臨」。

六飛巡幸駐蹕，三吳戎事方興，斯文未喪，上留神經術，登用鴻儒，親札中庸，班賜多士，發明奧境，表章六經，州建學官，教覃溥率。紹興己未夏五月，臨安府學推明上意，鏤公音辨，敷錫方州，下逮諸邑。寧化號稱多士，部屬臨汀新葺縣庠，衿佩雲集。是書初下，繕寫相先，字差毫釐，動致魚魯，且患不能周給，諸生固請刻本，藏於黌宫，以廣其傳。嘯工東陽，閱月方就，解頤折角，馳騁群經者，自是遂得指南矣。蓋五經之行於世，猶五星之麗於天，五岳之蟠於地，五行之蓄於物，五事之秀乎人，康濟群倫，昭蘇萬彙，其功豈淺淺哉？自有經籍以來，未嘗無音，沈熊著周易音三卷，王儉著尚書音四卷，魯世達著毛詩音二卷，李軌著禮記音二卷，徐文遠著春秋左傳音三卷，非無音也，無音辨爾。是宜句讀不明，師承謬戾。禮經以『鼎』爲『冪』，左氏以『蔿』爲『薳』，或於老氏更『載』爲『哉』，或於洪範改『頗』爲『陂』，以至讀『景』爲『影』，命『昭』爲『韶』，文異而音同。行翻有四，召切有三，文同而音異。傍及史傳諸子百家，音雜字叢，蓋亦不勝其訛矣。甚者，武夫悍卒，昧於一丁，老師宿儒，惑於三家，取作屋穿鎚之誚，貽杖杜①伏獵②之譏。(乙)(屯)殊形，乃穷異狀，忌水乃改洛爲雒，惡走乃省隨爲隋，類用俗文，俱緣臆出。以下上爲下上，以縱横爲縱横。謚煬帝以爲髖，好奇乃爾；易穆公而爲繆，振古如兹。音辨之行，固非小補。漢、唐藝文志籛注之書，有曰音隱，有曰音略，有曰音義，有曰音訓，有曰音鈔，有曰釋音，是其於音，未必能辨。有曰辨證，有曰辨疑，有曰辨嫌，有曰辨惑，有曰辨字，有曰注辨，是其所辨，未必皆音。

① 「杖杜」，備要本誤作「杕杜」。
② 「伏獵」，文津閣四庫本誤作「伏臘」。

獨陽休之著書，號辨嫌音，又皆蕪累不經，爲魏收所薄。惟賈魏公沈研經旨，析類辨音，傳注箋題，不爲曲釋，櫛理疑義，啓沃宸衷。至先王治心守身，經理天下之微意，指物譬事，毫析縷解。故其辨明舛誤，是正群書，上不欺乎君，下不欺乎民，愈①久愈②明，千載不泯。渡江之後，峩冠博帶，傳習益多。汀與虔鄰也，民喜弄兵，盜賊蠭起，郡城坐甲，仰食如蠶。方鄰壤用師日疲，餽運治賦，餘暇獨與諸生雍容俎豆間，談經究微，從事音辨，幾於不達時務也。鏤板於學，雖秀民肄業，漸懇有陳，亦長此邦者之所願欲也。書舊有序，姑跋其後云。」

陳振孫曰：「丞相真定賈昌朝子明撰，康定中，侍講天章閣所上，凡五門。」

章氏崇業**五經釋題雜問**

宋志：「一卷。」

佚。

楊氏安國等**五經精義**

二百二十卷。

佚。

---

①②「愈」，文淵閣四庫本誤作「俞」。

玉海：「皇祐三年十月丙申，詔楊安國等以五經正義節解爲書，令先撰序及名。丁酉，安國等請名曰五經義宗、精義樞要，詔以五經精義爲名。十二月己亥，御延和殿，安國等上五經精義序，進讀畢，賜茶而退。辛丑，降付邇英閣。四年六月壬寅，延和殿侍講學士上五經精義周易節解二十卷。十一月甲寅，御邇英閣，侍讀上尚書解節①三十卷。五年四月癸卯，上禮記節解九十卷。十月甲寅，上春秋節解八十卷。仁宗又命侍讀丁度等修纂五經精義周易節解，度等言：『詩、書凶服及春秋賊亂，皆舊所不講，今去留係②上旨。』上曰：『先王吉凶之制，百代所遵，不可以俗忌而簡去。春秋喪亂之事，皆有善惡監戒，人主所宜知也，亦當存之。』」

〔補正〕

玉海條内「尚書解節」當作「節解」。（卷一〇，頁九）

齊氏唐**五經要旨**

通志：「五十卷。」

佚。

姓譜：「唐，字祖之，山陰人。天聖進士，南雄州僉判，歷職方員外郎。」

① 「尚書解節」，依補正應作「尚書節解」。
② 「留係」，文淵閣四庫本誤作「係留」。

劉氏敞**七經小傳**

宋志：「五卷。」

〔校記〕

四庫及通志堂本三卷。（群經，頁六二）

存。

中興書目：「雜釋詩、書、春秋、周禮、儀禮、禮記、論語七經。」

晁公武曰：「皇朝劉敞原甫撰。其所謂七經者，毛詩、尚書、公羊、周禮、儀禮、禮記、論語也。元祐史官謂慶曆前學者尚文詞，多守章句注疏之學，至敞始異諸儒之說。後王安石修經義，蓋本於敞。公武觀原甫說，伊尹相湯伐桀升自陑之類，經義多勦取之，史官之言不誣。」

陳振孫曰：「前世經學，大抵祖述注疏，其以己意言經，著書行世，自敞倡之。惟春秋既有成書，而詩、書、三禮、論語見之小傳，又公羊、左氏、國語三則附焉，故曰『七經』。」

吴曾曰：「慶曆以前學者尚文辭，多守章句注疏之學，至劉原甫爲七經小傳，始異諸儒之說。王荊公修經義，蓋本於原甫云。」

胡氏順之**經典質疑**

六卷。

佚。

姓譜：「順之，原州臨涇人。舉進士，爲青州從事，遷尚書屯田員外郎。」

盧氏士宗**五經精義**

佚。

玉海：「仁宗實録：『盧士宗在經筵，撰五經精義上之，詔藏史館。』」

楊氏繪**群經索藴**

宋志：「三十三卷。」

佚。

李氏清臣**六經論**

一卷。

存。載皇宋文選。

劉氏彝**七經中義**

宋志：「一百七十卷。」

佚。

王應麟曰：「有易，無儀禮。」

王氏庠經説

一篇。

闕。

宋史：「王庠，字周彦，榮州人。嘗以經説寄蘇軾，謂：『二帝三王之臣皆志於道，惟其自得之難，故守之至堅。自孔、孟作六經，斯道有一定之論，士之所養，反不逮古。乃知後世見六經之易，忽之不行也。』軾復曰：『經説一篇，誠哉是言。』大觀庚寅，行舍法於天下，州以庠應詔。時嚴元祐黨禁，庠自陳：『蘇軾、蘇轍、范純仁爲知己，吕陶、王吉嘗薦舉，黄庭堅、張舜明①、王鞏、任伯雨爲交游，不可入舉求仕。』復舉八行第一，朝廷知不可屈，賜號處士，尋改潼州②教授，賜出身及章服。一日四命俱至，竟力辭不受。」

〔補正〕

宋史條内「張舜明」，「明」當作「民」。「潼州教授」當作「潼州府教授」。（卷一〇，頁九）

---

① 「張舜明」，依補正應作「張舜民」。

② 「潼州」，依補正應作「潼州府」，四庫薈要本誤作「潼川府」。

程子頤**河南經說**

宋志：「七卷。」

〔校記〕

四庫本作程氏經說七卷，明刊本八卷。（群經，頁六二）

存。

陳振孫曰：「繫辭說一，書一，詩二，春秋一，論語一，改定大學一。程氏之學，易傳爲全書，餘經具此。」

張子載**經學理窟**

宋志：「三卷。」

存。

晁公武曰：「雜記經傳之義，辨釋、老之失。」

汪偉序曰：「横渠經學理窟，或以爲先生所自撰。偉按：熙寧九年秋，先生集所立言以爲正蒙，其平日所俯而讀，仰而思，妙契而疾書者，宜無遺矣。明年遂捐館舍，所謂文集、語録、諸經說等，皆出於門人之所纂集。若理窟者，亦分類語録之類耳，言有詳略，記者非一手也。雖然，言之精者，固不出於正蒙，謂是非先生之藴不可也。論學則必期於聖人，語治則必期於三代，至於進爲之方，設施之術，具有節級，鑿鑿可行，非徒託之空言者。朱子曰：『天資高則學明道，不然，且學二程、横渠。』良以横渠用功親切，有可循守，百世而下誦其言，若盲者忽覩日月之光，聾者忽聆雷霆之聲。偷惰之夫咸有立志，其正蒙之階梯與。其間數條，與遺書所載不殊，可見先生平昔與程氏兄弟議論之同，而非勦以入也。大理丞莆田黄君伯固志趣高遠，守道篤信，有先生之勇，間取理窟刻於官寺，俾有志之士知所嚮往，亦推先生多栽培，思以及天下之意云。」

黄鞏跋曰：「先生經説之類，朱文公編次近思録取之矣，獨理窟世所罕見。然晁氏讀書志有經學理窟一卷，張某撰；黄氏日抄亦謂：『横渠好古之切，故以詩、書次周禮焉。』但晁云一卷，而此則五卷，豈本自①一卷，而爲後人所分，未可知也。考之近思録，凡取之先生文集、語録、諸經説者，乃皆出於理窟，意理窟亦其門人彙輯文集、語録、諸經説之語，而命以是名，殆非先生所自著也。然則晁氏與日抄之所云者，其又未必然。先生文集及諸經説皆不傳，其見於近思録者亦無幾，猶幸是編之存。先生所謂知禮成性，變化氣質之道學，必如聖人而後已者，蓋屢書焉，世之欲求先生之學者，其可忽諸。」

王氏安石**三經新義**

佚。分見各經。

薛應旂曰：「王介甫解洛誥，有不可曉者則闕之，此亦見其不專於自用也。劉子澄嘗言：『王介甫

---

① 「自」，文淵閣四庫本作「是」。

不憑注疏，欲修聖人之經，不拘格例，欲新天下之法，可謂知務。但其出於己者反不逮舊，以至誤國害民。』」又曰：「介甫三經義皆頒之學官，既而誅絶之甚，遂泯其傳。自今思之，或不無一二可取，當時不以人廢言可也。」

宋鑑：「紹興九年，沙縣陳淵爲右正言，入對，因論程頤、王安石學術同異，上曰：『楊時之學能宗孔、孟，其三經義辨理甚當。』淵曰：『楊時始宗安石，後得程顥師之，乃悟其非。』上曰：『視三經義解，具見安石穿鑿矣。』淵曰：『穿鑿尚小，至於道之大原，安石無一不差。』上曰：『云何？』淵曰：『聖學所傳，止有論、孟、中庸。論語主仁，中庸主誠，孟子主性，安石皆暗其原。仁道至大，論語隨問隨答以愛人語，樊遲特其一端而已，而安石遂謂以愛爲仁。其言中庸，則謂中庸所以接人高明，所以處己。孟子七篇專發明性善，而安石取揚雄善惡混之説，至於無善無惡，又溺於佛，其失性遠矣。』」

楊氏時**三經義辨**

宋志：「十卷。」

未見。

中興書目：「辨王安石書、詩、周禮三經義之失。」

玉海：「紹興五年六月，起居郎朱震言故龍圖閣學士楊時所著三經義辨，請令本家抄録投進。」

吕本中曰：「龜山沈浸經書，推廣師説，窮探力索，務極其趣，涵蓄廣大而不敢輕自肆也。」

朱子曰：「龜山一出，追奪荊公王爵，罷配享孔子，且欲毁三經板，士子不樂，遂相與聚問：『三經有何不可，輒欲毁之？』當時龜山亦謹避而已。」

王氏居正**三經辨學**

三十八卷。分見諸經。

佚。

吕祖謙狀曰：「公之學根極六藝，深醇閎肆，以崇是闢非爲己任。自其少年，已不爲王氏説所傾動，慨然欲黜其不臧以覺世迷。其在兵部，以事請對，因及王安石新學爲士大夫心術之害，請以辨學爲獻。上許之。公既上辨學，而龜山楊先生三經義辨亦上於秘府，於是孔、孟之本旨始明，天下遂不復宗王氏。」

宋鑑：「紹興五年正月，兵部侍郎王居正獻辨學四十二篇。居正嘗入見，請以舊所論著王安石父子平昔之言不合於道者爲獻，上許之。居正乃釐爲七卷，其一曰蔑視君親，虧損忠義，凡所褒貶，悉害名教。其二曰非聖人，滅天道，詆誣孔、孟，宗尚佛、老。其三曰深懲言者，恐上有聞。其四曰託儒爲姦，以行私意，變亂經旨，厚誣天下。其五曰隨意互説，反覆皆危。其六曰排斥先儒，經術自任，務爲新奇，不恤義理。其七曰三經、字説自相牴牾。詔送祕書省。又進言曰：『臣聞陛下深惡安石之學久矣，不識聖心灼見，弊安在，敢請。』上曰：『安石之學，雜以霸道，取商鞅富國强兵。今日之禍，人徒知蔡京、王黼之罪，而不知天下之亂，生於安石。』居正對曰：『禍亂之原，誠如聖訓。然安石所學，得罪於萬世者不止此。』因爲上陳安石訓釋經義無父無君一二事，上作色曰：『是豈不害名教，孟子所謂邪説者，正謂是矣。』居正退，即序上論，繫於辨學書首上之。」

胡氏埜**諸經講義**

佚。

江西通志：「胡埜，字德林，寧都人。政和八年進士，婺州教授。方臘陷城，罹害。」

黄氏彦遠**五經指南**

佚。

江西通志：「黄彦遠，字思邈，金谿人。政和二年進士，爲平江府教授，調吉水令。」

張氏邦彦**經解**

佚。

樓鑰曰：「邦彦，政和二年由太學上舍擢進士第，官左朝散郎、贈朝議大夫，有經解雜著數十卷。」

鄒氏首**六經解**

佚。

閩書：「首，字晉信，福清人。宣和二年鄉薦。南渡後被訐，賜死。」

張氏綱**六經辨疑**

宋志：「五卷。」

佚。

六經確論

宋志：「十卷。」

佚。

王氏廷珪**六經講義**

十卷。

佚。

陳氏洸**六經講解**

佚。

閩書：「字世德，永春人。與陳知柔爲友，梁克家受業焉。官封州僉判，權知贛州，嘗進六經講解。」

蕭氏楚經辯

二卷。

未見。

陳第曰：「凡四十九篇。」

經義考卷二百四十三

群經五

佚。

程氏俱**漢儒授經圖**

俱自序曰：「古者尊師而重道，自天子達於庶人，故孔安國授經昭后，死爲之服；桓榮傅明帝於東宫，及即尊位，幸其第，至里門下車，擁經而前，蓋其嚴如此。漢興，諸儒以經誼專門教授，故學者必有師承，源流派别，皆可推考。歷東漢、二晉以迄有唐，餘風猶有存者。然其間大儒間出，不專以一經章句授諸生，如王通行道於河、汾之間，韓愈抗顔於元和之際，故從之學者，其於行己成務，作爲文章，皆足以名世而垂後，如魏證①、王珪、李翺、皇甫湜之徒是也。陋哉夏侯勝之言也，曰：『士病經術不明，經

① 「魏證」，四庫薈要本、文淵閣四庫本、文津閣四庫本俱作「魏徵」。

術苟明，取青紫如俯拾地芥耳。』夫所貴於學者，豈專爲是哉？而勝以利誘諸生，何也？西漢之俗，固已尚通達而急進取矣，又使士專爲利而學，學而仕，仕而顯，則不過容悦患失而已。如張禹以經爲帝師，位丞相，而被佞臣之目，後世議者謂『西漢之亡以張禹』。谷永因災異之對，枉公議以阿王氏。二人者，皆成帝所取決，關漢存亡之機者也。然則懷姦徇利，豈其志本在青紫故耶？後世君子志於青紫者衆，求師務學者寡，學者亦無所師承，此予所以常恨生之晚也。方祖宗隆盛之時，如孫明復、胡翼之以經術，楊文公、歐陽文忠以學問文章爲一時宗師，學者有所折衷而問業焉。王荊公出，以經義授東南學者，及得君行政於天下，靡然宗之。元祐間，蘇子瞻以文章主英俊之盟，亦云盛矣。予卧病里中，讀西漢儒林傳，觀其師弟子授受之嚴，所謂源流派別，皆可推考者，竊有感焉。且浮屠氏自釋迦文佛傳心法，與夫講解之宗，至於今將二千年，而源派譜牒，如數一二。下至醫巫祝卜百工之技，莫不有所師，如吾儒師承之道，乃今蔑焉，所謂學官師弟子，如適相遇於塗耳，蓋可歎也。則其事業之不競，語言之不工，名節之不立，無足怪者。因以漢儒授經爲圖，以想見漢興之風範云。建炎四年六月。」

佚。

羅氏無競**經解**

胡銓作傳曰：「羅無競，字謙中，廬陵人，仕爲建寧主簿。卒，門下客私謚曰孝逸先生，有經解數卷。」

吳氏沆**群經正論**

四卷。

佚。

玉海：「紹興十六年九月，吳沆進群經正論四卷。」

鄭氏伯熊**六經口義拾遺**

佚。

宋氏藻**群經滯穗**

百篇。

佚。

閩書：「藻，字去華，莆田人。紹興中進士，知江陰軍。」

黄氏開**六經指南**

佚。

任氏文薦**六經章句**

佚。

姓譜：「閩縣人。紹興中進士，歷浙江提刑、本路都轉運使。」

楊氏汝南**經説**

三卷。

未見。一齋書目有。

陸元輔曰：「汝南，字彦侯，龍谿人。紹興中進士，爲廣州教授，摭詩、禮、中庸、春秋義，成三十篇以授學者，仍表進於朝。」

洪氏适**經子法語**

未見。

〔總目〕

朱彝尊以易法語一卷、詩法語一卷之類，散入經義考各門之中，題曰「未見」，未免失考矣。（卷一三一，頁二，經子法語二十四卷提要）

楊氏甲六經圖

六卷。

存。

中興書目：「紹興中，布衣楊甲撰。」

毛氏邦翰增補六經圖

六卷。

存。

中興書目：「紹興中，布衣楊甲撰六經圖。乾道中，毛邦翰復增補之。易七十，書五十有五，詩四十有七，周禮六十有五，禮記四十有三，春秋二十有九，合爲圖三百有九。」

苗昌言序曰：「陳大夫爲撫之期年，樂民之安於其政，思所以富之、教之之叙，既已創闢試院，以奉聖天子三年取士之制，又取六經圖，命泮宫執講肆者編類爲書，刊之於學，以教諸生。謂昌言掌教於是邦，積十餘年，而庠序友生，相與愛敬之不衰，俾參訂焉。既逾月，諸經論各以其圖就議於予，且曰：『六藝之文浩博，若欲別加編摩，非積以歲月有不能。是圖集諸家所長，願因其舊，庶得以亟稱賢大夫善教之意。』予韙其說，無敢去取，惟傳寫詮次有舛誤者，是正之而已。凡得易七十，書五十有五，詩四十有七，周禮六十有五，禮記四十有三，春秋二十有九，合爲圖三百有九。蓋嘗論之，自漢儒章句傳注之學行，而士之道學益不明，逮本朝以經術取士，大儒繼出，講解一新，而後天下之士皆知淵源之歸。今是圖之作，凡六籍之制度、名數，粲然可一二數，使學者因是求其全書而讀之，則造微詣遠，兹實其指南也。若因以得於觀瞻之間，遂以爲聖人之經盡在於是，則破碎分裂，不尤甚於爲之華藻鞶帨者邪，其不見斥於覃思幽眇者寡矣。然則陳大夫之易圖爲書，不無意也，觀者宜深思之。」

顧起元曰：「六經圖爲宋紹興中布衣楊甲所撰。乾道初，知撫州陳森屬教授毛邦翰等補而刻之，爲圖三百有九，舊鮮行世者。頃新都吴氏購得宋本，始授梓人。計部大夫汝南方公覽而善之，謀於同僚，諸大夫斥帑羨，復刻而存於署。既成，屬爲之叙。夫圖書之用，創於聖人，使百代憲章，譬諸經緯，勿可偏廢者也。古之學者得其書，必攷其圖，後之學者修雕繪之技，或以詞藻相矜，嚴於古之名物度數，牴牾闊疏者有矣。不知形而上者謂之道，形而下者謂之器，天下之道貞夫一者也，使盡廢其形則器亡，而道亦不可見矣，故曰：『書不盡言，言不盡意，聖人立象以盡意』。然則標於指外，通於意表，惟圖能之，是固書之所不盡也。窮經者試以是參伍，而想像之於六藝之言，當更有洞若觀火者，又安得謂觀象非忘言之妙哉？予又嘗考之，易有唐沈熊之譜，宋劉牧、朱震之圖；書有唐之無逸圖、治要圖；詩有魏衛協之圖，唐之草木蟲魚圖；春秋有漢嚴彭祖，唐張傑、李瑾之圖，宋鄧名世之譜；禮有漢鄭玄、阮諶，唐張鎰、夏侯伏明①，宋梁正、聶崇義之圖，陸佃之象。今皆軼不存。而是編所圖，多沿舊記，黨枯護朽，間亦有之。夫謬解犧尊，臆注葵首，昔之通人，不無可議。今以此掎摭異同，糾迪淆舛，因形契

① 「夏侯伏明」，文淵閣四庫本作「夏侯伏朗」。

理，親見古人，則是圖誠爲六藝之津涉也。方今古學載興，異書間出，羽陵蠹簡，半在人間，顧經笥斷殘，尚須揚搉，方公與諸大夫亟舉是編而表章之，其於通經學古，裨益弘多矣。」

陸元輔曰：「六經圖，宋紹興中布衣楊甲撰。乾道初，撫州教授毛邦翰等補。大易象數鈎深圖七十，首易有太極圖二，次乾知大始，次坤作成物，次天尊地卑，次參天兩地圖，次日月爲易，次河圖數圖，次洛書數圖，次天地之數，次乾坤之策，次六子圖，次六位圖，次伏羲先天圖，次方圓相生圖，次仰觀天文圖，次俯察地理圖，次伏羲八卦圖，次文王八卦圖，次八卦取象圖，次八卦象數圖，次四卦合律圖，次八卦納甲圖，次剛柔相摩圖，次八卦相盪圖，次六爻三極，次五位相合，次帝出震圖，次蓍卦之德，次序上下經圖，次三變大成圖，次重易六爻圖，次六十四卦天地數圖，次六十四卦萬數圖，次卦爻律呂圖，次運會歷數圖，次乾坤大父母圖，次復姤小父母圖，次八卦生六十四卦圖，次八卦變六十四卦圖，次陽卦順生，次陰卦逆生，次復姤臨遯泰否六卦生六十四卦圖，次六十四卦反時變圖，次六十四卦卦氣圖，次十三卦取象圖，次三陳九卦圖，次參伍以變圖，次十有八變圖，次一陰一陽圖，次先甲後甲圖，次陰陽君民，次陰陽奇耦，次二儀得十變化，次十日五行相生，次大衍之數圖，次揲蓍之法圖，次河圖百六數，次八卦司化圖，次類聚群分圖，次通乎晝夜圖，次陽中陰，次陰中陽，次序卦圖，次雜卦圖，次太玄準易卦名圖，次太玄準易卦氣圖，次皇極經世全數圖，次邵氏皇極經世圖，次温公著虛擬玄圖，次古今易學傳授圖。尚書軌範撮要圖五十有五，首五十八篇數圖，次逸書篇圖，次作書時世圖，次帝王世次圖，次夏世次圖，次秦世次圖，次晉魯世次圖，次堯典四仲中星圖，次日月會次舍圖，次四仲日永短圖，次四時測中星圖，次日月行冬夏圖，次堯九族圖，次舜巡四岳圖，次七政五辰圖，次璣衡圖，次諸侯玉帛圖，次律度量衡圖，次十二章服圖，次五聲八音圖，次六律六呂圖，次九韶樂器圖，次五刑四罪圖，次舜舞干羽圖，次禹貢隨山濬川圖，次禹貢九州疆界圖，次禹貢治水先後圖，次禹貢九州譜圖，次禹貢九山名數圖，次禹貢九川名數圖，次濬畎澮距川圖，次堯制五服圖，次弼成五服圖，次舜十二州圖，次商七廟圖，次商五遷都圖，次周營洛邑圖，次召誥土中圖，次九疇本河圖圖，次九疇虛五用十圖，次洪範九疇圖，次九疇合八疇數圖，次九疇相乘得數圖，次劉蘇洪範傳圖二，次皇極居次五圖，次皇極不言數圖，次周宗彝圖，次六年五服朝圖，次君牙太常圖，次平王錫圭瓚圖，次牧誓兵器圖，次費誓兵器圖，次漢儒授受書學圖。

毛詩正變指南圖四十有七篇，首詩篇名，次作詩世次，次周公世次，次召公世次，次衛世次，次齊世次，次曹世次，次陳世次，次晉世次，次秦世次，次宋世次，次族譜，次十五國風譜，次十五國地理圖，次日居月諸圖，次公劉相陰陽圖，次楚邱揆日景圖，次齊國風挈壺氏圖，次大田雨我公田圖，次甫田歲取十千圖，次百夫之田，次萬夫之田，次載芟藉田圖，次時邁巡守圖，次我將明堂圖，次清廟閟宫圖，次辟雍泮宫圖，次斯干考室圖，次秦國風小戎圖，次商頌王畿圖，次釋草名，次釋木名，次釋菜名，次釋穀名，次釋鳥名，次釋獸名，次釋蟲名，次釋魚名，次釋馬名，次釋衣服制名，次釋車馬器名，次釋禮樂器名，次兵農器名，次四詩傳授圖。 周禮文物大全圖六十有五，首天官冢宰，次地官司徒，次春官宗伯，次秋官司寇，次冬官考工記，次王宫制圖，次營國制圖，次經九軌圖，次朝位寢廟社稷圖，次宗廟圖，次社稷圖，次治朝圖，次燕朝圖，次外朝圖，次夏世室，次商重屋，次周明堂，次宫寢制圖，次扆制圖，次几筵制圖，次王畿千里圖，次王畿鄉遂采地圖，次井田之法圖，次四井爲邑圖，次四邑爲邱圖，次四邱爲甸圖，次四甸爲縣圖，次四縣爲都圖，次四都爲同圖，次六鄉圖，次六遂圖，次五等采地圖，次六鄉鄉地圖，次職方九服圖，次職方九州圖，次行人六服朝貢圖，次王公侯鄉士冕服圖，次后服制圖，次圭璧璋瓚繅藉制圖，次圜邱樂圖，次方邱樂圖，次宗廟樂圖，次分舞樂圖，次筍簴鐘磬制圖，次鳧氏爲鐘，次木鐸金鐸，次鼓人四金圖，次舞師樂師舞制圖，次鼓制圖，次樂器制圖，次祭器制圖，次六尊制圖，次六彝制圖，次掌客器圖，次鬯人制圖，次金車玉輅制圖，次墨車制度圖，次厭翟車制圖，次輪人爲蓋圖，次九旗制圖，次射侯制圖，次馮相太歲圖，次龜人圖，次筮人圖，次土圭測日圖，次水地法圖，次傳授圖。禮記制度示掌圖四十有三，首四十九篇數，次二十四氣圖，次七十二候圖，次月令中星圖，次月令明堂圖，次十二律還相爲宫圖，次月令十二律管候氣圖，次月令所屬圖，次月令仲春昏星圖，次月令仲夏昏星圖，次月令仲秋昏星圖，次月令仲冬昏星圖，次五社制度圖，次五帝坐位圖，次王制商建國圖，次王制周建國圖，次王制公卿大夫士圖，次天子縣内圖，次周公明堂圖，次武舞表位圖，次冠冕制圖，次器用制圖，次七廟制圖，次祫廟制圖，次五廟三廟圖，次别子祖宗圖，次郊禘宗祖圖，次堂上昭穆圖，次室中昭穆圖，次燕禮圖，次投壺禮圖，次鄉飲禮圖，次養老禮圖，次冠禮器圖，次昏禮器圖，次習射禮圖，次饗禮圖，次内外用事之日圖，次祭祀用樽之數圖，次禮記名數圖，次禮記傳授圖。春秋筆削發微圖二十有九，首春秋十二公，次二十一國世次圖，次春秋一百二十四國爵姓，次五霸，次齊盟，次與盟之國，次春秋諸國地理圖，次地名所屬，次諸國地理，次周地，次魯地，次陳地，次齊地，次晉地，次宋地，次衛地，次鄭地，次楚地，次郲地，次莒地，次紀地，次諸國地，次閼地①，次周王族諸氏，次魯公族諸氏，次晉公族諸氏，次齊公族諸氏，次

① 「閼地」，備要本誤作「闕地」。

宋公族諸氏，次衛公族諸氏，次鄭公族諸氏，次陳公族，次蔡公族，次吳公族，次莒公族，次曹公族，次虞公族，次虢公族，次諸侯興廢，次春秋始終，次春秋總例數，次春秋三傳傳授圖。共三百有九圖。」

葉氏仲堪**六經圖**

宋志：「七卷。」

未見。

陳振孫曰：「東嘉葉仲堪思文重編。按館閣書目有六卷，昌州布衣楊甲鼎卿所撰，撫州教授毛邦翰增補之。易七十，今百三十；書五十五，今六十三；詩四十七，今同；周禮六十五，今六十一；禮記四十三，今六十二；春秋二十九，今七十二。然則仲堪蓋又以舊本增損改定者耶？」

楊氏萬里**六經論**

一卷。

存。載誠齋集。

呂氏祖謙**麗澤論説集録**

通考：「十卷。」

存。

陳振孫曰：「呂祖謙門人所録平日説經之語，末三卷則史説、雜説。東萊於諸經有讀詩記及書説，成書而未終也。」

唐氏仲友説齋六經解

一百五十卷。

未見。一齋書目有。

九經發題

一卷。

佚。

先民録：「唐仲友，字與政，金華人，號説齋。登紹興辛未進士，復中宏詞科，判建康府，轉知台州。抑姦拊弱，發粟賑饑，創中津浮橋以濟涉，政聲卓然。俄爲同官高文虎所忌，譖諸倉使，屢疏劾之。會仲友遷提點江西刑獄，而劾者益力，遂主管沖祐觀以歸，開席授徒，學者數百人，益肆力於經史百家，以究其業。著帝王經世圖譜十卷、六經解、諸史精義、群書新録各若干卷，文集四十卷。」

周必大曰：「與政於書無不觀，於理無不究，凡天文、地理、禮樂、刑政、陰陽、度數、兵農、王霸，皆本之經典，兼采傳注，類聚群分，旁通午貫，使事時相參，形聲相配。或推消長之象，或列休咎之徵，而於郊廟、學校、畿疆、井野尤致詳焉。昔漢儒專通一經，局守師説，居家用以修身，蒞官取以決事，況乎六經旨趣，百世軌範，廣記備言，精思博考，使見諸行事，豈不要而有功也與！」

蘇伯衡曰：「乾道、淳熙間，紫陽朱子、廣漢張子、東萊吕子鼎立於一時，而東南學者翕然宗之。說齋唐公出乎其時，又與吕子同居於婺，而獨尚經制之學，真可謂特起者矣，而豈立異哉？公不惟精史學，尤邃於諸經，自謂不專主一説，不務爲苟同，隱之於心，稽諸聖人，合者取之，疑者闕之。所著六經解百五十卷，九經發題、經史難答、孝經解愚書各一卷，諸史精義百卷，帝王經世圖譜十卷，乾道祕府群書新録八十三卷，天文、地理詳辨各三卷，故事備要、詞科雜録各四卷，陸宣公奏議詳解十卷，説齋文集四十卷，今去公垂二百年，傳者蓋無幾矣。揚雄有言：『存則人，亡則書。』欲求公於公之書，而其書又如此不愈，大可惜哉！」

王氏炎**諸經考疑**

佚。

李氏舜臣**群經義**

宋志：「七卷。」本傳：「八卷。」

佚。

徐氏存**六經講義**

佚。

喻氏良能**諸經講義**

佚。

浙江通志：「喻良能，義烏人，官至太常寺丞。」

劉氏光祖**山堂疑問**

通考：「一卷。」

佚。

陳振孫曰：「起居郎簡池劉光祖德修撰，凡一卷。慶元中，謫居房陵，與其子講説諸經，因筆記之。以其所問於詩爲多，遂取吕氏讀詩記盡觀之，而釋以己意，附疑問之後。」

俞氏亨宗**群經感發**

十卷。

佚。

紹興府志：「俞亨宗，字兼善，山陰人。隆興二年進士，嘉定中爲祕書少監。」

游氏桂**畏齋經學**

宋志：「十二卷。」

佚。

陳振孫曰：「宣教郎廣安游桂元發撰。桂，隆興癸未進士，歷官至制司機宜。」

彭氏龜年**訓蒙經解**

佚。

樓鑰撰碑曰：「嘉定改元，詔贈故吏部侍郎彭龜年爲寶謨閣直學士，既又加贈龍圖閣學士，賜謚忠肅公。登乾道五年進士第，嘗著訓蒙經解若干卷，藏於家。」

張氏布**六經講解**

佚。

陳耆卿曰：「臨海人，字伯雱。乾道八年進士，歷太學録博士，樞密院編修官，宗正丞，權金部右侍郎，遷祕書丞。知徽州，不赴，奉祠，終朝散大夫。有六經講解藏於家。」

毛氏璞六經解

佚。

葉氏適①習學記言序目

五十卷。

存。

孫之宏序曰：「習學記言序目者，龍泉葉先生所述也。初，先生輯録經史百氏條目，名習學記言，未有論述。自金陵歸，研玩羣書，更十六寒暑，乃成序目五十卷。子寀既以先志編次，諗今越帥新安江公鋟木郡齋，又囑之宏揭其大指於書首。竊聞學必待習而成，因所習而記焉，稽合乎孔氏之本統者也。夫去聖綿邈，百家競起，學失其統久矣。漢、唐諸儒，皆推宗孟軻氏，謂其能嗣孔子。至本朝閩、洛驟興，始稱子思得之曾子，孟軻本之子思，是爲孔門之要傳。近世張、吕、朱二三鉅公益加探討，名人秀士，鮮不從風而靡。先生後出，異識超曠，不假梯級，謂洙、泗所講，前世帝王之典籍賴以存，開物成務之倫紀賴以著。易彖、象，仲尼親筆也，十翼則訛矣。詩、書，義理所聚也，中庸、大學則後矣。曾子不在四科之目，曰參也。魯以孟軻能嗣孔子，未爲過也，捨孔子而宗孟軻，則於本統離矣。故根柢六經，

① 「葉氏適」，文津閣四庫本誤作「葉氏璞」。

折衷諸子，剖析秦、漢，迄於五季，以吕氏文鑑終焉。其致道成德之要，如渴飲飢食之切於日用也，指治摘亂之幾，如刺腧中肓之速於起疾也。推迹世道之升降，品目人材之短長，皆若繩準而銖稱之。前聖之緒業可續，後儒之浮論盡廢，其切理會心，冰消日朗，無異親造孔室之閫深，繼有宗廟百官之美富，可謂稽合乎孔子之本統者也。」

黄百家曰：「習學記言存於今者，序目而已，内説經共十四卷：易四卷，書一卷，詩一卷，周禮、儀禮合一卷，禮記一卷，春秋一卷，左氏傳二卷，國語一卷，論語一卷，孟子一卷。若記言原本，不知若干卷，惜乎不得見矣。是書前有山陰孫之宏序，葉氏門人。」

任氏希夷**經解**

十卷。

佚。

邵武府志：「任希夷，字伯起，邵武人。淳熙三年進士，官至端明殿學士，僉書樞密院事，兼權參知政事，贈少師，謚宣獻。」

傅氏芷**羣經講義**

佚。

應廷育曰：「芷，字升可，義烏人。淳熙五年進士，仙居尉。」

戴氏厚**經解**

三十卷。

佚。

樓鑰志墓曰："東嘉戴君浚仲嘗薦於鄉，五上禮部，至淳熙八年始以特奏名試，補賀州之學，尋授迪功郎，金華縣尉，改修職郎，監漳州南岳廟。著經解三十卷，藏於家。君諱厚，又字長文。"

李氏燾**五經傳授圖**

宋志："一卷。"

佚。

危氏稹**諸經講義集解**

佚。

江西通志："危稹，字逢吉，臨川人。淳熙十四年乙科，除南康軍教授，歷屯田司①郎官，出潮州，又知漳州。"

① "司"字，文津閣四庫本脱漏。

徐氏大受**經解**

佚。

陳耆卿曰：「天台人，字季可。淳熙十一年特科，監行在草料場。號竹谿先生，有經解藏於家。」

項氏安世**家説**

宋志：「十卷」。附録四卷。

未見。

陳振孫曰：「九經皆有論注，其第八卷以後雜説文史①正學，附録孝經、中庸詩篇。」

華氏鏜**六經解**

佚。

按：華氏書無傳，楊誠齋荊溪集有贈詩云：「華鏜晨趨孔子堂，今日覃思彫肺腸，毛穎爲君秃盡髮，問君何時放渠歇。」題曰：「華鏜秀才著六經解，以長句書其後。」則其書業成編矣。

---

① 「史」，文津閣四庫本誤作「忠」。

經義考卷二百四十四

群經六

黄氏幹**六經講義**

宋志：「一卷。」

未見。

輔氏廣**五經注釋**

佚。

李氏大同**群經講義**

十五卷。

佚。

金華府志：「李大同，字從仲，東陽人。學於呂成公、朱文公，登嘉定十六年進士，官至工部尚書，以寶謨閣直學士知平江府。」

陳氏埴**木鍾集**

十一卷。

存。

埴自序曰：「善問者如攻堅木，善待問者如撞鍾。朋友講習，不可以無問也，問則不可以無復。今之不善問者，徒先其所難，後其所易，取其節目之堅，乃欲一斧而薪之，不少徐徐以待其自解，則匠石從旁而竊笑之矣。至其待人之問者，或小叩之而大鳴，或大叩之而小鳴，不待其再至，而亟盡其餘聲，或餘之未盡，而恣其人之更端焉，然則是鍾也，其必州鳩氏之所棄者乎？余非待問者，顧諸友方持班氏之斧，以運成風之巧，乃欲以空中之物隨酢焉，其不哆然肆、黯然啞者幾希矣。或曰：空故能聲，虛故能應，壞木之竅穴而萬籟出焉，物固有然者矣。余有感於斯言也，取二物，因命之曰『木鍾』焉。」

按：潛室陳氏木鍾集：一論語，二孟子，三六經總論，四易，五書，六詩，七周禮，八禮記，九春秋，附以近思雜問、漢唐史各一卷。

吴氏梅卿**經説**

佚。

浙江通志：「吴梅卿，字清叔，仙居人。嘉定十七年特舉，仕至忠州文學，從朱子游。」

許氏奕**九經直音**

宋志：「九卷。」

未見。

九經正訛

宋志：「一卷。」

佚。

諸經正典

宋志：「十卷。」

佚。

林氏觀過**經説**

宋志：「一卷。」

佚。

章氏如愚**群書考索經説**

三十二卷。

存。

應廷育曰：「章如愚，字俊卿，金華人。慶元中進士，官國子博士，改知貴州。開禧初，言事忤韓侂胄罷歸，學者稱山堂先生。」

按：章氏書皆采諸家之説，非自撰，惟因援引諸書刊本多失載，於是唐氏稗編所録直言如愚姓名矣。書共六十六卷，内言經籍圖書，前集凡九卷，别集凡十一卷，續集①凡十二卷。

毛氏居正**六經正誤**

通考：「六卷。」

---

① 「續集」，文淵閣四庫本誤作「讀集」。

存。

魏了翁序曰：「自秦政滅學，經籍道熄，迨隸書之作，又舉先王文字而併棄之，承訛襲舛，愈傳愈失。蔡伯喈書石經，有意正捄之，旋亦焚蕩。張參所見石經，又不知果爲蔡本否？其所引石經文，多失字體。魏、晉以來，則又厭樸拙，耆姿媚，隨意遷改，義訓混淆，漫不可考。重以避就名諱，如『操』之爲『掺』，『昭』之爲『佋』，此類不可勝舉。況唐人統承西魏，尤爲謬亂。陸德明、孔穎達同與登瀛之選，而釋文與正義自多背馳。至開元所書五經，則又以俗字易舊文，如以『頗』爲『陂』、以『平』爲『便』之類，又不可勝舉，而古書益邈。五季而後，鏤板緡印，經籍之傳雖廣，而點畫義訓，訛謬自若。本朝胄監經史，多仍周舊，今故家往往有之，而與俗本無大相遠。南渡草創，則僅取版籍於江南諸州，與京師承平監本大有逕庭，與潭、撫、閩、蜀諸本互爲異同，而監本之誤爲甚。柯山毛居正義甫以其先人嘗增注禮部韻，奏御於阜陵，遂又挍讎增益，以申明於寧考更化之日，其於經傳，亦既博覽精擇。嘉定十六年春，會朝廷命胄監刊正經籍，司成謂無以易義甫，馳書幣致之，盡取六經三傳諸本，參以子史字書，選粹文集，研究異同，凡字義音切，毫釐必挍，儒官稱歎，莫有異辭。旬歲間刊修者凡四經，乃猶以工人憚煩，詭竄墨本以紿有司，而板之誤字，實未嘗改者什二三也。繼欲修禮記、春秋三傳，義甫以病目移告，其事中輟。或者謂縱令盡正其誤，而諸本不同，何所取證？豈若録其正誤之籍而刊傳之，後學得以參考。余觀其書，念今之有功於經者，豈無經典釋文、六經文字①、九經字樣之等，然此書後出，殆將過之，無不及者，

---

① 「六經文字」，依文淵閣四庫本應作「五經文字」。

其於後生晚學，袪蔽痞疑，爲益不淺，因縱臾①其成而序識之。書曰：『若升高必自下，若陟遐必自邇。』學者其毋忽於斯。」

陳振孫曰：「柯山毛居正義甫挍監本經籍之誤，所欲刊正者，魏鶴山爲之序而刻傳之，大抵多偏旁之疑似者，凡六卷。」

王氏士奇**諸經釋疑**

佚。

姓譜：「字永叔，福安人，莆田法曹奉議郎。」

李氏伯玉**斛峰經義**

佚②。

江西通志：「李伯玉，字純甫，餘干人。嘉定進士，累官禮部尚書。」

---

① 「縱臾」，四庫薈要本作「慫慂」。

② 「佚」字，文津閣四庫本脱漏。

岳氏珂九經沿革

〔校記〕

當作九經三傳沿革例。（群經，頁六二）

□卷①。

〔補正〕

按：是書一卷，曰九經三傳沿革例。（卷一〇，頁九）

存。

珂自述曰：「世所傳九經，自監、蜀、京、杭而下，有建余氏、興國于氏二本，皆分句讀，稱爲善本。廖氏又以余氏不免訛舛，于氏未爲的當，合諸本參訂，爲最精。板行之初，天下寶之，流布未久，元板散落不復存。嘗②博求諸藏書之家，凡聚數帙，僅成全書。懼其久而無傳也，爰倣成例，乃命良工，刻梓家塾。如字畫、如注文、如音釋、如句讀，悉循其舊，且與明經老儒分卷校勘，而又證以許慎說文、毛晃韻略，非敢有所增損於前，偏旁必辨，圈點必校，不使有毫釐訛錯，視廖氏世綵堂本加詳焉。舊有總例，存以爲證。」

---

① 「□卷」，依補正應作「一卷」，文津閣四庫本誤作「十卷」。

② 「嘗」，文津閣四庫本誤作「當」。

張萱曰：「宋相臺岳珂家塾刊本，與九經總例相同。」

真氏德秀**西山讀書記**

通考：「三十九卷。」

存。

陳振孫曰：「真德秀景元撰。其書有甲、乙、丙、丁，甲①言性理，中述治道，末言出處，大抵本經子②格言而述以己意。今但有甲三十七卷，丁二卷，乙、丙未見。」

〔補正〕

陳振孫條内「經子格言」，「子」當作「史」。（卷一〇，頁九）

魏氏了翁**九經要義**

二百六十三卷。分見諸經，外有類目六卷。

闕。

虞集序曰：「聖賢之學，實由秦、漢以來諸儒誦而傳之得至於今，其師弟子所授受，以顓門相尚，雖

① 「甲」，文津閣四庫本作「申」。

② 「子」，依補正、四庫薈要本應作「史」。

卒莫得其要，然而古人之遺訓，前哲之緒言，或者存乎其間，蓋有不可廢者。自濂、洛之説行，朱氏祖述而發明之，於是學者知趨乎道德性命之本廓如也。而從事於斯者，誦習其成言，惟日不足，所謂博聞多識之事，若將略焉，則亦有所未盡者矣。況近世之弊，好爲鹵莽，其求於此者，或未切於身心，而攷諸彼者，曾弗及於詳博，於是傳注之所存者，其舛謬牴牾之相承，既無以明辨其非是①，而名物度數之幸在者，又不察其本原，誠使有爲於世，何以徵聖人制作之意，而爲因革損益之器哉？魏氏又有憂於此也，故其致知之日，加意於儀禮、周官、大、小戴之記，及取諸經注疏正義之文，據事别類而録之，謂之九經要義。其志將以見道器之不離，而有以證臆説聚訟之惑世，此正張氏以禮爲教，而程氏所謂徹上、徹下之語者也。而後人莫窺其説以兼致其力焉，昔之所謂鹵莽，日以彌甚，甘心自棄於孤陋寡聞之歸。嗚呼！魏氏之學，其可不講乎？魏氏名了翁，字華父，臨邛人，故宋慶元己未進士，仕至資政殿大學士，參知政事，僉書樞密院事，都督江、淮軍馬，贈太師，封秦國公，謚文靖，而學者稱爲鶴山先生。」

王褘曰：「孔穎達作五經正義，往往援引緯書之説，歐陽公嘗欲删而去之，以絶僞妄，使學者不爲其所惑，然後經義純一。其言不果行。迨鶴山魏氏作九經要義，始加黜削，而其言絶焉。」

張萱曰：「九經要義，魏了翁著，考究九經中義理制度也。今内閣見存儀禮七册、禮記三册、周易二册、尚書一册、春秋二册、論語二册、孟子二册。又於前書各段，分類爲類目六卷，以便簡閲，尚存。」

① 「非是」，四庫薈要本作「是非」。

錢氏時**融堂四書管見**

十三卷。

存。

張萱曰：「宋理宗朝，錢時注解論語、學、庸，附以古孝經爲四書。」

按：錢氏四書管見有孝經而無孟子，與朱子所定四書不同，故附以群經。

高氏定子**經説**

五卷。

佚。

盧熊曰：「高定子，字瞻叔。□□二年進士，簽書樞密院事，兼參知政事。學者稱著齋先生。」

李氏彦華**經傳辨疑**

三十六卷。

佚。

魏了翁志曰：「彦華，字仲實，撫州宜黄人。通判武岡軍李劉之王父家，故藏書至萬餘軸。矻矻晨夜，天文地理，禮樂律曆，兵謀方伎，毫分縷析。體習既精，晚而述經傳辨疑、禮樂遺録三十六卷，鄉人號曰藏修先生。」

吴氏之巽諸經講義

五卷。

佚。

史氏堯輔諸經講義

五十卷。

佚。

魏了翁誌墓曰：「堯輔，字克甫，居眉之丹稜。受春秋於横舟劉子有，年十五，講學於德溪。開禧三年，以易冠同經生，尋中乙科，調永康軍青城縣主簿，補大足縣尉，調合州推官。」

吴氏獵經解

佚。

魏了翁狀曰：「公諱獵，字德夫，醴陵人。敷文閣直學士，贈通議大夫。」

謝氏升賢**四書解**

佚。

張氏貴謨**泮林講義**

宋志：「三卷。」

佚。

俞氏言**六經圖説**

宋志：「十二卷。」

佚。

周氏士貴**經括**

宋志：「一卷。」

佚。

梁氏南一**六經辨疑**

佚。

姓譜：「字力行。」

賈氏鑄**考信録**

通考：「三十卷。」

未見。

劉氏序略曰：「友人賈君成己，少余十三歲，未脱舉子累，且教授生徒，所至坐席常滿，而能歷年篤以成書。世之學者，於六經之疏，能一閲焉者蓋寡，況能參稽其類，大之如天地氣形之初，微之如服食器用之末，先儒該洽兼綜，凡古書之雜出者，徵之而靡不在，分之而靡不貫也。其書曰考信録，考諸古而信諸心，又以質於余而證於後世，用意遠矣。」

黄氏大昌**晦庵經説**

三十卷。

未見。

楊氏伯嵒**九經補韻**

一卷。

存。

伯嵒自序曰：「字學湮廢已久，學者無以窮疑辨惑。僕性嗜古，癖書傳，因涉獵諸經訓釋，或同字殊音，或假音如字，若此者衆，韻書率多不載，竊有惑焉。如禮部韻一書，政爲聲律舉子設，紹興間三山黄進士嘗補選進上，乃亦闕略弗備。近嘉禾吴教杜復申明，僅增三字，僕之惑滋甚。蓋若禮記『斂般請以機封』、毛詩『倚儺其枝』之類，庸可諉曰是喪制所出，非程文所當用，或音義弗順，非韻語所可押？至如周禮『合采合舞』之爲『釋菜』、毛詩『鱣鮪發發』之爲『鱍鱍』，皆足正後學之傳訛，助文場之窘步，一切置之，可乎？乃即經蒐羅，萃爲一編，非敢上於官以求增補，亦非敢淑諸人以侈聞見，姑藏家塾以擊蒙昧，博識幸毋我誚。」

俞任禮後序曰：「禮部韻以略言外多隘之，而議欲增也。自元祐國子博士孫諤隨乞添收，繼其後則黄啓宗有補韻，吴棫有補韻、補音，毛晃有增韻，張貴謨有韻略補遺，近世黄子厚、蔣全甫則又各有論説。然疎者隨韻補輯，僅得一二，詳者至盡采子史、蒼雅、方言，欲增入二千六百五十五而難於行，此禮部韻之所以至今未備也。泳齋先生治衢之暇日，揖任禮於柯山堂而語曰：『子見我所纂九經補韻乎？』先生於書無所不讀，而以經爲根源，補韻之作，凡九經中字之假借，音之旁通，考訂分彙，各疏其下，若星象之錯落於天，而燦然以明。平齋洪端明所謂杜門論著佳哉者，此也。平齋欲著論而後弗果，他日上之朝而頒行於禮部，俟後世知國家之淑士以經，則豈但爲聲韻之助。任禮敢寫平齋之志而繫於後。」

黄氏 補 **九經解**

佚。

梅氏 寬夫 **裕堂先生諸經講義**

一卷。

未見。

黄虞稷曰：「括蒼人，解易、詩、論、孟、學、庸諸義。」

黄氏 彬 **經語協韻**

宋志：「二十卷。」

佚。

錢氏 承志 **九經簡要**

宋志：「十卷。」

佚。

張氏伯文九經疑難

十卷。

未見。

伯文自序曰：「疑生於不信，難起於不服。經之有疑難，其殆出於專門之學，臆見異說，自相矛盾者乎？然所疑有是非，而難有當否，有如李泰伯疑周禮者一，歐陽公疑周禮者二，蘇子由疑周禮者三，猶曰：『今之周禮，非周公之全書也。』至若劉子玄於書有疑古十條，於春秋有十二未喻，果何見也？何休好公羊學，著公羊墨守、左氏膏肓、穀梁廢疾，鄭玄乃發墨守、鍼膏肓、起廢疾，猶曰『黨同伐異者爾』。若夫顧悦之嘗難王弼易義四十條，而關康之又申王以難顧，非其品藻不由於公論，而評議獨出於私見者乎？雖然，是皆有可取者。昔孔門之學，大概務通倫類而已，顔子聞一知十，子貢告往知來，故師友琢磨而德業日進，使其舉一隅而不反以三隅，決不能有所疑、有所難也。予自幼年趨庭，先君觶堂授以麟經，涉獵之餘，亦嘗取五經、三禮與夫語、孟，講究其大概，凡平日得於先儒之議論者，寸長片善，靡有不録。今取其切於場屋之用者纂爲一書，題曰九經疑難，非惟述其辨駁而已，凡其説之新奇，意之高遠，開卷一覽，九經大旨瞭然胸中矣。昔房景先才學通融，嘗作五經疑問百餘篇，而邢邵亦以五經指要爲世指南，今不見其書，聊以是擬前篇云。」

戴氏栩**五經説**

佚。

王瓚曰：「栩，字立子，永嘉人。師事葉適，登嘉定戊辰進士，爲太學博士，遷秘書郎，出知臨江軍，不赴。久之，起湖南安撫司參議官。」

王氏奕**六經説**

佚。

經義考卷二百四十五

群經七

饒氏魯**五經講義**

未見。

劉氏元剛**三經演義**

宋志：「十一卷。」

佚。

葉氏時**對制談經**

十五卷。

存。

杜涇序曰：「是編乃文康葉公所著，貫穿經史，言言典則，真經濟之第一義也。舊文百篇，散出無緒，深閡探討，今立十五門分統之，便簡閲也。或有片言匪要，則稍加汰節。其典章名物難以懸解者，悉取經文注疏，分隸於後。字義音韻未易通曉者，徧考韻會群書，標識於端。句讀辨之，亥豕正之，使讀者開卷洞然，具見先生之武庫矣。非敢言先生之忠臣，庶幾哉非先生之叛臣乎！以其可資制作之用，爰命之曰對制談經云。」

黄氏仲元**經史辨疑**

未見。

姓譜：「仲元，字善甫，莆田人。咸淳中登第，陸秀夫薦充益王府撰述官，遷太常博士。宋亡，更名曰淵，字天叟。」

黄氏震**日抄經説**

三十一卷。分見各經。

存。

沈逵序曰：「學以孔、孟爲師。師者，道之所存，其文則六經之書也。講習以窮理，躬行以達用，斷乎不可易者。宋儒標榜角立，互有異同，而象山陸氏始倡爲高遠驚世之論，謂此心本明，不假言議，惟當自求以得之，凡講學即是異端，六經皆吾注脚。一時聞人，風靡從之。獨慈谿黄東發氏尊信周、程、朱子之説，以上探孔、孟六經之旨，一切反之躬行，以爲實用，於士必以操行自立，於官必以職業自見。至讀論語，而於孝、弟、忠、信，文公所以教人者，蓋佩服終身焉。故自强仕，用明經家法，取科第，積州縣吏，能歷監司郡守，所至有異政，仁民厚俗，一本之禮義。立朝諤諤，敷對無隱情，雖遭讒去國，未究其設施，而言論氣節，千載有光，斯可謂不負所學者矣。公暇所閲經史諸書，隨手考訂，并奏劄、申請、勸誡等作凡百卷，名之曰日鈔，鋟梓行於世。中值兵燬，諸孫禮之懼祖訓之失墜，購求搜輯，補刻僅完，屬予序之。予惟科目利誘之弊，至趙宋而極，其以道學云者，又皆從事空言，而於躬行大業，或未之能。然彼其立異矯時，固爲賢智之過，望而可知其非，百餘年間，未有以折衷。猶賴先生詳辨力詆，著之方册，俾孔、孟、周、程、朱子正大之學，燦然復明，如杲日行空，沈陰積靄廓焉爲之一清，有目者皆可覩也。方陸學盛行，慈湖楊簡氏，宗陸者也，於公爲鄉人，公未嘗苟從末俗，波蕩中卓見定力，一人而已。世之師若弟子，玩味是書，必若公之於文公，身體而力行之，而後可以①言學。顧予淺陋，何足以知先生？會秩滿將歸，禮之請之益勤，敬書於卷端，以爲願學者勉。若其文詞論述，浩瀚峻潔，特公之餘事，兹故可略云。

〔補正〕

旹至正②三年，歲在丁丑四月。」

① 「以」字下，備要本誤衍「而」字。

② 「至正」，依補正應作「至元」。

沈逵序末「至正三年」，當作「至元」。（卷一〇，頁九）

王圻曰：「五經，朱子於春秋、禮記無成書，慈谿黄東發取二經爲之集解，其義甚精，蓋有補朱子之未備，且不欲顯，故附於日鈔中。其後程端學有春秋本義，陳澔有禮記集説，皆不能過之。永樂初修五經大全，諸儒皆未見日鈔，故一無所取。」

曹氏涇**五經講義**

四卷。

未見。

黄虞稷曰：「字清甫，歙人。宋昌化簿，入元不仕。」

夏氏良規**五經解**

佚。

林氏洪範**五經義方**

十卷。

佚。

閩書：「閩縣人。」

馬氏廷鸞**六經集傳**

佚。

江西通志：「馬廷鸞，字翔仲，樂平人。登進士，歷拜右丞相。」

王氏應麟**六經天文編**

宋志：「六卷。」

存。今本二卷。

玉海藝文經解

九卷。

存。①

應氏翔孫**經傳蒙求**

佚。

---

① 「存」，文淵閣四庫本誤作「佚」。

方回序曰：「王伯厚尚書學極天下之博，長予四歲，予昔嘗敬事之。戴帥初博士學極天下之粹，少予十七歲，今予①畏友也。此四明二先生，俱以其里中應君子翱翔孫所著經傳蒙求爲然，予無復容喙矣。竊嘗謂道一而已，而物有萬古聖賢之學，不專在語言文字。日月星辰與天爲體，運而不已；山川艸木與地爲體，生而不窮；言語文字與聖賢爲體，傳而不朽。體，物也，所以用之者，道也。道不離物。易究咎休，書紀治亂，詩美刺，春秋襃貶，三禮辨上下，論專言仁，孟兼言義，皆以語言文字與道爲體，其妙用所在，一而已。一者何？道是也。然則何道也？天地之心耳。此之謂道，而以其道用乎日月星辰、山川草木之物，故曰道不離物。聖賢之心，欲使千萬世之人爲善不爲惡，以復其有善無惡之性，則不容不著之書，此言語文字所以爲斯道有形之體，而無形之道所以用乎有形之體，而寓於言語文字之中也，顧可忽諸。子翱所謂蒙求，自易至論、孟，皆括爲韻語以訓後進，傍及諸子百家，而揚雄方州部家之書亦與焉。予曩亦嘗摘其奇語難字以供刀筆，艱深之中韜平易，亦不過一陰一陽、一晝一夜、一寒一暑，消息往來，幽明生死之故易之注疏也，獨所用六日七分曆法，一歲則易之一端耳，康節經世書出於此。或誚予好太玄，又出雲②覆瓿下。回曰不然，凡言語文字之不畔於道者，皆與道爲體，片雲起於天而澤四海，粒粟根於地而飽萬民，一畫肇於聖人而開百聖，天地聖人之道，皆託於物。近世有欲滅絶言

① 「予」，四庫薈要本作「子」。
② 「雲」，文淵閣四庫本作「雄」。

語文字，以爲學者敢痛詆朱文公著述，謂率多於古人，動累於後來黨陸也，其人臨汀，使君不滿①五十而死，天棄之矣。讀子翱之書者亦曰：『與道爲體，能於有形中求無形，則將於無味中得有味矣。』子翱早中童子科，伯公衡嘗參大政云。」

馬氏端臨**經籍考**

七十六卷。

存。

胡氏仲雲**六經蠡測**

佚。

王氏義端**經疑**

十五篇。

佚。

程鉅夫表墓曰：「義端，字元剛。受易於廬陵歐陽守道，與兄義山俱有名。以恩監江陵白水鎮，遷

① 「滿」，備要本誤作「然」。

武岡綏寧令。文丞相起兵江西，辟與幕議，君歎曰：『事已至此，去將安歸。』涕泣謝之，自是終其身不出。或勸君仕，曰：『我不能死，可復仕乎？』」

陸氏正**七經補注**

佚。

浙江通志：「陸正，字行正，海鹽人。今屬平湖。舊名唐輔，宋亡，與族父霆龍以家世宋臣，矢不仕元，遂更名正。程文海薦之，不起。後復與劉因同徵，堅不赴，隱居教授。及卒，門人私謚曰靖獻先生，立書院於陳山祀之。」

鄭氏君老**五經解疑**

佚。

姓譜：「字邦壽，長溪人。咸淳四年進士，元初交薦不起，學者私謚曰靖節先生。」

張氏卿弼**六經精義**

百卷。

佚。

虞集曰：「弋陽張君卿弼，字希契。登咸淳戊辰進士第，除福州司户，辟充教授。仕至興化倅而宋亡，隱居不出，門生弟子從受業者甚衆，講學藍山書院。徧取傳記百十家，擇其合於修己之學而不墮於清虛、治人之方而不雜於術數者，輯而録之，名曰六經精義，凡數百卷。」

謝氏枋得五經珍抄

四卷。

存。

陸元輔曰：「疊山五經類纂四卷，坊間所刊，盱江趙師聖序之，題曰珍抄。」

王氏所五經類編

二十五卷。

佚。

台州府志：「王所，字喻叔，黄巖人。咸淳乙丑進士。宋亡，致高郵軍事歸，營書院於漢濱。及卒，黄超然題其墓，曰宋進士元逸民南峰王公墓。」

牟氏巘六經音考

佚。

鄭元慶曰：「巘，字獻甫，子才之子也。以蔭歷大理少卿，宋亡不仕。與子應龍父子討論，著六經音考。」

余氏浙**六經審問**

佚。

紹興府志：「余浙，字季淵，新昌人。登進士，歷監察御史，改大理少卿。歸，自號致曲老人。」

趙氏元輔**六經圖**

五卷。

未見。

黃氏浚**五經通略**

二卷。

未見。

顏氏宗道**經説**

一卷。

未見。

車氏似慶**五經論**

佚。

似慶自序曰：「五經，聖人成書，萬世標準。聖人既没，遭秦之亂，禁網嚴密，天下學士逃難結舌，以書爲諱，天下無全書矣。漢除煩苛，約以三章，更高、惠二君，挾書著律猶未盡去，老壯者没，少者亦耄期矣，未必盡能記誦也。伏生年過九十，始克口授不全之書，他經不至於泯絶者，漢儒補葺之力爲多。今讀其書者，知漢儒記誦傳習之艱苦，而默會聖心於千萬世之上可也。作五經論。」

謝鐸曰：「五經論，黄巖車隘軒似慶著，今有抄本。」

俞氏琰**經傳考注**

未見。

趙氏孟至**九經音釋**

九卷。

未見。

鄭元慶曰：「孟至，宋燕懿王後。祖希懌，自青田徙湖州。父與篾，嘉定中登第。孟至，咸淳乙丑進士，官運判。」

趙氏德**五經辨疑**

未見。

江西通志：「趙德，宋宗室，自號鐵峰，博學工文，隱居郡城之東湖。」

按：趙氏辨疑惟毛詩有二十八則，附朱倬疑問之後，餘俱未見。

葉氏夢鯵**經史子要**

未見。

黄虞稷曰：「建安人，入元不仕。」

張氏沂**辨經正義**

七卷。

佚。

俞氏酉發**經傳補遺**

三十卷。

佚。

鎮江府志：「俞酉發，字明叔，德鄰之弟。咸淳中，以明經試太學，後隱居不仕。」

陳氏普**六經講義**

佚。

周氏明辨**五經手判**

宋志：「六卷。」

佚。

亡名氏授經圖

宋志：「三卷。」

佚。

崇文總目：「不著撰人名氏，叙易、詩、書、禮、春秋三家、論語、孝經之學，師承相第，系而爲圖。」

兼講書

宋志：「五卷。」

佚。

九經要略

宋志：「一卷。」

佚。

六經疑難

宋志：「十四卷。」

佚。

九經經旨策義

宋志：「九卷。」

佚。

六經奧論

六卷。

存。

黎温序曰：「經以載道，先儒言之備矣。蓋易以究陰陽，書以道政事，詩以理性情，春秋以明褒貶，禮以謹節文，樂以致中和。故絜静精微，易教也；疏通知遠，書教也；温柔敦厚，詩教也；屬辭比事，春秋教也；恭儉莊敬，禮教也；廣博易良，樂教也。是以聖人作經，垂訓之功，不亦大乎？昔者周衰，六經厄於秦火。漢室奮興，始除挾書之律，經籍漸出，諸儒傳於殘編斷簡之中，山巖屋壁之内。晉、唐以來，莫有發揮。迨乎宋德隆盛，五星聚奎，文運光啓，治教休明，而應生於濂、洛、關、閩之群哲，於是諸經皆有傳義之説，如日麗中天，聖道不顯，而頓回鄒、魯、洙、泗之風教。粤若夾漈鄭先生，名樵，字漁仲，莆陽人，亦出於宋隆平之世，典教之際，述作是書，而爲六經管轄之論，啓其關鍵，闡發幽祕，俾學者直覩升堂之精藴，是則有功於聖門，誠不鮮矣。温自往年遊於盱郡，常請益於灣溪子由危先生，講論之暇，出家藏厥祖訓導邦輔所録是書，啓誨於温。既而舊冬，遂請是稾，敬攜入於書林。一日訪謁日新劉氏克常，細閲其義，欣然珍留，擊節歎曰：『滄海誠有遺珠矣。』而請予校正之。予竊謂是書一出，則六經之奥昭然，不惟天下學者之有幸也。」

按：世傳六經奥論六卷，成化中盱江危邦輔藏本，黎温序而行之，云是鄭漁仲所著，荆川唐氏輯稗編從之。今觀其書，議論與通志略不合，漁仲嘗上書曰：「十年爲經旨之學，以其所得者作書考，作①書辨僞，作詩傳，作詩辨妄，作春秋考，作諸經序，作刊繆正俗跋。五、六年爲天文、地理、蟲魚、艸木之學，所得者作春秋列國圖，作爾雅注，作詩名物志。」而奥論曾未之及，則非漁仲所著審矣。

① 「作」字，文津閣四庫本脱漏。

經義考卷二百四十六

群經八

馬氏定國**六經考**

佚。

王氏若虛**五經辨惑**

二卷。

存。

姚氏樞等**五經要語**

未見。

黄虞稷曰：「至元三年，姚樞、竇默、王鶚、商挺、楊果等纂進，凡二十八類。」

熊氏朋來**五經説**

七卷。

存。

南昌府志：「熊朋來，字與可，豐城人。咸淳甲戌進士，仕元爲福清州判官。」

陸元輔曰：「易説一卷、詩書説一卷、春秋説一卷、三禮説二卷、大小戴記説一卷、雜説一卷。」

胡氏炳文**五經會意**

未見。

淩氏堯輔**大學中庸孝經諸書集解音釋**

佚。

戴表元序曰：「儒者之説，其精者爲道德，而麤者爲禮樂刑政。當三代以前，雖世治有斷續，而二説未嘗一日廢於天下，書之所存者略也。周之既衰，禮樂刑政盡壞，道德茫然，無所附麗，夫子不得已始與其徒共詳之於書，書詳而後世之託言者始雜然。自其徒相繼皆没之後，千有餘年，往往嘗有窮經學古之彦，不以世故動心，枯然自守師説於山林艸澤間，宜舉一世不好之，而不變聲薰氣染之久，而亦或爲人所采拾，道德之緒餘、禮樂刑政之髣髴，因之而不墜者什五。至於近代，濂、洛之派興，於雜書之中，定著其書。通於夫子者，曰子曾氏、子思氏、子孟氏，而上三氏之書，存者曰孝經、中庸、大學、孟子。若論語，又孔門之高弟共爲之，尤精者也。爲之披微文，抉沈辭，使尋源者不迷其津，趨途者不昧其岐，有功哉！濂、洛之徒皆没，説者又雜。考亭朱先生出，又取濂、洛之已詳者，與其徒皆明之，故孝經有刊誤，論語、孟子有集注，大學、中庸有章句，以迨太極、西銘、通書之類，凡殘編斷簡之關於義理者，舉有訓解。其徒之書，予之資雖鈍，猶得而窺之。其徒之人，爲余之先，猶得而知之。顧歲月推移，風氣變化，資品之尤鈍於予者，則不及預此矣。予白首東來，乃始獲聞番陽有雙峰饒君者，嘗學於考亭之門人，而於考亭之書，鑽研探索，纂述彙叙，其意猶考亭之於濂、洛也。久之，是州之儒者淩君堯輔與予遊，予又見其箋詁、疏釋、問答、圖辨，而知其遊饒君之門，而於饒君之書，又如饒君之於考亭也。嗚呼！兹非予所謂窮理學古之彦，不以世故動心，而枯然自守師説於山林艸澤間者耶？堯輔歸，而於是書也益弘①。其入謹，其出弘②，且及於伏生、申公之年，其有欲聞道德禮樂刑政之説者，不以屬君之徒而誰耶？」

王氏希旦五經日記

未見。

---

① 「弘」，文津閣四庫本作「專」。
② 「弘」，文津閣四庫本作「將」。

黄虞稷曰：「字葵初，德興人。隱居著書，累徵不起。又有書易通解。」

李氏恕**五經旁注**

六卷。

未見。

楊士奇曰：「廬陵李省中先生，名恕，與龍麟洲、劉水牕同輩行。五經者，易、書、詩、論、孟，旁注簡明切當，便於學者。」

何氏異孫**十一經問對**

五卷。

存。

楊士奇曰：「此書爲小學設。所謂十一經者，書、詩、春秋、儀禮、周禮、禮記、論語、孝經、大學、中庸、孟子。不及於易者，非小學所及也。」

黄虞稷曰：「設爲經疑，以爲科場發問對策之用。」

周氏聞孫**五經纂要**

佚。

蕭氏志仁**經解佩觿録**

十卷。

佚。

江西通志：「蕭志仁，字無惡，廬陵人。」

張氏顗**四經歸極**

未見。

潘氏迪**六經發明**

未見。

姓譜：「迪，元城人。歷官國子司業，集賢學士。」

余氏國輔**經傳考異**

佚。

吴澂序曰：「金谿余國輔輯經傳考異，以予之亦嘗用力於斯也，俾序其首。予少時讀經書，疑其有誤字錯簡處，必博考詳訂而是正之。一日，有先生長者見其一二，叱責曰：『聖經如天之日月，千古不易，何可改耶？汝何物，小子而僭妄如此。』予鞠躬謝過曰：『父師之教，敢不承乎！第古書自秦火之餘，炎漢之初，率是口授，五代以前，率是筆録。口授者寧無語音之訛？筆録者寧無字畫之舛？語訛字舛，爲經之害大矣。不訂正而循襲其訛舛，强解鑿説，不幾於侮聖言與？予之訂正也，豈得已而不已者哉？況一一皆有案據，曰「某本作某字」，或先儒曾有論義，曰「某字當作某字」，未嘗敢自用意點竄也。』先生長者不領①予説，予亦不能從其言而遂止，然於此每兢惕謹審而不敢苟。國輔，老成之儒，顧亦同予少時之癖，而所去取，不悉與予同何？當聚談細細商略，以歸於至當之一。」

舒氏天民**六藝綱目**

四卷。

存。

馬氏瑩**五經大義**

佚。

柳貫誌曰：「馬氏諱瑩，其字仲珍，世家建德縣之新亭鄉。精研經史，旁連諸子百家，下逮山經、地志、謡俗、方言，朝披夕攬，搴華嚌英。延祐科興，始用春秋舉上，不利。後更用禮記，亦不利。彙次所

① 「領」，文淵閣四庫本作「頷」。

著五經大義、四書答疑，又手選唐五百家詩五卷、宋南渡諸家詩一卷，別有講義、讀書紀各二卷藏於家。」

瞻氏思**五經思問**

未見。

歐陽氏長孺①**九經治要**

十卷。

未見。

張萱曰：「元皇慶間，歐陽長孺采九經之要，輯爲一書，自君臣以至朋友，自治心以至治天下，分爲六門，凡七百九十三章，共十卷。」

杜氏本**四經表義**

佚。

江西通志：「杜本，字伯原，清江人。隱居武夷山，文宗徵之，不起。後至元間，復召爲爲翰林待

① 「歐陽氏長孺」，文津閣四庫本作「歐陽氏長儒」。

制，稱疾固辭。學者稱爲清碧先生。」

佚。

黄氏澤**六經補注**

吴澂序曰：「先聖王之教士也，以詩、書、禮、樂爲四術。易者占筮之繇辭，春秋者侯國之史記，自夫子贊易、修春秋之後，學者始以易、春秋合先王教士之四術而爲六經。經焚於秦而易獨存，經出於漢而樂獨亡，幸而未亡者，若書、若禮，往往殘缺，惟詩與春秋稍完而已。漢儒專門傳授，守其師説，不爲無功於經，而聖人之意則未大明於世也。魏、晉而唐，注義漸廣，至宋諸儒，而經學之極盛矣。程子之易，立言幾與先聖並，然自爲一書則可，非可以經注論。若論經注，則朱氏詩集傳之外，俱不能無遺憾也。後儒於其既精既當者，或未能嚌味其所可取，則於其未精未當者，又豈人人而能推索其所未至哉？予嘗於此，重有慨焉，而可與者甚鮮也。蜀儒黄澤楚望貧而力學，往年初識之於筠，今年再遇之於江。讀易、詩、書、春秋及周官、禮記，悉欲爲之補注。補注之書未成，而各經先有辨釋，宏綱要義，昭揭其大而不遺其小，究竟謹審，真有灼見。先儒舊説可從者，拳拳尊信，不敢輕肆臆説以相是非。用功深，用意厚，以予所見明經之士，未有能及之者也。晚年見此，寧不爲之大快乎？楚望不輕以示人，而德化縣令王君乃爲鋟梓以傳，予歎美之不足，因以諗於學者，蓋於諸經沈潛反覆，然後知其用功之不易，用意之不苟云。」

翼經罪言

佚。

吴氏仲迂經傳發明

未見。

宋氏元翁五經約説

佚。

袁桷序曰：「古之學者，三十而五經立，方其時，以力田致養爲先本，春出於野，冬始入邑，其勤懇懇，然日不能給，暇日入學，歲率不滿十旬焉。噫！何其敏且成如是之易也。蓋先王盛時，鄉遂溝洫之制明，冠昏賓蜡之禮具，弦歌、俎豆、鐘鼓、弓矢之備周旋品節，皆身親而日化，則所謂通其義者，道德性命之理也。簡牘日繁，專門經師，夸宏務奇，漢世儒者，白首莫一。微言既絶，掇拾枝蔓，而媮意惰業，率自涯而返，良有以也。夫子之翼易，二戴之傳古禮，解經之準的也。訓詁别立爲小學，析文以言字，因字以言義，究其大較，邈不相入。然則士何自知經旨哉？唐孔、賈氏尊漢儒宗，知其迮陋，猶旁諱曲覆，如臨師保，不敢有犯。獨啖、趙出口指摘，無所避。劉原父氏、歐陽氏始慷慨直論，未幾，言經者銖分毫別，疆畫同異，亦①駸駸乎漢儒矣。夫一道德而同風俗，作者之事也；復古而不至焉者，儒者之責也。六藝之道，莫急於禮樂。樂書廢已久，而儀禮訖不得立學官，遺音舊器，莫可尋辨。登降、進退、揖讓之損益，臨事取具，跂就企及，卒泥夫近古。吾獨謂學古之士，猶足以語夫此也。廬陵宋元翁，爲童子時能明經，明經舉廢已久，獨元翁興起其事，弱冠復約爲大義，先王墜典，炳然其專美矣。夫天人之奥，昔人之所罕言，而昔之耳聞目見，接熟素履，今皆棄置不講。元翁氣清德茂，養泉糞木，必以源本，約而同之，與道俱會，後之學者將由是則焉，敢誦所聞而美之。」

歐陽氏佺②**五經旨要**

未見。

閩書：「佺，字以大，長樂人。舉進士不弟，隱居著述，學者稱道江先生。」

陳氏樵**經解**

未見。

① 「亦」，四庫薈要本脱漏。
② 「歐陽氏佺」，文津閣四庫本誤作「歐陽公佺」。

江氏逢辰**七經要義**

未見。

黄虞稷曰："字虞卿，歙人，元崇德州教授。"

雷氏光霆**九經輯義**

五十卷。

佚。

吴氏師道**三經雜説**

八卷。

未見。

黄虞稷曰："易、詩各一卷，書六卷。"

楊氏叔方**五經辨**

佚。

吉安府志："楊叔方，吉水人，號學睡先生。以經學授清江范德機，以曆法授寧都習吉翁。"

曾氏巽申①**經解正訛**

未見。

黄虞稷曰：「永豐人，官應奉翰林文字。」

李氏好文**端本堂經訓要義**

十一卷。

未見。

元史：「至正九年，順帝開端本堂，命皇太子入學，命李好文以翰林學士兼諭德。好文取史傳及先儒論説，關治體，協經旨者，倣真德秀大學衍義之例，爲書十一卷，名曰端本堂經訓要義，奉表以進。詔付端本堂，命太子習焉。」

李氏仁壽**諸經衍義**

未見。

黄虞稷曰：「字山甫，龍泉人，元季婺州教授。」

---

① 「曾氏巽申」，四庫薈要本誤作「曾氏巽中」。

趙氏居信**經説**

未見。

唐氏懷德**六經問答**

佚。

黄虞稷曰：「字思誠，金華人。仲友七世孫，許白雲弟子。元衢州學録。」①

陳氏剛**五經問難**

佚。

楊氏維楨**五經鈐鍵**

未見。

葉氏失名**經疑**

佚。

---

① 「黄虞稷曰」條後，文淵閣四庫本、文津閣四庫本俱列「闕」字。

趙孟頫序曰：「大凡讀書不能無疑，讀書而無所疑，是蓋於心無得故也。無所思則一，所思不思矣，何疑之有？此讀書之大患也。善讀書者，必極其心思，一字不通，弗舍之，而求一句；一句不通，弗舍之，而求一章；一章不通，弗舍之，而求一篇。夫如是則思之深，思之深則必有疑，因其疑而極其心思，則其有得也。凡書皆然，經爲甚。何者？六經其來最古，傳之久而訛謬生焉，以今人而臆度古人，吾見其不能矣，則夫疑之多也何怪。通川葉君白首於六經，凡有疑，皆萃而爲一編。其疑之淺深，固未易遽釋，而其所以疑者，有以見葉君之用心於經書，而非泛泛口耳之學，所可同年而語矣。葉君以僕嘗從事於此，不遠千里來求敘引，故敘其所以疑者，覽者其詳諸。」

陳氏失名五經直音

未見。

黄溍跋曰：「周都官爲汴都賦，至使人不能讀，雖以樓宣獻公之博洽而爲之音釋，其弗知而闕焉者蓋多矣。嗟乎！聲韻，母也；文字，子也。子非母不生。執其子以求其母而不得，乃憧憧若是耶？易、書、詩、禮、春秋之文，昭揭千古，學士大夫童而習之，非若夫賦汴都者之鉤奇摭隱，而使人不得其讀也。直音蓋舊有其書，陳君是編，不過蒐其脱遺，摘其舛謬，爲力亦易耳。雖然，不能讀汴都賦，何害？六經之書，一失其讀，則二三聖人傳心之要旨、經世之大教，所賴以存者幾希矣。夫使之日星垂而江漢流者，陳君是編不有助乎？方之樓公竭精憊神於蟲魚石樹之細者，不又有間乎？然予聞有直音、有反切。反切之法本於西土，今譯人所用二合字是也。陳君目是編曰直音，而兼用反切者，蓋變例也，誠懼夫音之未易以直盡也，是抑可尚也。」

亡名氏六經圖

佚。

朱善序曰：「古之學者，有書必有圖，何也？不得於理則必求諸書，而古人之傳授可見已；不得於象則必求諸圖，而古人之制作可考已。此圖之與書所以可相有而不可相無也。六經有圖，其來已久，然兵變之後，古書存者十無一二，況於圖乎？豫章李君用初家藏六經圖甚古，予嘗得借是圖而觀之，以天文則中星有堯典、月令之異同，以地理則疆域有禹貢、春秋之沿革，以人文則儀禮之有詳略，官制之有繁簡，城郭宫室、宗廟井田、會同軍旅、冠昏喪祭、衣裳弁冕、旌旗車輅、籩豆簠簋、圭璋琮璜，凡文質之有損益，以物理則昆蟲，草木、鳥獸、魚鱉之細微，又於詩爲特詳。然五經之圖，可觀者象而已，若易則伏羲先天四圖，邵子終日言而不離乎，是其爲理也微矣。文王後天方位雖不與先天同，然先天純乎天理，後天各以人事，體用一源，顯微無間，其有功於天下後世一也。易圖之外，益之以揚子之太玄、司馬之潛虚、邵子之皇極經世，使學者可以一覽而得其大概。好學之士果能兼此六圖而並觀之，譬諸千蹊萬徑，皆可以適國，但得一道而入，何患學之不進哉？用初將命工摹寫，且與同志裒金刻梓以廣其傳，兹事若成，其有功於學者多矣，豈曰小補之哉。」

經義考卷二百四十七

群經九

孔氏克表等**群經類要**

未見。

黄虞稷曰：「明太祖命儒臣孔克表、劉基、林温等以恆言注釋群經，使人易通曉，親解論語二章以爲之式，克表等承命釋五經四書以上，賜今名。」

吴氏沈**六經師律**

一卷。

闕。

沈自序曰：「嗚乎！兵者，國之大事也，聖人之所罕言，而不敢輕用者也。古之時，文武爲一塗，士之陞①未嘗不知兵也。後世析文、武爲二岐，而兵之學寡矣。有能言者，下之人不以爲狂，則上之人必以爲諱。幸四方之無虞，宜無事乎此也，苟或有警，將求若人而用之，不亦遲乎？古之兵謀戰策多矣，歷代以來，散亡略盡，今之存而顯顯者，七書而已。七書者，司馬法、六韜、孫子、吴子、尉繚子、三略、唐太宗李衛公問對也。前代嘗以之頒布武學，令天下誦習之，謂之武經，世之談兵者尊之仰之，真猶儒者之於六經也。夫行師不法聖人，則是爲暴，曾謂彼七書，而可以爲萬世不刊之典乎，何當時之襲陋而不悟也？以七書考之，三略、尉繚子已有可疑。漢志雜家尉繚子二十九篇，兵形勢家又有三十一篇，今書有二十三篇，則不知果有本真否？三略三卷，經籍志云『下邳神人所撰』，其亦信然乎？若太公六韜與李衛公問對，則灼然依託者也。其爲古書而可信者，司馬法及孫、吴乎？太史公稱司馬法『閎廓深遠』，雖三代之法，未能究其義。漢時存者百五十五篇，班固入之於禮，今之存者僅五篇而已。蓋昔者齊威王使其大夫追論古司馬兵法，附以先齊大夫田穰苴之説，號曰司馬穰苴兵法。五篇之傳，其穰苴之遺乎？然亦非齊之全書矣。吁！先王之兵制，盡在古司馬，而今不可得見矣，宜孫、吴之巋然而獨高也。班固志藝文時，兵家者流，總五十三家，七百九十篇，而孫子②冠其首。觀於十三篇之書，備奇正，用機權，審彼度己，先計後戰，變化開闔，其用不窮，亦深妙矣哉。雖然，謂武之書爲秦、漢兵學之祖則可，謂三代之兵學亦若此則不可。聖人之兵，昭文德而威不軌者也，所以生人也，非殺人也；禦亂

---

① 「陞」字，文津閣四庫本作「途」。

② 「孫子」，四庫薈要本脱漏作「孫」。

也，非爲亂也；尚義也，非尚詐也。孫子曰：『兵者，詭道也。』吾恐其非聖人意也①。世道日貶，民論日卑，論將帥，則以勇壯擊刺爲賢能，語行陣，則以奇詭設伏爲巧妙，若曰我將動之以仁義，行之以禮讓，雖三尺之童，亦指以爲迂闊而不切矣。昔者荀卿子之非孫、吴，有曰：『彼孫、吴也，上勢利而尚變詐者也。』又曰：『齊之技擊，不可以遇魏之武卒；魏之武卒，不可以直秦之鋭士；秦之鋭士，不可以當桓、文之節制；桓、文之節制，不可以敵湯、武之仁義。伊、吕之將，子孫有國，與商、周並；孫、吴之徒，皆身戮於前，而國滅亡於後。報應之勢，各以類至。』其説可謂當哉！至揚子雲亦復不喜孫、吴，而曰：『不有司馬法乎？』子雲之不喜孫、吴，其意美矣，然不知當時子雲所見司馬法，乃古之書耶？抑穰苴所述之遺耶？聖人於師中之事，雖未嘗一一悉言，而其宏綱大用，則豈不可得而窺哉？蓋兵之始作也，非聖人之私意也，天地之所造設，聖人觀法之而已。掌之有其官，定之有其制，教之有其時，備之有其素，歌詩以勞之，誓戒以齊之，上順乎天，下應乎人，廓然大公，至正之心，炳然神武，不殺之德，豈孫、吴之所可得而測識哉？間嘗不自揆度，以易、詩、書、禮、論、孟諸經，其言其義有涉於師政者，輯録而類聚之，定爲五篇：一曰兵象，二曰兵用，三曰兵禮，四曰兵詩，五曰兵訓，總而題之曰六經師律，竊取子朱子儀禮集傳師田篇之意，而不自知其不可也。若乃春秋二百四十二年之間，諸侯之强大僭侈，兵法軍制，俱非先王之舊。曰侵、曰伐、曰圍、曰入、曰追、曰擊、曰襲、曰取、曰收、曰滅，聖人不厭其書於簡册者，誠誅其黷武之罪，以示萬世之防，學者當自其全經而講焉，不得而盡録也。至於夾谷之會，則以吾

① 「也」字，文津閣四庫本脱漏。

夫子文德武備於是可見，故特取之，以繫於兵用之篇。嗚呼！有國家者，於平居暇豫之日，能謹夫修齊治平之道，兵無由而作矣。如其萬一，猶當按聖人之遺經，法聖人之運量，豈不足處天下之大事，平天下之大艱，而又奚暇於孫、吴乎？此是編之所以一本於經，而不容附以他書之說也。天下之事，固有以新奇而爲世所好者，亦有以陳常而爲世所厭者，有人於此曰『我善爲孫、吴』，則必肅然聽之矣；如曰『六經之中，未嘗無兵法存焉』，則必譁然難之矣。習俗之移人至此乎。方當四方合一，文治聿興之時，草茅之士得以餘力及此極，知牽綴聖人之經，犯非所當言之戒，其罪無所逃之。然有備可以無患，考古所以制今，世之君子，當有採焉。」

趙鶴曰：「字濬中，正傳子，蘭谿人。洪武中，召爲翰林待制，陞東閣大學士。」

按：師律五篇，今惟兵禮一篇載於金華文統。

董氏彝**經疑問對**

十卷。

未見。

黄虞稷曰：「字宗文，樂平人。元至正間領鄉薦，入明爲國子監學録。」

陶氏凱**九經類要**

一册。

未見。

右見菉竹堂目。

徐氏蘭**五經文格**

未見。

黄虞稷曰：「洪武初人。」

范氏祖幹**群經指要**

未見。

蔣氏悌生**五經蠡測**

六卷。

闕。禮記闕。

悌生自序曰：「愚幼讀書，略曉文義，其或未通，師友問辨，既退，猶有疑未釋者。及壯至老，其素所嘗疑，尋經傳本旨，反覆參究，旁摭證據，疑終未能解。所恨窮居僻處，孤陋寡聞，不能訪求良師益友以質所疑，每欲筆而志之，以俟後之同志，又恐獲僭議先儒之罪，握筆屢投者有日。今老矣，輒復編而紀之，名曰蠡測，蓋以愚之膚識淺學，而敢輕議先儒得失，亦猶以蠡測海，多見其不知量之意，庶幾他日見者未減僭踰之罪。并以平日讀書，傳義之外，己意管見，作爲衍説，類附於後。或者窮經有知我者，於中取其一二焉，亦以見予之素心，非敢妄爲是言也。」

黄虞稷曰：「字仁叔，福寧州人。洪武初舉明經，任本州訓導。」

李氏本**經書問難**

未見。

黄虞稷曰：「字孝謙，郢人。洪武中，父仕開有罪，本代父輸作，以德行稱。」

張氏宣**五經標題**

未見。

熊氏釗**五經纂要**

未見。

蕭氏岐**經書要義**

未見。

黄虞稷曰：「字尚仁，泰和人。洪武初舉賢良，至京，授長史，辭歸，改平涼府學教授。」

徐氏原**五經講義**

未見。

黄虞稷曰：「字均善，蘭谿人。洪武中，以賢良徵爲翰林院待詔。」

黄氏鼎**五經精義**

未見。

江西通志：「黄鼎，字玉鉉，吉水人。深究六經之旨，胡廣、鄒緝皆其門人。」

賀氏賢**五經集解**

未見。

黄虞稷曰：「狄道人。永樂壬辰進士，詹事府少詹事。」

張氏楷**四經稂秕**

未見。

黄虞稷曰：「楷，字式之，慈溪人。永樂甲辰進士，歷官左僉都御史。」

黄氏潤玉**經書補注**

四卷。又譜一卷。

未見。

楊守陳曰：「先生以四書諸經注家或遺或誤，乃撰經書補注。」

王圻曰：「黄公補注，其言多有可采。」

周氏洪謨**經書疑辨録**

〔校記〕

四庫存目作經書辨疑録。（群經，頁六二）

三卷。

存。

洪謨自序略曰：「臣昔爲祭酒時，既以辨疑爲職，每遇六堂會講之暇，諸生有疑而問者，必與辨焉，欲其易曉，初不懼其辭之俚，隨其所請，亦不計其言之複。蓋自漢、唐以來，經訓不明，理學俱晦，惟宋朱子洞見精微，究極玄奥，理學之明，如指諸掌。至若群經所載事物之變，制度之設，有漢、唐諸儒不能發明，而朱子亦未及發明者；有漢、唐諸儒所見舛誤，而朱子亦襲其舛誤者。如羲皇冠服之事，堯、舜曆象之政，歷代正朔之建，明堂之制，與夫郊祀、社稷、宗廟之禮，皆先王經世大典，奈何一千年間，互承謬謬，莫適指歸。改正之説，既使先王之法上達於天；尚右之説，復使先王之法下墜於地。故臣與諸生答問，不得不剖析到底，講貫明白。其後諸生互録所得，以備參考，乃又取而裁之，名曰疑辨録。既嘗具本上進，以塵御覽，復俾諸生各録一帙，以就正於有道之士，亦所謂寧爲朱子忠臣，毋爲朱子佞臣之意云爾。抑此與諸生講辨，不得不爾。若夫科舉之作文義者，仍以大全爲主，而無用乎此云。成化十六年。」

黄虞稷曰：「成化十五年，洪謨爲禮部尚書，進呈是書，多辨朱子解經沿習諸儒之誤。」

陸元輔曰：「疑辨録中諸條，間有言之得當者。若周正考一篇，主不改時月之説，而廣引經傳以證之，其説似是而非，不若朱子改時改月之爲不可易也。其書以成化十五年進呈，疏言：『五經、四書雖經朱熹注釋，間亦有仍漢、唐諸儒之誤者，乞勅儒臣考訂。』帝曰：『五經、四書漢、唐諸儒之誤，永樂間儒臣纂修，悉取其不悖本旨者輯録，天下學者誦習已久，洪謨乃以己意紛更，不允。』」

王氏恕**石渠意見**

二卷。又拾遺一卷、補闕一卷。

〔校記〕

四庫存目：石渠意見四卷，拾遺、補闕各二卷。（群經，頁六二）

未見。

周氏安**九經圖注**

佚。

陸元輔曰："安，字孟泰，莆田人。家貧，遇鬻書者，以耕牛易之。卒後，遺書爲外孫所焚，鄰人亟拾之，得九經圖注，制度極精巧，見周瑩藏山録。"

按：瑩亦莆田人，正統乙丑進士。

支氏立**五經解**

未見。

嘉興縣志："支立，字中夫。正統甲子舉人，官翰林孔目。"

楊氏守陳**諸經私抄**分見各經。

一百卷。

存。

何喬新志墓曰："公居廬，讀禮有所得，作禮記、周禮、儀禮私抄。繼而旁讀群經，悟先儒注釋不能無失，又作孝經、大學、中庸、論、孟、尚書、周易、春秋私抄，皆正其錯簡，更定其章句。於諸儒之傳，惟是之從，附以己見。有不合者，雖濂、洛、關、閩大儒之説，不苟狗也。其校定群經，謂書『象以典刑』一章，乃舜命官之辭；詩卷耳，乃大夫行役者之作；大學『本末』一章，乃治國平天下之傳；禮喪大記一篇，乃儀禮經文。皆超然獨見，先儒論議嘗及是也。」

程敏政曰：「先生諸經私抄皆擴前賢所未發，使及朱子之門，必有起予之歎，後此亦必輔朱子傳注行於世。」

王兆雲曰：「文懿公博學多識，五經四書，時有獨見。不泥古説，録爲私抄，凡百餘卷。」

黄宗羲曰：「鏡川長於經術，諸經皆有私抄。其於先儒之傳，惟善是從，附以己見。有不合者，雖大儒之説，不苟狥也。」

李鄴嗣曰：「楊公私抄，不盡從先儒傳注。」

五經考證

未見。

守陳自序曰：「昔孔子能言夏、商之禮，以杞、宋文獻不足而不能徵，其言竊嘗歎之。夫聖人言禮，尚欲有所取證，況下此者乎？六經至秦而亡，漢興求之，惟得易、詩、書、春秋，皆殘闕，而樂盡亡矣。禮僅有存者，小戴氏乃掇拾其亡篇斷簡以爲禮記，後人因謂易、詩、書、春秋，并禮記爲五經，而並傳之。經既殘闕亡斷，而傳注者又專門名家，人各爲説，故易或主理，或主占，詩主美刺，春秋主褒貶，亦有不主此者。至若三代之正朔，則詩與春秋兩傳各異；日月五星之左右旋轉、周公之東征，則詩、書兩傳各異。又若易之『履霜堅冰』，魏志作『初六履霜』；書之『上帝割申勸』，禮記作『上帝周田觀』；詩之『假樂君子，顯顯令德』，中庸以『假』作『嘉』、『顯』作『憲』。凡若此者，豈可獨信一經之文，偏狥一家之説而已哉？蒙少從先大父授讀五經，未之講也。今居閒處静，時取五經講之，或疑有不能決，或見有異先儒者，皆無所取證。乃考漢、魏以上諸書，凡言及五經者，各以類抄之，庶可以廣見博聞，參考互訂，以求至當歸一之論也。惜乎世無上古之典，家無四庫之藏，無以足吾證耳。」

李氏東陽**講讀録**

四卷。

存。

程氏敏政**經筵講義**

四卷。又一卷。

存。

羅氏倫**五經疏義**

未見。

青宫直講

四卷。

存。

李氏晟**六經舉要**

未見。

黄虞稷曰：「字孔陽，濮州人。成化己丑進士，爲監察御史，以言兵被謫。弘治中，上所著六經舉要，詔起參謀大同軍事。」

馬氏中錫**箋經寓意**

未見。

邵氏寶**簡端録**

十二卷。

存。

黄虞稷曰：「嘉靖四年四月，巡撫應天都御史吴廷舉上終養南京禮部尚書邵寶所著簡端録、學史二書以資啓沃，詔下有司。」

姚氏文灝**經説**

未見。

王氏敕**五經通旨**①

未見。

山東通志：「王敕，字嘉諭，歷城人。成化甲辰進士及第，歷南京國子監祭酒。」

費氏宏**經書講義**

一卷。

存。

徐善曰：「鉛山費文憲公，成化丁未賜進士第一，累官少師，兼太子太師，吏部尚書，華蓋殿學士，贈太保。講義一卷，載摘稾中。」

① 「五經通旨」，四庫薈要本誤作「五經通音」。

陳氏公懋**經說**

佚。

孝宗實録：「弘治元年五月，直隸無錫縣民陳公懋奏上所著書，大要謂：『尚書、周易、大學、中庸注失經迷，臣有一得，頗能析理。』言涉誇誕，通政司言：『公懋奏内不稱軍民籍，自稱庶人，凡五經、四書集傳，皆我太宗命儒臣纂輯者，公懋多穿鑿更改，悖理害道，乞正其罪。』上命焚所著書，押遣還鄉。」

陳氏珂**五經發揮**

未見。

黄虞稷曰：「字希白，錢塘人。弘治庚戌進士，大理寺卿。」

陳氏鳳梧**六經纂文**

四十四卷。

未見。

趙氏鶴**五經考論**

未見。

陸元輔曰：「鶴，字叔鳴，江都人。弘治丙辰進士，官至按察副使。晚著此書。」

王氏守仁**五經臆説**

四十六卷。

未見。

守仁自序曰：「得魚而忘筌，醪盡而糟粕棄之。魚醪之未得，而曰是筌與糟粕也，魚與醪終不可得矣。五經，聖人之學具焉，然自其已聞者而言之，其於道也，亦筌與糟粕耳。竊嘗怪夫世之儒者，求魚於筌，而謂糟粕之爲醪也。夫謂糟粕之爲醪猶近也，糟粕之中而醪存，求魚於筌，則筌與魚遠矣。龍場居南夷萬山中，書卷不可攜，日坐石穴，默記舊所讀書而録之，意有所得，輒爲之訓釋。期有七月，而五經之旨略徧。名之曰臆説，蓋不必盡合於先賢，聊寫其胸臆之見，而因以娱情養性焉耳。則吾之爲是，固又忘魚而釣，寄興於麯糵，而非誠旨於味者矣。嗚呼！觀吾之説而不得其心，以爲是亦筌與糟粕也，從而求魚與醪焉，則失之矣。夫説凡四十六卷，經①各十，而禮之説尚多闕，僅六卷云。」

黄虞稷曰：「先生居龍場萬山中，默記舊所讀書録之，意有所得，輒爲訓釋。」

① 「經」，四庫薈要本作「終」。

黃氏俊**五經通略**

二卷。

未見。

右見聚樂堂目。俊，武進人，弘治己未進士。

徐氏潛**經筵講義**

五卷。

未見。

陸元輔曰：「潛，中弘治乙丑進士，累官吏部左侍郎，兼侍講學士，謚文敏。」

馮氏珵**五經正議**

佚。

陝西通志：「馮珵，字允莊，涇陽人。南工部尚書貫之子，官吴江縣丞。」

陳氏維之**五經辨疑**

一册。

未見。

右見菉竹堂目。

朱氏存理**經子鈎玄**

佚。

錢謙益①曰：「存理，字性甫，長洲人。」②

戴氏冠**經學啓蒙**

佚。

黄虞稷曰：「長洲戴冠章甫撰。」

---

① 「錢謙益」，四庫薈要本作「錢陸燦」。

② 「錢謙益」至「長洲人」十一字，文淵閣四庫本、文津閣四庫本俱脱漏。

經義考卷二百四十八

群經十

吕氏柟涇野經説

十卷。或作二十一卷①。

存。

陸元輔曰：「涇野經説，周易説翼三卷、尚書説要二卷、毛詩説序二卷、春秋説志二卷、禮問一卷，共十卷，陝西正學書院刊行，其門人謝少南序之。」

① 「二十一卷」，文津閣四庫本作「二十二卷」。

王氏崇慶五經心義分見各經。

五卷。

〔校記〕

四庫存目無卷數。（群經，頁六二）

存。

蘇祐曰：「端溪先生自晉東遷，日以著書爲事，所撰有易經議卦、書經説略、詩經衍義、春秋斷義、禮記約蒙，深體往哲之精，頗定後儒之惑。」

丁氏奉①經傳臆言

二十卷。

存。

黄虞稷曰：「奉，常熟人，正德戊辰進士。」

① 「丁氏奉」，備要本作「丁氏奏」。

楊氏慎**經說叢抄**

六卷。

存。

經子難字

二卷。

存。

陸元輔曰：「用修經說喜推陳出新，貶駁宋儒，然小智則有之，聞道則未也。」

戚氏雄**經子要言**

三卷。

未見。

鄭氏佐**五經集義**

未見。

黃虞稷曰：「字時夫，歙人。正德甲戌進士，山東按察使。」

林氏士元讀經録、附録

未見。

薛氏蕙五經雜説

未見。

錢謙益①曰：「蕙，字君采，亳州人。正德甲戌進士，授刑部主事，病免。起，改吏部驗封主事。歷員外，陞考功司郎中。嘉靖改元，大禮議起，撰爲人後解奏，下詔獄。尋得貰，復職。」②

黄氏綰經書原古

未見。

黄宗羲曰：「久庵於五經皆有原古。易以先天諸圖，有圖無書爲伏羲易，彖辭爲文王易，爻辭爲周公易，彖傳、小象傳、繫辭傳、文言、説卦、序卦、雜卦爲孔子易。以大象傳爲大象辭，爲孔子明先天易，

---

① 「錢謙益」，四庫薈要本作「錢陸燦」，文津閣四庫本作「黄虞稷」。

② 「錢謙益」至「復職」六十三字，文淵閣四庫本脱漏。

其卦次序，亦以先天横圖之先後。又以孔子繫辭言神農、黄帝、堯、舜、周易之□①爲明歷代易。又以孔子始終萬物莫盛於艮，以闔户之坤先闢户之乾乾先後天而推之，以爲夏、商連山、歸藏之次第。詩以南、雅、頌合樂次第於先，退十三國於後；去『國風』之名謂之『列國』；魯之有頌，僭也，亦降之爲『列國』。春秋則痛掃諸儒義例之鑿，一皆以聖經明文爲據。禮經則以身事世爲三重，凡言身者，以身爲類；容貌之類②。凡言事者，以事爲類；冠昏之類③。凡言世者，以世爲類。朝聘之類④。書則正其錯簡而已。此皆師心自用，顛倒聖經。而其尤害理者，易與詩，夫先、後天圖說，固康節一家之學也，朱子置之別傳，亦無不可，今以先天諸圖即是伏羲手筆，與三聖⑤並列而爲經，毋乃以篡竊爲正統乎？大象傳之次第又復從之，是使千年以上之聖人，俯首而從後人也。詩有南、雅、頌及列國之名，而曰『國風』者非古也，此說本於宋之程泰之。泰之取左氏『季札觀樂』爲證，而於左氏所云『風有采蘩、采蘋』則又非之，是豈可信？然季札觀樂，次第先二南，繼之以十三國，而後雅、頌，今以南、雅、頌居先，列國居後，將復何所本乎？此又泰之所不敢也。」

陸元輔曰：「黄綰，字叔賢，黄巖人。正德丁丑進士，仕至禮部尚書。」

① 「□」，文津閣四庫本作「旨」。
② 「容貌之類」，文淵閣四庫本作「謂視聽言動之類」。
③ 「冠昏之類」，文淵閣四庫本作「謂冠婚喪祭之類」。
④ 「朝聘之類」，文淵閣四庫本作「謂朝聘會同之類」。
⑤ 「三聖」，備要本作「二聖」。

廖氏道南**講幄集**

二卷。

存。

穆氏相**五經集序**

二卷。

未見。

姓譜：「相，字伯寅，三原人。正德辛巳進士，監察御史。」

孫氏宜**遁言**

經議：「二卷。」

存。

錢謙益①曰：「宜，字仲可，華容人。舉於鄉，上春官不第，自稱洞庭漁人。」②

---

① 「錢謙益」，四庫薈要本作「錢陸燦」，文津閣四庫本作「黄虞稷」。

② 「錢謙益」至「洞庭漁人」二十五字，文淵閣四庫本脱漏。

李氏舜臣**五經字義**

未見。

虞氏守愚**經書一得録**

未見。

姓譜：「字惟明，義烏人。嘉靖癸未進士，歷官①南京刑部右侍郎。」

陳氏深**十三經解詁**

六十卷。

〔校記〕

四庫存目五十六卷。（群經，頁六二）

未見。

丁元薦序曰：「漢儒之解經，非必盡出於漢儒也，於時去古未遠，專門之士各有所承襲以授諸弟子，諸弟子轉相授受，各成一家之言。宋儒起五季後，乃鋭然舉千聖不盡之言、不盡之意，蕲以一人發

①「官」，文津閣四庫本作「仕」。

其藏而畫一以示天下萬世，凡漢儒所肆力者，宋儒弗屑也。夫經，吾取其布帛菽粟，終身而不厭也。二曜中天，人人指而觀之，欲逃焉而無非是也。解經者亦若是則已矣。昔七十之徒，通六藝而遊聖門，才穎什伯後世也，親聆咳唾，然不可得而聞者何限？而況影響於三千載之下乎？」陳先生曰：「吾取傳合之於經而不得，而弗敢强也。吾又取宋儒合之乎漢而不得，而弗敢强也。久而索之得者半。求之而得，吾兩存焉，求而不得，衷其近古者，因其解而解之，烏知夫一臠之非嘗鼎哉？」陳先生諱深，字子淵，吳興長興人。一再官不得意，老而喜讀書，年八十餘，篝燈至丙夜不輟。語予曰：「老夫所苦心者經也，將易簀以此。」執手見託曰：「幸辱一言，比於挂劍之義。」予心許之。又三年而序成，先生更有周易、周禮、春秋然疑若干卷，惜散佚不盡傳。」

鄭氏世威**經書答問**

十卷。

未見。

薛氏甲**心傳書院經義**

未見。

唐氏順之**稗編經説**

四十一卷。

存。

宗氏周**就正録**

未見。

黄虞稷曰："周，字維翰，興化縣人。嘉靖辛卯舉人，四川馬湖府知府。易五册、書四册、詩三册、春秋六册、禮記六册①、四書四册②。"

薛氏治**五經發揮**

七十卷。

未見。

李鄴嗣曰："公號曲泉，嘉靖辛卯舉於鄉，歷官馬湖府同知。"

---

① "六册"，四庫薈要本誤作"四册"。

② "四書四册"四字，四庫薈要本脱漏。

蔡氏汝楠**説經劄記**

八卷。

存。

胡氏賓**六經圖全集**

六卷。

未見。

黄虞稷曰：「字汝觀①，光州人。嘉靖壬辰進士，兵科給事中。」

馬氏森**經筆**

一卷。

未見。

---

①「字汝觀」，文津閣四庫本作「賓，字汝觀」。

趙氏貞吉**經義進講録**

未見。

孫氏銓**五經述**

未見。

鄭元慶曰：「歸安人，字揆卿。嘉靖戊戌進士，歷官陜西按察副使。」

金氏世龍**六經字原**

三十卷。

未見。

黄虞稷曰：「字孟陽，長洲人。嘉靖辛丑進士，官按察司副使。」

王氏覺**五經明音**

五卷。

未見。

高氏拱**日進經義直解**

十卷。

未見。

陳氏士元**五經異文**

十一卷。

存。

士元自序曰：「暴秦焚書，漢興屢下購書之令，而經文竟多殘逸。所立博士，各家師授轉録不同。况漢初文字，兼行篆、隸，後世易以今文，豈得盡同？又漢儒稱引經語，皆出自記憶，非有鏤本可校，且撰著各成一家言，其文自不能同。予讀十三經注疏及秦、漢、晉、唐書所載經語有與今文異者，輒私識之，輯十一卷，用示塾童，俾得擇取焉。」

殷氏士儋**經筵經史直解**

六卷。

存。

卜氏大有經學要義

五卷。

存。

徐栻序曰："夫作經以載道也，譚經以明道也，是故有作之者，不可無羽翼之者。譚經者，有志於聖人之道之軌範也。檇李益泉卜大夫輯秦、漢以下諸儒之譚經者，昭揭篇章，剔釐淵藪，嘉惠後學，蒸蒸然盛矣。蓋道猶梁也，經猶棟也，作室者有棟梁，室斯具矣。於是爲榱、爲題、爲棁、爲節、爲隱柱、爲深堊，爲屏以蔽，爲牖以通明，駢舉而雜出，皆作室之要也。譚經者無慮千百家，人各一言，言各一見，非發明本旨則攻擊異端，剔奥鈎玄，旁搜博采，弗以要義譚之，奚益？卜大夫能辨兹矣，故於經生之所譚者，得其要義焉。大夫與予丁未同舉，及予撫浙，政暇出是編，俾弁其端。予患今之士徒，譚時藝而不及經義，失其本真，安望其措之用乎？得是編，竊心喜，爰序之以告窮經致用者。"

嘉興府志："卜大有，字□□①，秀水人。嘉靖丁未進士。令無錫，執法不撓，權貴稱彊項。中忌者，調潛山，歷南儀曹郎。以忤時宰，出爲尋甸守致仕。"

〔補正〕

嘉興府志條内"□□"是"謙夫"二字。（卷一〇，頁九）

---

① "□□"，依補正應作"謙夫"。

黃虞稷曰：「正集四卷，補遺一卷。」

楊氏豫孫**經史通譜**

一卷。

未見。

詹氏萊**七經思問**

三卷。

存。

揚于庭序曰：「浙有詹範川先生，自其束髮受書，勃窣理窟，多所心解。其言易，以爲四圖有功於易，而誚歐陽諸人之妄訾。其言詩，以爲太師陳詩而被之樂，所云不淫不傷者，聲也，非詞也，自文人之辭出，而通於樂者寡矣。其言書，以爲穆王優於宣王，故孔子存君牙、冏命、吕刑三篇，而於宣不之及。其言春秋，以爲桓①四年、七年亡秋冬二時，乃其傳習之訛，而非必如胡氏討賊之説。其言周禮，以爲春秋、戰國傅會之書。其言學、庸，以爲『致曲』之『曲』即『獨』也，如『曲宴』、『曲赦』之類。大抵其説旁出於百家，而折衷於姬、孔。其造物創獲於千載之後，而其沈思冥搜於千載之前者也。先生之子兵備君

①「桓」字，文津閣四庫本脱漏。

獻功，又能紹明先生之志，而爲之流傳不朽，斯亦述作之勝事已。」

姓譜：「詹萊，字時殷，常山人。嘉靖丁未進士，歷按察僉事。」

陳氏耀文**經典稽疑**

二卷。

存。

耀文自序曰：「余幼業專經，竊於餘經有志焉，若未逮也。入官多暇，優於典籍之場，凡其不詭於經，有裨於傳者，咸筆識之，久之遂成此編。得魚忘筌，誠知遺誚，然師承各異，見以人殊，亦起予之志也。貽之同好，庶幾其狂斐云。」

方氏弘静**千一疏**

經說：「四卷。」

存。

吴璵曰：「公歙縣人，嘉靖庚戌進士，仕至南京户部右侍郎。」

羅氏汝芳**五經一貫、五經翼注**

俱未見。

王氏世懋經子臆解

一卷。

存。

徐氏用檢五經辨疑

未見。

黄虞稷曰：「字克賢，蘭谿人。嘉靖壬戌進士，太常寺卿。」

李氏材經説萃編

二十九卷。

未見。

王氏圻續文獻通考經籍考

十二卷。

存。

俞氏琇**五經序**

三卷。

未見。

黃虞稷曰：「嘉靖初清源知縣。」

王氏循吉**五經圖説**

未見。

黃虞稷曰：「開州人。嘉靖中獻其書於朝，錫號處士。」

桑氏介**五經問答庸言**

未見。

蘇氏濂**石渠意見補遺**

六卷。

未見。

盛氏祥**五經彙語**

未見。

邵武府志：「盛祥，字鳳卿。嘉靖間，以明經授浙江新城縣儒學訓導，再補泉州府學致仕。」

周氏家相**五經通故**

未見。

廣信永豐縣志：「周家相，字元忠。以貢司南昌訓，歷臨洮通判。」

經義考卷二百四十九

群經十一

于氏慎行經筵講章

未見。

朱氏賡經筵講章

未見。

馮氏時可談經録

一卷。

存。載集中。

張氏位經筵講義

二卷。

未見。

包氏萬有五經同異

二百卷。

未見。

鄧氏元錫五經繹

十五卷。

存。

王氏應電經傳正譌

一卷。

存。

應電自序曰：「予觀説文所引五經字，與今文絶異，蓋許氏當東漢時，猶及見古文，故所載如此。

今之經文，不知幾更翻摹之手，故與許氏不同也。世之習經者惟知有今文，而書字者惟知趨簡便，謬將何極？今姑據説文所載，及淺近譌謬之甚者，稍加訂正，不賢者識其小者，非所重也。」

朱氏睦㮮**五經稽疑**

六卷。

未見。

王世貞序曰：「大梁周宗正灌甫氏，少負異質，以古文辭名中原，顧意殊不屑之。汎瀾百氏且徧，於是盡治六經，取諸傳疏訓故，無慮數十百家，臚列於目，而惟吾之汰。苟其是，則不以世之所忽遺者而廢吾是；苟其非，則不以世之所趨沿者而廢吾非。其所治經文，訛者正之，衍者去之，錯者理之，若禮經而非出於聖人之筆則糺之。今所行六卷，彬彬焉，足稱爾雅矣。」

授經圖

二十卷。

存。

睦㮮自序曰：「予觀崇文總目有授經圖，不著作者名氏，叙易、書、詩、禮、春秋三家之學，求其書，亡矣。及閱章俊卿考索，圖六經皆備，間有訛舛。余因考之，蓋自東漢以下，諸儒授受，尠有的派，云其經義，或私淑，或自治，或受之國學，俱繫之爲某受、爲某傳，可乎？余於是稽之本傳，參之諸説，以嘗請業及家學者各爲之圖，以一二傳而止者亦録之，以備咨考。舊圖俱無傳，圖後或録經論數條，而諸儒行履弗具，使覽者不知其爲何如人也。余既爲圖，復捃摭其要而作傳，無關經學、無裨世教者皆略焉。傳成，以諸儒著述及歷代經解附之，釐爲四卷，藏之家塾，以俟同好，庶斯道之不墜也。」

黄虞稷曰：「本崇文總目中授經圖之意，著五經授受、諸儒同異及古今經解目録成編，錢氏列朝詩集①作五卷。」

經序録

五卷。

存。

周大禮序曰：「予昔遊梁、宋，識②宗室西亭公。公修學好古，嘗得唐李鼎祚周易集傳，槧版行於世。又爲諸經序録，凡爲經之傳注訓詁者，皆載其叙之文，使世之學者不得見其書而讀其序，固以知其所以爲書之意，庶以廣其聞見而不安於孤陋，實嘉惠後學之盛心也。昔孔子修述先王之經以教其門人，傳之世世不絶，遭秦焚書，漢儒存亡繼絶不遺餘力，自此六藝稍稍備具。太常之所總領，凡十四博士，而古文尚書、毛詩、穀梁、左氏春秋雖不立學官，猶推高第爲講郎給事近署，而天子時會群儒都講，

① 「錢氏列朝詩集」，文淵閣四庫本作「錢遵王敏求記」。
② 「識」字，文津閣四庫本脱漏。

親制臨決，所以網羅遺軼，博存衆家，其意遠矣。沿至末流，旋復放失，則鄭、王之易出自費氏，而賈逵、馬、鄭爲古文尚書之學，孔氏之傳最後出，三禮獨存鄭注，春秋公、穀浸微，傳詩者毛詩、鄭箋而已。唐貞觀間，始命諸儒萃章句爲義疏，定爲一是，於是前世儒者僅存之書皆不復存。如李氏易解，後人僅於此見古人傳注之一二，至啖助以己意説春秋，史氏極詆其穿鑿。蓋唐人崇進士之科而經學幾廢，故楊綰、鄭餘慶、鄭覃之徒，欲救其弊而未能也。宋儒始以自得之見，求聖人之心於千載之下，然雖有成書，而多所未盡，賴後人因其端以推演之。而淳祐之詔，其書已大行於世，勝國遂用以取士。本朝因之，而學校科舉之格，不免有唐世義疏之遺，非漢人宏博之規，學士大夫循常守故，陷於孤陋而不自知也。予自屏居山林，得以遍讀諸經，竊以意之所見，常與今之傳注異者。至如理象之殊，而圖書大衍用九、用六之論未能定也。古今文之别，而豫章晚出之書未能釐也。三百篇之全，而桑間、濮上之淫音未能黜也。褒貶實録之亂淆，而氏族名字、日月地名之未能明也。郊丘混而五天帝，昆侖神州之一，而始祖之祭不及群廟也。洪範以後，金縢、召、洛二誥之疎脱，非朱子之遺命也。開慶師門之傳，非鄭氏之奥義也。紹興進講之書，非三傳之專學也，則王柏、金履祥、吴澄、黄澤、趙汸卓越之見，豈可以其異而廢之乎？歐陽子曰：『六經非一世之書，其將與天地無終極而存也。以無終極視千載於其間，頃刻耳，則余之待於後者無窮也。』嗟乎！　士之欲待於無窮者，其不拘牽於一世之説明矣。道遠不能與西亭訂其疑義，而序其略如此云。」

〔補正〕

周大禮序内「周易集傳」，「傳」當作「解」。（卷一〇，頁九）

杜氏質**明儒經翼**

七卷。

未見。

貢安國序略曰：「吾友杜質氏壯年從學，五十有聞，念聖經久湮，而明儒之論有契於古者，采輯成編，皆有本之言，將以羽翼六籍，俟諸百世。輯既成，梅守德純父氏題曰明儒經翼，予又爲叙其編次大意云。」

梅文鼎曰：「質，寧國太平人。」

吴氏繼仕**七經圖**

七卷。

存。

經原宗統

四卷。

存。

查嗣瑮曰：「繼仕，字公信，徽州人。」

瞿氏九思**六經以俟録**

存。闕。

黄虞稷曰：「黄梅人。萬曆癸酉舉人，以進所著書授翰林院待詔。」

姚氏舜牧**五經疑問**分見各經。

六十卷。

存。

唐氏伯元**醉經樓經傳雜解**

一卷。

未見。

胡氏應麟**六經疑義**

二卷。

未見。

馮氏琦**經筵講義**

一卷。

存。

沈氏堯中**學弢經籍説**

三卷。

存。

郭氏正域**十三經補注**

未見。

談遷曰：「正域，字美命，江夏人。萬曆癸未進士，改庶吉士，授編修。歷中允諭德庶子，遷南國子祭酒，陞詹事，掌翰林院，進吏部右侍郎。卒謚文毅。」

姜氏應麟**五經緒言**

未見。

周氏應賓**九經考異**

十二卷，逸語一卷。

存。

應賓自序曰：「九經者，合四書五經而名之也。夫經湮於秦而復出於漢，其間簡編之刓缺，語音之齟齬，固已家異而人不同矣。況夫古文變而篆，篆變而隸，隸變而今文，其爲魯魚亥豕之誤，夫豈少哉！頃予讀禮多暇，間取許叔重説文，時披覽之，見其所引論語、詩、書，多與今文不合，遂取石經殘碑及十三經注疏，摘其同異者，纂而次之。已，又旁採漢書、史記以及唐、宋諸儒論撰，凡有關於經文者悉彙焉，意欲備一家之言而未竟也。晚乃得應城陳君五經異文讀之，則知昔人於此固已先得我心之同已。陳君最稱博洽，無書不搜，然其所遺，尚十有二三。而陳之所有者，余或未之悉也。乃知討古之難，有如漁獵，竭澤以漁，而魚終不可盡；焚林以獵，而禽終不可盡也。況陳君所輯止於五經，而四書不備，猶爲缺典，予遂竟成此書，以示後學，庶使廣聞博見，無專門之陋焉。若曰立異幟以熒世，則予烏敢。」

王治皞曰：「鄞縣人。萬曆癸未進士，累官太子太保，禮部尚書。」

徐氏常吉**遺經四解**

四卷。

未見。

六經類雅

五卷。

未見。

唐公文獻青宮進講經義

〔補正〕

按：此稱公者，唐文恪之長子允恭，竹垞外祖也，詳見補正弟一卷周易集解下。（卷一〇，頁九）

二卷。

佚。

郭正域作傳曰：「予與公自翰林時各以道義相規切，公每向予言曰：『若性直而好盡言，殆不免乎？』後與公共事皇太子講筵，戴星而往，日午而退，冬雪盈尺，秋雨如注，嚴風刮面如削，夏日揮汗如雨，不得休，八年如一日。在事者先後多異同，予與公驩然靡間，每五夜晨起，坐直房，促膝論心，各相勞苦。後公請告，予亦遷南大司成，各三年，而又共講筵。暨予攝部事，與執政忤，言者希旨，交章攻擊予，予得請歸，知交避匿，公率同事送予國門外，使人將之潞河，爲一二詩書扇頭，語甚激烈憤悱。後妖書事起，罪人已得，執政使其私人康御史丕揚，故上章請緩罪人死，且曰：『不數日，而渠兄弟當授首闕下。』意蓋在予兄弟也。上怒，罷康御史爲民。執政亟救御史，而科臣姚文蔚授意錢夢皋，遂上書直以坐予兄弟曁歸德相國。歸德相國在京邸，與予兄在國子，邏卒如堵牆門，晝闔不得開。予日坐舟中，道臣希意，檄所司譏予出入，晝則揚干，夜則鳴鉦，如防倭寇。而京師捕帥亟請拷予從者，使人來予舟中，今日械一人去，明日械一人去，先後逮去男婦老幼共十五人，竹籤釘入手足指，倒懸梁上，毒酒灌鼻孔，竹刀削兩脅，肉片片墮地，竟無所得。兩月①，獄不成，予與妻孥不敢歸，待命舟中。歲且除，忽一人自岸躍入予舟中，舟人皆恐，問之，曰：『予華亭唐公人。』索書不得。少旋氣定，自衣領中出片紙，予識爲公手書，書曰：『上神聖知公冤，湯網解矣，執政爲公論所執，且舍妖書，揚帆而向楚，事其本志也。公姑任所爲，第不死耳。』予讀公隻字，若金雞口中吐出温綸，自天而降。又旬日，公復以其人出數十金畀予，則公與晉江李公、楊公、粵西蕭公各捐俸金助予爲道里費。先是，予第三子生僅十日，而冒雪以行，會京師以三十卒來予舟中，械乳媼之夫李奴②以去，媼日夜哭，乳湩不流，兒幾不保。蓋諸臺省授意一總帥，得一青巾方士持白蓮呪使李奴③誣予，服不可得。公又以人來唁予，予告之故，公從總帥處力爭之，釋李奴④以歸，乳媼夫婦抱頭哭，若更生。兒得不死，公之力也。嗚呼！當是時，彼方張彌天之網，焚燎原之焰，起滔天之浪，誰敢問予名姓？獨龍江沈公以其家人來貺予牢醴，曁同年牛御史導予出疆，今御史熊君自保定以酒百尊畀予爲禦寒具，淮陽李中丞贈予道里費而已。後半年予得歸，亦不知

---

① 「兩月」，四庫薈要本作「兩下」。

②③④ 「李奴」，文津閣四庫本俱作「李僕」。

難之所由解也。人自京師來者，乃言難起時，公率署中一二同志謂於執政曰：『外人謂宗伯且不免，實相公有意殺之。』執政色亦跼蹐無所容，揮茗灑地，告天爲誓。公又婉言曰：『二三子亦知相公無此意，無如臺省之望風而下石，何相公不力訊此獄，是有意乎興此獄，何以解於天下後世。』執政氣奪，不能出一語。會御史大夫温公，與御史牛公應元、湯公兆京、沈公裕、喬公應甲俱執不肯署。又南道御史朱公吾弼上疏，稱予與李宗伯①俱社稷臣，李亦告去，當令二人各出視事。上神聖廉予無罪，中貴之賢者亦婉言勸執政，事遂得寢。嗚呼！微公始終諄諄以直言奪時宰之魄，以大義激發二三正人君子，予無生理矣。莊生有言『大旱金石流，土山焦而不熱，大浸稽天而不溺』，公之謂乎！公生平侃侃大節，如庇李司諫之死，卹華司理之獄，白趙少宰之枉，海内爭頌之。又京察時，執政欲庇署中一二私人，公方在告，執政竟入坐公床上，爲公請，竟不可得。噫！詞人之於政府如家人，然所頤指，靡不披靡，疇有岳岳如公者乎？公生平嚴請託，絕附麗，以清白聞。詩有輞川之致，文如陸敬輿，其爲人似李元禮不可奪，字畫遒媚似趙孟頫。初生時，父夢巨星麗於堂皇，有印如斗。狀元及第，官僅少宗伯，贈禮部尚書，謚文恪。位不酬德，年不逮官，命矣夫！其他懿德美行，載諸公誌狀中，不贅。公名文獻，字元徵，華亭人。有子允恭、允釐。」

李氏鼎**經詁**

四卷。

① 「李宗伯」，備要本誤作「李伯宗」。

存。

黄虞稷曰："字長卿，新建人。萬曆戊子舉人，鄭洛軍前贊畫。"

按：李氏經詁四卷，論語凡一百一十五條，大學二十四條，孟子二十四條，詩經一十六條。

經義考卷二百五十

群經十二

焦氏竑**東宮講義**

六卷。

存。

郝氏敬**九部經解**

一百六十五卷。分見各經。

存。

敬自序曰：「余蚤歲授詩，成進士，三試爲宰，再補諫官，十年之内，兩黜考功。子云：『誦詩三百，授之以政，不達。』予心恧焉。甲辰歲，遂棄官，隱一畝之宫，僻在荒郊，衡門長掩。永日無事，乃取經籍課誦。久之，於訓詁外，微有新知。苦性鹵，隨事備忘。前後涉獵九經，爲九解，分九部，乃銓九叙曰：庖犧作易，文王演序，周公繫爻，孔子贊翼，四聖相授，道本一致。百家之説，紛然煩碎，執義者遺象，狥象者失意。邵雍圖先天，分易爲二，考亭守蓍筴，義主卜筮。小道可觀，致遠恐泥，緯稗亂正，易道旁鶩矣。作周易正解部第一。四代之書，邈兹遜矣。漢之伏生，九十記憶，太常晁錯，踵門肄習，凡得二十有八篇，真四代之弘璧已。晚出古文，託名孔壁，良苦真贋，夐不相襲，而二千年碔砆混其良玉，不可以弗別也。作尚書辨解部第二。詩三百五篇，授自毛公，古序精研，六義明通。考亭氏盡改其舊，斥爲鑿空，遂使雅、頌失所，國多淫風。先進後進，吾誰適從，其毛公乎？作毛詩原解部第三。孟子云：『王者迹熄，而作春秋。』五霸得罪三王，春秋爲五霸而修也。世儒誣仲尼奬五霸、貶天子、退諸侯，吾聞諸夫子直道而行，與民共由，豈其譸張名字，深文隱語，如世所求乎？作春秋直解部第四。禮家之言，雜而多端，迂者或戾乎俗，而亡者未覩其全。蓋記非一世一人之手，而道有所損所益之權，訓詁之士鑿以附會，理學之家割以別傳，辭有純駁，義無中邊，舉一隅則矛盾，觀會通則渾圓。作禮記通解部第五。儀禮十七篇，禮之節文耳，先儒欲引以爲經。夫儀烏可以爲經也？儀者損益可知，而經者百世相因，其辭繁而事瑣，或强世而違情，昔之讀者苦於艱深，支分節解，盤錯可尋也。作儀禮節解部第六。周禮五官，終始五行，司空考工，水藏其精，緯象之言，縱横之心，説者謂是書周公所以致太平，六官錯簡，河間補經，世儒因加考訂，而不知本非闕文也。作周禮完解部第七。天縱上聖，爲斯文主，弟子問道，而作論語。廣大精微，包羅萬有，無行不與，誰不由户，四時行生，日月開牖，大道忘言，默識善誘，小子何述，詳説以補。作論語詳解部第八。戰國塵風，處士横議，周道榛蕪，文、武墜地。鄒、魯相近，澤未五世，孟子願學，曰私淑艾。七篇之言，居仁由義，稱述堯、舜，入孝出弟。守仲尼之道，以待後之學士，反約則同，詳説豈異。作孟子説解部第九。書成，通爲卷一百六十五，爲解一百六十七萬言。起草於乙巳之冬，卒業於甲寅之春，越六年己未，殺青斯竟。」

李維禎曰：「仲輿病漢儒之解經，詳於博物而失之誣，宋儒之解經，詳於説意而失之鑿，乃自爲解。易解曰『正』，尚書解曰『辨』，詩解曰『原』，春秋解曰『直』，禮記解曰『通』，周禮解曰『完』，儀禮解曰『節』，論語解曰『詳』，孟子解曰『説』。質之理而未順，反之心而未安，即諸大儒訓詁，世所誦習尊信，必明晰其得失，要以不失聖人之心，不悖聖經之理而止。起漢、宋諸君子九京而與之揚扢，必爲心服首肯矣，豈若劉綽輩織綜經文，詭其新説，異彼前儒，非險而更爲險，無義而更生義者乎！」

經解緒言　一名山草堂談經。

九卷。

存。

敬自序曰：「聖人雅言，詩、書、執禮而著之經。經者，聖人之文也。夫子謂文王既歿，文不在兹，故贊易，作文言。文言者，聖人所以談經也。士修文而不明經，舍秋實而采春華也。予椎魯無文，蒙受一經，垂老涉獵，旁通發揮，而喜於談説。家無好學子弟，外無師友，環堵一室，抱膝伊吾，時有所會，手口共語。要之，不越六經糟粕耳。士大夫群居議論時政，月旦人品，區區掃軌，杜門二十年，耳目面牆，惟於几案間親聖賢薰炙而相師友。不啓不發，欲言而誰與言，欲不言而終古茫昧，困蒙不告，寧秦、越人之肥瘠與？解經暇日，撮其瑣言，題曰談經。昔秦之談士，引經非時而因以禍經；晉之談士，舍六經，談老、莊，而因以誤國。由斯以談，談何容易？吾夫子終日言，然頗惡人之空談者。故曰予欲無言，默而成之，存乎德行，則予又似多言矣。」

曹氏學佺**五經困學**

九十卷。

存。

學佺自序曰：「或問於予曰：『子之注釋五經也，何故？』曰：『予蓋欲修儒藏焉，以經先之也。擷四庫之精華，與二氏爲鼎峙，予之志願畢矣。』問：『子之釋五經也，與漢、宋諸儒異乎？同乎？』曰：『予固不敢立異於諸儒，而亦不能以盡同也。』曰：『子之名「困學」也，何故？』曰：『昔者夫子發憤忘食，樂以忘憂，而又曰「學而不思則罔，思而不學則殆」，罔與殆皆其所不容不憤也。夫子有樂以通之，予惟知有憤而不知有樂也，夫是之謂學，夫是之謂困。』」

錢謙益①曰：「能始著述頗富，嘗謂二氏有藏，吾儒無藏，欲修儒藏與之鼎立。采擷四庫之書，十有餘年，而未能卒業也。家有石倉園，水木佳勝，賓友歙集，聲伎雜進，享詩酒談讌之樂，近世罕有。家居

---

① 「錢謙益」，四庫薈要本作「錢陸燦」，文津閣四庫本作「黃虞稷」。

二十餘年，殉節而死。」①

按：曹氏五經困學，詩曰「剖疑」，書曰「書傳折衷」，易曰「可説」，又曰「通論」，春秋曰「傳删」，禮記曰「明訓」。②

王氏惟儉**經抄**

六卷。

未見。

錢謙益③曰：「惟儉，字損仲，祥符人。萬曆乙未進士，以知縣陞兵部主事，削籍。光宗即位，起光禄寺丞，三遷爲大理少卿。以僉都御史出撫山東，入爲工部右侍郎。」④

熊氏明遇**五經約**

未見。

俞汝言曰：「明遇，號檀石進賢人，萬曆辛丑進士，累官兵部尚書。」

① 「錢謙益」至「殉節而死」八十二字，文淵閣四庫本脱漏。
② 「按：曹氏」至「明訓」三十五字，文淵閣四庫本脱漏。
③ 「錢謙益」，四庫薈要本作「錢陸燦」，文津閣四庫本作「黄虞稷」。
④ 「錢謙益」至「工部右侍郎」六十字，文淵閣四庫本脱漏。

蔡氏毅中**六經注疏**

四十三卷。

未見。

黃虞稷曰："崇禎三年，具表進呈。"

徐氏鑒**諸經紀數**

十八卷。

存。

李延昰曰："豐城徐鑒觀父撰。萬曆辛丑進士，監察御史，巡視南畿學政。"

楊氏聯芳**群經類纂**

三十四卷。

存。

繆泳曰："楊聯芳，字懋實，南靖人。萬曆辛丑進士，仕至貴州按察副使。其書以類編之，曰君臣，曰敬天，曰勤民，曰節財，曰用舍，曰學校，曰禮制，曰樂和，曰刑罰，曰征伐，曰謀斷，曰父子，曰兄弟，曰夫婦，曰朋友，凡一十五門。萬曆癸丑序。"

樊氏良樞**寱言**

二十一卷。經説分見諸經①。

存。

鄧氏光舒**五經繹**

未見。

高世泰曰：「鄧光舒，字葆之，黄陂人。萬曆丙午舉於鄉，歷官慶南知府，著五經繹。」

考諸家目録不見有是書，疑鄧元錫之誤。

來氏斯行**五經音詁**

未見。

黄虞稷曰：「字道之，蕭山人。萬曆丁未進士，福建右布政使。」

① 「經説分見諸經」六字，文津閣四庫本脱漏。

張氏萱**五經一貫**

十卷。

未見。

喬氏年**麗澤論説**

十卷。

未見。

梁氏宇**五經類語**

四卷。

未見。

趙氏元輔**六經圖**

五卷。

未見。

胡氏一愚五經明音

六卷。

未見。

袁氏士瑜海蠡前編

一卷。

未見。

黄氏喬棟十二經傳習録

未見。

陸元輔曰：「喬棟，恭肅公光昇子，字以藩。事親至孝。以父蔭，歷官雲南知府。恭肅有諸經注解，獨詩經未就，喬棟足成之，撰有十二經傳習録。」

楊氏惟休五經宗義

二十卷。

未見。

陳氏洪謨**五經輯略**

未見。

張氏睿卿**五經釋義**

十卷。

未見。

堵氏維常**三經澤**

□卷①。

未見。

黄虞稷曰：「無錫人②。其子胤錫爲湖廣提學副使，輯其遺書。」

---

① 「□卷」，文津閣四庫本作「三卷」。

② 「無錫人」三字，文津閣四庫本脱漏。

楊氏文昇**五經私録**

二卷。

未見。

趙氏宧光**九經漢義**

未見。

談經彙草

未見。

錢謙益①曰："太倉趙宧光凡夫，棄家廬墓，與其妻陸卿子偕隱寒山，手闢荒穢，疏泉架壑，善自標置，引合勝流，而卿子工於詞章翰墨，流布一時，名聲藉甚，以爲高人逸妻，如靈真伴侣，不可梯接也。凡夫寡學而好著述，不經師匠，卿子學殖優於凡夫。"②

① "錢謙益"，四庫薈要本作"錢陸燦"。

② "錢謙益"至"凡夫"六十字，文淵閣四庫本脱漏，文津閣四庫本作"張雲章曰：『凡夫寡學而好著述，不經師匠』"。

梁氏斗輝**十三經緯**①

九卷。

存。

斗輝自序曰：「孔子删述六經，自五經分，而樂經僅存一篇以附禮記，全書闕焉。五經又分周禮、儀禮、禮記爲七經，復益以孝經、論語爲九經。以春秋分三傳爲三，合孝經、論語爲一，於是有十經。以六經加六緯，於是有十二經。以易、書、詩、三禮、三傳加孝經、論語、孟子、爾雅謂之十三經，群聖心法始大備。顧世皆左袒宋儒，以關、閩、濂、洛居，然洙、泗遺音獨不思起烈焰，而躋之石渠、天禄、蘭臺、虎觀者，伊誰力乎？林駉有言：『學未到康成，未可輕議漢儒。』故予每於論次中，第寓損益之文，而得失自見，不敢過爲譏貶。即間有所短長，亦考證前哲，非懸臆斷。敢云升堂入室，聊資窮經一啓鑰云爾。」

張氏雲鸞**五經總類**

未見。

---

① 「十三經緯」，四庫薈要本、備要本俱作「十二經緯」。

黄氏一正**五經埤傳**

未見。

黄虞稷曰：「江都太學生。」

秦氏重豐**三經偶得録**

未見。

陸元輔曰：「無錫人。」

王氏應山**經術源流**

一卷。

未見。

鄒氏初基**五經通説**

未見。

張氏瑄**五經總類研朱集**

二十二卷。

存。

周鍾曰："大生精經學，是編删繁蕪，標典義，使讀者條理□①循，而指歸不亂。"

① "□"，四庫薈要本、文津閣四庫本俱作"可"。

經義考卷二百五十一

群經十三

陳氏仁錫**六經圖考**

三十六卷。

未見。

王氏啓元**清署經談**

十卷。

未見。

鄭玥曰:「啓元,字心乾,馬平人。天啓壬戌進士,改庶吉士,授檢討。」

馮氏一第**十三經借課**

佚。

高世泰曰：「崇禎十六年八月，張獻忠陷長沙，孝廉馮一第死之。一第，字棖公，天啓丁卯舉於鄉，著有十三經借課。」

孫氏承澤**五經翼**

二十卷。

存。

承澤自序曰：「曩時海内藏書家稱汴中西亭王孫，予官汴時，西亭已殁，與其孫永之善，因得盡窺其遺籍，約十萬餘卷①，尤重經學，中多祕本，世所鮮見。予雖困頓簿書，日借其經學一類，課兒輩抄録之，攜歸京師。壬午河決，王孫之書盡沈洪流中，賴予家猶存其什一。至甲申之變，予家玉鳬堂積書七萬餘卷，一時星散，無復片紙存者。是歲秋、冬，僵卧城東魚藻池上，書賈荷書來售，多予家故本，封識宛然，泫焉②欲涕。又中秘故藏，狼藉於市間，質衣物收之，病廢之餘，猶取諸書有裨經學者，或録其序

① 「十萬餘卷」，文津閣四庫本作「十餘萬卷」。

② 「焉」，文津閣四庫本作「然」。

跋，或録其論説，久之成帙。數年以來，朝焉夕焉，饑當食，寒當衣，孤當友，病當藥石者，惟此是賴。禹航嚴子顯亭省母南還，別予退谷，因託而梓之，以公同志。老病餘生，名根久斷，非敢以此侈該博也。古人遺書，日就銷滅，經學之書，存世者尤鮮，嘗一臠而知全鼎，則經翼諸篇，誠窮理者之所必資也。顯亭之意與予相同，而予更識其聚散之感如此。」

朱彝尊序曰：「古之仕焉而已者，歸教其鄉里，尊之曰先生，親之曰父師，王者養之則曰國老，乞言合語，載諸惇史，授數而論説之，若傳記所稱老彭、老聃，皆殷、周①之國老，而遲任、周任之言，殆即惇史之文也。漢之時，伏勝、張蒼、轅固博士、江翁、胡母生、杜子春之徒，多以耆耋教授弟子。蓋聖人之道，莫備乎經學者，必老成人是師，庶學有統而道有歸。然守一家之説，足以自信，不足以析疑，惟衆説畢陳，紛綸之極，而至一者始見。故反約之功，貴於博學而詳説之也。吏部侍郎宛平孫先生年八十矣，好學不倦，集漢以來諸儒五經序義，分爲二十卷，名曰五經翼，給事中餘杭嚴公鏤版行之。先生凡五致書，命予爲序。予惟經學之不明，非一日矣，自漢迄唐，各以意説，散而無紀，其弊至於背畔，貴有以約之，此宋儒傳注所爲作也。今則士守繩尺，無事博稽，至問以箋疏，茫然自失，則貴有以廣之，先生是書所爲述也。當萬曆②中，周藩宗正灌甫藏書八萬餘卷，至黄河水決，遺籍盡亡。初，先生知祥符縣事時，從其孫永之借鈔諸經義，後又益以秘閣流傳諸書，故多世所未見者。予不學，未能發明五經之藴，因述

① 「周」字，文津閣四庫本脱漏。
② 「萬曆」，文津閣四庫本脱漏作「歷」。

先生之老而好學，無愧於古之致仕者，以爲當世法，俾讀其書，若見惇史，且及其采輯所從來，蓋歷數十年而始成，洵匪易矣。嚴公亦與予善，其勤學下士相等，事三老者必有五更，告於先生者必及君子，然則舍嚴公其誰也？」

顏氏茂猷**五經講宗**

六卷。

存。

陳氏龍正**朱子經説**

十四卷。

存。

龍正自序曰：「朱子語類略定頗無憾，惟説經一類占且大半。私念傳注者，朱子生平精力之所聚也，各附經以見，未嘗入本集，此實傳注之餘，而獨攙入語中爲一類，顧又獨多於衆類，綱紀非稱，譬之車以載物，而物跨於車，室以處人，而人壯於室，曷不别爲一書，使窮經者尤便考證乎？攜入都以示伯玉，而未質也。伯玉讀之踰月，喜甚，謂立義起類，更置先後，裁併條句，渾然燦然，莫可易者。惟説經宜提出別行，更快人意。予聞躍然，事固有不約以孚如斯者，所以懷來遂決。但朱子當年，或因門人執經問難，旁及他事，與經指絶不相涉，則移從各類；或他類中有專爲經文經義發明，亦移入説經。凡以益於省觀，使人無茫然混淆之困而已。聖作明述，皆欲置人清辨之地也，去其混淆，與以清辨，意者因説經之意以通經意者歟。」又序曰：「嗚呼！此予所爲朱子經説原序也，越四年爲甲申，而有三月十九之事。伯玉殉難，最先最烈，與劉宫諭理順並軌焉。念海内同志，不過數人，而學同者尤鮮。以禪染方熾，或明承，或暗墮①，求其純以孔、孟之學，晝夜相切磨者，在京邸時，惟伯玉暨劉公耳。至其臨大節也皆卓絶，嗚呼！正學不足以益人顯遂，而足以固人忠貞，兹非其明驗耶？伯玉已矣，今而後復有好研經術，好讀語録，由程、朱溯孔、孟，孳孳問難，相對無倦者，天南地北，屬之何人？不數月間，遂成隔世，每展卷輒潸然長歎。」

陳氏際泰**五經讀**

五卷。

存。

劉氏同升**五經四書大全注疏合編**

繆泳曰：「公字孝則，吉水人。崇禎丁丑賜進士第一人，除翰林修撰，後死於難。」

未見。

---

① 「墮」，文淵閣四庫本作「隳」。

黄氏欽**五經説**

未見。

建昌新城縣志："黄欽，字子安，自號九疊山人。"

夏氏璋**五經纂注**

存。

朱隗曰："璋，字叔瑜。"

郁氏禾**五經考辨**

一卷。

存。

按：郁氏不知何許人，亦未晰其時代，第知其字曰計登而已。休寧戴生錡獲之揚州士人家，手録以歸，文凡二十二篇，又序一篇，辭甚條暢，不襲前人齒牙，可謂博雅之士。

顧氏炎武**日知録説經**

七卷。

存。

陸氏元輔十三經注疏類抄

四十卷。

存。

陸嘉淑序曰：「名物器數之繁，莫備於經。考覈形狀制度，比類指象，探賾窮變，莫詳於漢、唐諸儒。蓋雖艸木禽魚工人祝史所創述，方名經述所載列，無不竭智畢慮，盡其纖微曲折而後止。嗚呼！名物器數，先王①禮樂之本，而治天下之具之所託也。且使茅苣、螽斯之義不著，則比興微矣；壇墠、堂室之制溷，則宗廟朝廷之禮誤矣；柷敔、管磬、鬴鬲、罍登之數不存，則無以降神靈、通肸蠁矣；揖讓、進反、粉畫、行綴之法不詳，則禮不勝其慢易矣。如是而徒欲以詁訓之空言，滌②盪天下之情志，漸摩斯世之習俗，三代之治之所以不復見於後世也。吾家翼王讀書王太常煙客家，與中舍周臣爲友，相與講求先王禮樂之具與其所以致治之原，慨然謂讀書必自窮經始，窮經必自漢、唐注疏始。然注疏之文，汗漫雜出，紛賾隱奥，若③於考據別識之難也，於是發凡起例，爲之疏通裁斷，部分族居，大而郊廟朝堂之

---

① 「先王」，文津閣四庫本誤作「先生」。
② 「滌」，備要本誤作「條」。
③ 「若」，依文津閣四庫本、備要本應作「苦」。

制，禮器樂數之品章，以及一事一物、禽魚草木之微，無不綜以綱維，歸之條例。於是群經之所有，一披籍而了然，皆可指掌而盡焉。本末兼該，精粗咸貫，世有知而用之者，可執此以往，下此亦可備文人賦家之考索，其用精矣，其致力勤矣。翼王家瞟城，先輩多經學之士，如張公路、張茂仁、邱子成、唐叔達、徐女廉之流，指不勝屈。翼王又親爲黄陶庵先生入室弟子，宜其學有師承，而著書足以垂後也。後之讀此書者，以之備考索鉤稽之用固得矣，然無僅以爲文人賦家之所資焉，則翼王著疏之意，庶其不泯没乎！予故序而論之。」

汪氏琬**經解**

四卷。

序。

沈氏珩**十三經文鈔**

五十卷。

存。

珩自序曰：「大道之在天下，其統歸乎一而已矣。道之全體大用，具見於經，庖犧之儀卦，虞廷之十六字，道統從此始矣。道統即學統也，商君臣言性、言學、言誠，文王、周公、孔子繫易之辭，禮經、雅、頌制作昭明，道統之傳承，無岐軌焉。周道缺微，異萌斯起，孔子修定諸經，與門弟子雅言詩、書、執禮。

商瞿傳易，卜商傳詩，左丘明傳春秋史法，曾參傳大學、孝經，子思傳中庸，以至有若、孟子之徒傳論語，游、夏之徒傳爾雅。其後散處諸侯之國，以友教天下，公羊、穀梁傳春秋經法，數傳之間，經學正而道統乃正。自秦滅學，漢世收遺經於殘脱之餘，於是人各異師，或數人而合一經，或一經而分數家，説滋繁而義滋裂愈降。而由漢歷唐以至宋，千有餘年，經術蕭然謝絶，其間特起之士，知稱説經義以明道德者不過數人，猶擇焉不精，語焉不備，蓋經學散而道統亦散矣。宋室大儒，曠代拔興，淵源相接，傳聖人之心於孔子修定之中，然後學統復正，累承以至於今。然自春秋、戰國以來，爲吾道賊害者，亦復根萌燼然於其間，如『六經注解』、『六經注脚』、『六籍無書』、『即心是經』之邪説，瞀趨者猶樂其新奇而争炫之，蓋未知所底也。幸際聖德昭明，用經術以敦勵天下，使學統歸於一是。竊觀自古聖功王事義備於經，經義之備著於文辭，後世説經之文，亦經義之文辭所爲支流餘裔也。自傳注釋詁而外，以篇章説經，有儒林之文，有理學之文。儒林之文，本乎學問意見，考據探索，足以發揚志識，而經制之業出其中焉。理學之文，本乎窮理致知，明體達用，足以開來繼往，而道統之傳出其中焉。理學之文，所謂其統歸於一是者也；儒林之文，則醇疵得失見焉。抑或其文其人則居然理學也，而其言出入離合見焉①。以一是而論，惟去彼取此足矣。然論學不可以不嚴，而論文則不得不寬。何則？惟嚴而後統始正也，惟寬而後知統之不可以不正也。聖人之於經亦然，易序乾坤而謹復姤也，詩貴正而兼變也，書貴治而存亂

① 「抑或其文其人」至「離合見焉」二十一字，文津閣四庫本脱漏。

也，春秋貴予而示奪也①，聖人豈容有進退損益哉？惟復姤之必謹，而後知乾坤之義爲深遠也；變之害正，而後知變之不可不正也；亂之侵治，而後知亂之不可不治也；奪之僭於予，而後知奪之當懼而歸於予也。此聖人憂天下之情也。今夫説經之文之有鈔也，使醇疵得失、出入合離，其説畢陳於前，而後知治是統者之不可以不謹，操是統者之不可以不嚴，故曰：惟嚴而後統可正也，惟寬而後知統之不可以不正也。經之統正，則學之統正，而道統無勿正矣。由是編而審所別擇焉，凡造化之所以絪緼蕃變，王道之所以崇效卑法，天德之所以精義入神，經制之所以因革損益，酬酢之所以常變經權，人物之所以升降進退，衡別之所以得失異同，類族之所以典常秩序，於以窮天下之事理，而致天下之大用，聖功王事詎有不備乎此，而徒以資經生之佔畢已哉？且國家取士，首重明經，士子所誦習以應制舉，不越乎章句帖括之間，未嘗窺見古人宏深浩博之業，以審其源流。得是編以開明之，則始進之學，既識本原，於以備顧問而贊大議，參大政，將使經術弘備，而治教休明，不無小補，竊有厚望焉。」

秦氏駿生**經生塵**

六卷。

存。

繆泳曰：「駿生，字山子，錢塘諸生。其説經，詩曰詮，書曰案，易曰天，春秋曰與，禮曰勺，嚴侍郎

---

① 「也」字，文津閣四庫本脱漏。

沆序之。」

王氏復禮二經彙刻

十二卷。

存。

毛奇齡曰：「草堂取孝經、大學諸家改本會萃刊之。」

黄氏百家說經千慮愚得

三卷。

存。

饒氏失名五經纂要

未見。

錢啓忠序曰：「六經由漢而唐而宋，諸儒代興，各有注疏，不啻汗牛充棟矣。明興，乃芟其繁冗，歸於畫一，易、詩宗朱子，書宗蔡氏，春秋宗胡氏，禮宗陳氏，户誦家習，奉爲令典，非是則縹緗不録，黌序勿登，誠不欲以多岐亡羊，蓋其慎也。然其間如詩之不叶於傳序也，春秋之盡斥夫公、穀也，書之拘牽於躔度也，禮之聚訟於明堂也，易之僅歸於卜筮也，不無滯義。夫漢儒即未克明經，亦克窮經，其勤有足嘉者。今經學自本注外，併大全一書儲之學官，鮮寓目焉者。東岡①饒氏茹蔬啜水，老而勿②倦，講學於羊城歸仁院，别爲纂要，可謂刻勵於學者也。」

亡名氏九經要覽

未見。

張萱曰：「内閣抄本，莫詳姓氏，采九經語分類成書。」

九經總例

未見。

張萱曰：「九經諸本互異，此書總其互異者詳辨之，曰書本，曰字畫，曰注文，曰音釋，曰句讀，曰脱簡，曰考異，凡七則，依盱郡廖氏元本梓之③，莫詳姓氏。」

---

①「東岡」，文津閣四庫本作「東皐」。
②「勿」，文津閣四庫本作「弗」。
③「之」字，文津閣四庫本脱漏。

權氏近**五經淺見録**

佚。

高麗史：「近，初名晉，字可遠，一字思叔。辛禑時左司議大夫，禑曰：『此人爲諫官，使予不得游，幸何！可近侍，合令防倭耳。』著入學圖説、五經淺見録。」

經義考卷二百五十二

四書一

朱子熹**四書語類**八十卷。

存。

四書集注章句二十六卷。

存。

〔校記〕

宋刊及今本均十九卷。（四書，頁六三）

四書或問

三十六卷。

存。

〔校記〕

四庫本三十九卷。（四書，頁六三）

李方子曰：「語、孟二書，世所誦習，爲之説者亦多，而析理未精，釋言未備。大學、中庸自程子始表章之，然大學次序不倫，闕遺未補，中庸雖爲完篇，而章句渾淪，讀者亦莫知其條理之粲然也。先生蒐輯先儒之説，而斷以己意，彙別區分，文從字順，妙得聖人之本旨，昭示斯道之標的。又使學者先讀大學以立其規模，次及語、孟以盡其藴奥，而後會其歸於中庸。尺度權衡之既當，由是以窮諸經，訂群史，以及百氏之書，則將無理之不可精，無事之不可處矣。」

陳宓曰：「先生所著書數十種，而尤切於世教者，曰大學、中庸章句、或問、語、孟集注。

陳普曰：「文公四書大意精義，發明抉剔，似無餘藴。今細詳之，則其引而不發，留待後人者尚多。」

王禕曰：「論語，先漢時已行，諸儒多爲之註。大學、中庸二篇在小戴記中，註之者，鄭康成也。孟子初列於諸子，及趙岐註後遂顯矣。爰自河南程子，實尊信大學、中庸而表章之，論語、孟子亦各有論説。至朱子始合四書，謂之『四子』，論語、孟子則爲之註，大學、中庸則爲之章句或問。自朱子之説行，而舊説盡廢矣。於是四子者與六經並行，而教學之序莫先焉。」

薛瑄曰：「四書集注章句、或問，皆朱子萃群賢之言議，而折衷以義理之權衡，至廣至大，至精至密，發揮先聖賢之心，殆無餘藴。」

喻氏樗**四書性理窟**

佚。

張氏九成**四書解**

宋志：「六十五卷。」

佚。

陳氏舜中**四書集解**

佚。

黄氏幹**四書紀聞**

未見。

葉氏味道**四書説**

未見。

姓譜：「字知道，温州人。師事朱子，嘉定中進士，授太學博士，兼崇政殿説書。」

劉氏爚**四書集成**

佚。

劉氏炳**四書問目**

佚。

閩書：「炳，字韜仲，建陽人。與兄爚從文公游，舉進士，累官兵部侍郎、朝請大夫。」

潘氏柄**四書講義**

未見。

童氏伯羽**四書訓解**

未見。

閩書：「童伯羽，字蜚卿，甌寧人。師事朱文公。文公嘗造訪之，名其堂曰敬義。伯羽以道自任，化行鄉里，時人以敬義先生稱之。」

江氏默**四書訓詁**

六卷。

未見。

姓譜：「字德功，崇安人。從朱文公游，乾道中進士，歷安溪、光澤尉。」

黄氏士毅**四書講義**

未見。

姓譜：「字子洪，莆田人，號壺山，師事朱文公。」

程氏永奇**四書疑義**

佚。

戴詵曰：「永奇，字次卿，號格齋。休寧程先之子，朱子門人。」

胡氏泳**四書衍說**

佚。

戴銑曰：「泳，字伯量，南康建昌人。朱子弟子。」

王氏遇**四書解義**

佚。

陸元輔曰：「朱子門人。」

王氏時敏**四書說**

十卷。

佚。

江西通志：「王時敏，字德修，上饒人。嘗從東萊呂氏游。」

劉氏伯諶**四書說**

佚。

徽州府志：「劉伯諶，字諶甫，歙人。慈湖楊氏弟子。」

葛氏紹體**四書述**

佚。

赤城志：「葛紹體，字元城，黄巖人。師事葉水心。」

戴氏侗**四書家説**

佚。

田氏疇**四書説約**

佚。

真氏德秀**四書集編**

二十六卷。

存。

真志道學庸集編後序曰：「大學、中庸集編，先公手所定也。公每晨起坐堂上，炷香開卷，必點校一章，從而演説其義，子姪皆立侍焉。既終篇，呼志道而前告之曰：『大學、中庸之書，至於朱子而理盡明，至予所編而説始備。雖從或問、輯略、語録中出，然銓擇刊潤之功亦多，間或附以己見，學者儻能潛心焉，則有餘師矣。然又須先熟乎諸書，然後知予用功深，采取精，此亦自博而約之義也。』志道拜受此書，銘記於懷，於今三紀，不敢失墜。挈之郛居，間以語同志，而郡博士謝君聞之，來請甚勤，且曰：『刊之泮宮，俾家有其書，人傳其學，豈不公溥？』志道有感其言，遂出授之，且著其説於下方，使得此書者必深思而力踐之，斯爲善讀，庶亦不負謝君私淑之意。謝君，莆之名士，於斯道有聞，故於學政知所先務云。如論語、孟子集注，雖已點校，而集編則未成。」

劉才之序曰：「朱子四書，郡庠舊所刊也。自壬子水蕩之後，遂爲闕里一大欠事。近得西山所編中庸、大學，本之朱子集注，附以諸儒問辨，間又斷之以己意，會萃詳，采擇精，誠後學所願見者。已鋟之梓，爲衍其傳。惟論、孟二書闕焉，扣之庭聞，則云已經點校，但未編集，是論、孟固未嘗無成書也。一日論諸堂上，學正劉樸谿承謂讀書記中所載論、孟處，與今所刊中庸、大學凡例同。其他如文集、衍義等書，亦有可采摭者。因勉其彙集成書，凡五閱月而帙就，又五閱月而刊畢，至是西山所編之四書爲大全。不惟有以成西山點校之初志，抑使天下學者得是書而讀之，皆曰自是建學始，庶知沿流而遡源，夫豈小補云乎哉！咸寧九年至日。」

謝侯善後序曰：「朱子四書布發天下，而闕里之舊鋟無存，豈荊人不貴玉，鮫人不貴珠邪？意其得之於家傳面命之餘，視此爲筌蹄，僕贅真璜□①宇聞之，而訝且懼，敬尋舊籍，而求再刊之。乃得真西山先生點校手澤於夏獻之遺，喜其熊魚得兼，可爲今世一部韶樂，亟命工刊之於郡庠，以爲未得魚兔者

① 「□」，文津閣四庫本作「定」、備要本作「籍」。

設，亦俾來者知其象脉之所自出歟！時咸淳壬申正月人日。」

張氏津**四書疑義**

佚。

括蒼彙紀：「張津，字子問，龍泉人。」

諸葛氏泰**四書解**

佚。

台州府志：「諸葛泰，字安之，黄巖人。端平二年進士，知平陽州。」

謝氏升賢**恕齋四書解**

佚。

吴氏觀**四書疑義**

佚。

黄震曰：「臨川人。應抑之天文圖有匏瓜星，其下注云：『論語：「吾豈匏瓜也哉？焉能繫而不食！」正指此星而言。蓋星有匏瓜之名，徒繫於天而不可食，正與「維南有箕，不可簸揚，維北有斗，不可挹酒漿」同義。』建昌吴觀附此於四書疑義。」

沈氏貴瑶**四書要義**

宋志：「七篇。」①

未見。

陳氏應隆**四書輯語**「隆」或作「龍」。

宋志：「四十卷。」

未見。

張萱曰：「集中多采宋儒語録，凡四十卷。内閣本闕三十五、三十六二卷。」

石氏賡**四書疑義**

佚。

黄震曰：「近世有石賡，學於晦庵門人李閎祖，作四書疑義。」

① 「沈氏貴瑶四書要義，宋志七篇」十二字，文津閣四庫本脱漏。

黄氏續**四書遺説**

佚。

閩書：「續，字德遠，莆田人。仕爲學正。」

盧氏孝孫**四書集義**

一百卷。

佚。

四書集略

四十二卷。

未見。

張萱曰：「孝孫取考亭語録、文集爲四書集義，又病其博而未精，於是復爲集略。芟繁撮要，深寓反約之意。」

廣信府志：「盧孝孫，字新之，貴谿人。受業真西山之門，嘉泰間舉進士，爲太學正。淳祐初，上幸太學，獻所編四書集義。學者稱玉谿先生。」

章氏允崇**四書管見**

佚。

蔡氏元鼎**四書講義**

佚。

蔡氏模**四書集疏**

未見。

吴氏真子**四書集成**

存。

崑山徐氏含經堂有之。

趙氏順孫**四書纂疏**

二十六卷。

存。

順孫自序曰：「子朱子四書注釋，其意精密，其語簡嚴，渾然猶經也。順孫舊讀數百過，茫若望洋，因徧取子朱子諸書及諸高弟講解有可發明注意者，悉彙於下，以便觀省，間亦以鄙見一二附焉，因名曰纂疏。顧子朱子之奥，順孫何足以知之？架屋上之屋，强陪於潁達、公彦後，秪不韙耳。遇大方之家，則兹疏也，當在所削。」

洪天錫序曰：「或問尹和靖讀易傳之法，和靖曰：『體用一源，顯微無間。』李延平①聞之曰：『此語固好！然學者須理會六十四卦、三百八十四爻皆有歸著，方可及此。』二先生豈異旨哉？言各有當也。蓋學不可以徒博，亦不可以徑約，徒博則雜，徑約則孤。此約禮必先之以博文，而詳説乃所以反約也。文公朱子之於論、孟，既成集義，又作詳説，既約其精者爲集注②，又疏其所以去取之意爲或問。其後集注删改，日以精密，而或問遂不復修。文公自謂集注乃集義之精細，一字稱輕等重，不可增減，讀論、孟者取是書焉可也。格庵趙公復取文公口授及門人高弟退而私淑，與集注相發者，纂而疏之，間以所聞附於其後，使讀之者如侍考亭師友之側，所問③非一人，所答非一日，一開卷盡得之。博哉書乎！然非約之外，有所謂博也。人莫不飲食也，知味者鮮。文公一生精力多在此書，一章之旨，一字之義，或數年更易而後定，或終夜思索而未安，學者以易心讀之，豈能得聖賢之意哉？如援先儒與諸家之説，有隨

① 「李延平」，文淵閣四庫本作「李延年」。
② 「集注」，文淵閣四庫本作「集疏」。
③ 「問」，文淵閣四庫本作「聞」。

文直解，不①以先後爲高下者；有二説俱通，終以前説爲正者；有二説相須，其義始備，不可分先後者。設非親聞，未易意逆。此纂疏所以有功於後學也。僕晚未聞道，加以衰瞶廢學，公不鄙辱教，且命之曰序以幸子。竊惟論、孟二書，文公凡幾序矣！僕於要義，而得熟讀深思，優游涵泳之説；於訓蒙，而得本末精麤，無敢偏廢之説；又於集義，而得操存涵養，體驗充廣之説。終身受持，猶懼不葴，何敢復措一辭？抑文公曾有言曰：『大學一書，有正經、有注解、有或問。看來看去，不用或問，只注解足矣。久之不用注解，只正經足矣。又久之自②有一部大學在吾胸中，正經亦不用矣。』此文公喫緊教③人處也，僕於集注纂疏亦云。」

牟子才中庸纂疏序曰：「予既爲趙君序大學章句疏矣，趙君又疏中庸章句以胥教誨。嗚呼！士惟無志則已，苟有志焉，則何書之不可讀也？予至是益歎趙君之用功何其專，而工夫至到，文理密察，又何其不苟也！然嘗伏讀中庸章句之書，因有以見孔門傳授之正，本朝諸子解説之詳矣。蓋自皇王以來，繼天立極，丁寧告戒，不出是道。今觀堯之告舜，則曰：『允執其中。』舜之命禹，則曰：『人心道心。』湯之誥民，則曰④：『民有常⑤性。』武之誓師，則曰：『人爲物靈。』以至成王之言生厚，尹吉甫之言

① 「不」，文淵閣四庫本作「而」。
② 「自」，文淵閣四庫本作「只」。
③ 「教」字，文津閣四庫本脱漏。
④ 「允執其中」至「則曰」三十字，文津閣四庫本脱漏。
⑤ 「常」，文淵閣四庫本作「恒」。

秉彝，劉子之言天地中世之相去有久近。而聖賢之言，先後一揆，未嘗少殊也。吾夫子生於春秋之世，雖不得其位，而爲往聖繼絶學，若過於有位者。越是時，朝夕講貫，則又有顔子、曾子見而知之。再傳而復得孔子之孫子思，則又聞而知之。子思子又懼此道之失其傳也，乃推本古先聖人之意，而質以平日所聞父師之言，作爲是書，以詔來世，若有不能自已者焉，此作書之本義也。自是而後，又再①傳而爲孟氏。孟氏殁，此道寥寥。千五百年，至我朝而濂溪周子者出，始得所傳之要，以著於篇。河南二程夫子，又得其遺旨而發揮之。然明道不及爲書，伊川雖爲書，而心不慊意而火之，今所傳者，特其門人所記平居問答之辭。而横渠張子，若謝氏、尹氏，亦皆記其語之及此者耳。若吕氏、楊氏、游氏、侯氏，則又成書，然或過於高，或鄰於淺，或語多差失，或意轉支離，或背其師説，或入於釋氏，具見於石君子重所編。新安朱文公有憂之，乃沈潛反復，考其異，會其同，參考究極以審訂之，著爲章句一篇。既又删石氏編次繁亂之語，名曰輯略，記嘗所辨論去取之意，名曰或問，以附其後，然後中庸之旨始大白於天下，可謂至矣！盡矣！今趙君又纂文公文集、語録及諸高弟言及章句者，而益之以己見，至於或問，則取其評論諸子之説而附注之，是亦文公之意也。學者觀乎此，而有意於深造，則群言萃於一編，易以參訂，既有以見文公取舍折衷之詳，又有以見門人講明論辨之當，俟其首尾該貫，義理充足，而後學爲中庸焉，則得尺吾尺，得寸吾寸，雖遠可近，雖高可升，而所自得者多矣。不寧惟是，厥既知之，又將以其所知者，而見之素履實踐焉，則知與行互相發見，豈不能爲聖爲賢乎！然則纂疏之作，雖出於編輯之

①「再」，備要本誤作「作」。

屬，而發明中庸大義，將以迪民彝，厚世教也，豈訓故云乎哉。」

黄溍作阡表曰：「自考亭朱子合四書而爲之説，其微辭奥旨，散見於門人所記録者，莫克互見。公始采集以爲纂疏。蓋公父少傅衛公雷，師事考亭門人滕先生璘，授以尊所聞集，公以得於家庭者，溯求考亭之源委，纂疏所由作也。」

應俊序曰：「朱子四書，如日星麗天，萬象昭著，然學者儻不精體深驗，而以易心讀之，則毫釐之差，違道已遠。蓋其語脈流行之處，辭氣抑揚之間，皆精義至理之所寓①也。格庵趙公始作纂疏，蒐輯一門師友之言，字字研覈，又爲推説其所未備，而後讀者涣然怡然，皆得其門而入。朱子有功於四書，格庵又有功於朱子矣。俊叨恩守括，乃以邦人之志請入梓，教授倪君澄、王君慶高先後爲校讎，且涖其役。論、孟成，會縉雲令王君既濟已刊中庸、大學，遂併刊②於學官云。」

---

①「寓」，文淵閣四庫本誤作「遇」。

②「刊」，文淵閣四庫本、文津閣四庫本俱作「列」。

經義考卷二百五十三

四書二

魏氏天祐**四書說**

佚。

魏了翁誌曰：「公邛之蒲江人，諱天祐，字德先。始以詞賦登里選，累舉不利，當以恩補官，辭不受。於是年七十矣，益大肆於學，聖賢經傳，歷覽博究，旁及百家之論，二氏之辭，融貫異同，會心適意。舉世之可悦可慕，無以易其樂者。卒年八十有二。平生論著有論孟中庸大學說，藏於家。」

祝氏洙**四書集注附録**

未見。

胡炳文曰：「洙，字安道，建安人。」

姓譜：「洙穆之子。寶祐進士，景定中爲涵江書院山長。」

胡氏升**四書增釋**

未見。

姓譜：「字濬夫，婺源人。淳祐庚戌，以布衣領薦。壬子登進士第①，授國史編校。」

江氏愷**四書講義**

佚。

馮氏去疾**四書定本**

佚。

姓譜：「去疾，理宗時知興國軍。」

胡氏仲雲**四書管闚**

未見。

---

① 「第」字，四庫薈要本脱漏。

陳氏元大**四書講義**

佚。

姓譜：「字孔碩，温州儒學教授，世稱北山先生。」

朱氏公遷**四書通旨**

六卷。

存。

按：通旨一書，以類編之，其目九十有八：曰天、曰天地、曰命、曰性、曰仁、曰義、曰禮、曰知、曰信、曰仁義禮知、曰仁義、曰仁知、曰禮義、曰知仁禮、曰知仁勇、曰德、曰道德、曰中、曰中和、曰中庸、曰敬、曰一、曰誠、曰心、曰身、曰志、曰意、曰思、曰情、曰恥、曰樂、曰好惡、曰剛、曰勇、曰道、曰孝弟、曰忠恕、曰恕、曰忠信、曰聖、曰氣、曰氣質、曰才、曰鬼神、曰禮樂、曰樂、曰禮制、曰權、曰人、曰人品、曰道統、曰堯舜禹湯文武周公、曰孔子、曰孔門弟子、曰子思、曰孟子、曰古今人物、曰大人、曰君子、曰士、曰善人、曰狂狷、曰鄉原、曰君子小人、曰教、曰學、曰行、曰師道、曰諸經、曰義利、曰祭祀、曰喪祭、曰文質、曰文、曰言行、曰言辭①、曰過、曰節操、曰名聞、曰異端、曰人倫、曰父子、曰君臣、曰君

---

①「言辭」，文津閣四庫本作「文辭」。

位、曰君道、曰臣道、曰朋友、曰名分、曰世俗、曰知人、曰用人、曰交際、曰義命、曰富貴貧賤、曰困窮患難、曰辭受取予、曰出處去就、曰治道，讀者微嫌其繁。公遷，字克升，鄱陽人。

王氏柏標注四書

□卷。

存①。

陳氏普四書句解鈐鍵

佚。

四書講義

二卷。

存②。

按：石堂四書講義，附載石堂集。大學十篇、中庸二篇、論語十篇、孟子四篇。

---

① 「存」，文淵閣四庫本誤作「佚」。

② 「存」，文淵閣四庫本誤作「佚」。

黄氏淵**四書講稿**

未見。

鄭氏樸翁**四書指要**

二十卷。

未見。一齋書目有。

黄虞稷曰：「宋太學生，與謝翱友善。入①元不仕。」

龔氏霆松**四書朱陸會同注釋**或作張霆松。

二十九卷。又會要：「一卷。」

未見。

袁桷序曰：「五經專門之説不一，既定於石渠、鴻都，嗣後學者靡知有異同矣。易學以辭象變占爲主，得失可稽也，王輔嗣出，一切理喻，漢學幾於絶息。宋邵子、朱子震始申言之，後八百餘年而始興者也。春秋家劉歆尊左氏，杜預説行，公、穀廢不講。啖、趙出，聖人之旨微見。劉敞氏、葉夢得氏、吕大

① 「入」，文津閣四庫本誤作「人」。

圭氏，其最有功者也，尊王褒貶則幾於贅，是千餘年而始著者也。書别於今文、古文，晉世相傳，馴至後宋時，則有若吴棫氏、趙汝談氏、陳振孫氏，疑焉有考，過千百年而能獨明者也。詩本於大、小序，諸家詩已廢，毛公説尊獨。蘇轍氏始删，鄭樵氏悉去之，朱子祖之，此又幾二千年而置議焉者。三禮守鄭玄氏，正義皆旁證曲附，唐趙匡氏始知其非。宋諸儒駁鄭，幾不能以立，甚者疑周官非聖人書，卓識獨見，雖逾千百世，亘萬古而不泯，是則寧能以一時定論爲是哉？曩朱文公承絶學之傳，其書序疑非西京，於孝經則刊誤焉，詩去其序，易異程氏，中庸疑於龜山楊氏。程、楊、朱子，本以傳授者也，審爲門弟子，世固未有以病文公也。陸文安公生同時，仕同朝，其辨争者，朋友麗澤之益，朱、陸書牘具在。不百餘年，異黨之説興，深文巧闢，而爲陸學者不勝其謗，屹然墨守，是猶以泥丸而障流，杯水而止燎，何益也？淳祐中，番易①湯中氏合朱、陸②之説，至其猶子端明文清公漢益闡同之，足以補兩家之未備。抑又聞之，當寶慶、紹定間，黄公榦在朱子門人，不敢以先人所傳爲别録。黄既死，夸多務廣，有語録焉，有語類焉，望塵承風，相與刻梓，而二家矛盾，大行於南北矣。廣信龔君霆松始發憤爲朱、陸會同，舉要於四書，集陸子及其學者所講授，俾來者有攷。删繁會精，予於龔君復有望焉。夫事定於千百年，則罔有異論，故歷舉興廢之説若是。噫！龔君之書，有俟於後，若予言，亦殆將得以同傳也。」

黄虞稷曰：「貴溪人。宋咸淳鄉舉。元郡縣上所著書於省，省聞之朝，授漢陽教授，不就。」

---

① 「番易」字，文津閣四庫本作「番昜」。

② 「朱、陸」，文津閣四庫本作「諸陸」。

董氏鼎**四書疏義**

佚。

邱氏漸**四書衍義**

佚。

謝鐸曰："邱漸，字子木，黄巖人。講明道學，鄉人尊之曰木居先生。"

周氏焱**四書衍義**

佚。

王義山序曰："晦翁四書，與六經並行於天地間，爲天地立心，爲生民立命，爲前聖繼絶業，爲萬世開太平。此書也，蓋自洙、泗而後。漢、唐以來，論、孟、庸、學，雖老師宿儒，無以過而問焉者。漢多訓詁之儒，唐多辭章之士，病在此也。至宋始有伊、洛諸大儒出，有功於六經不細，而言論、孟者，或不及於庸、學，言庸、學者，或不及於論、孟，未有知四書之爲全書者。惟朱夫子沈涵義理之精微，研覃性命之藴奥，定爲『四書』，所謂集大成者也，豈漢、唐諸儒所可語此？嘗謂宋理學，漢、唐所無；宋諸儒，洙、泗所有。於戲盛哉！青原白鷺，間有學先師之學者，衡齋先師周君焱是也。衡齋取宋高第，人謂指日金馬玉堂矣。衡齋薄蓬萊弗即，老於著書，有通鑑論斷行於世。今又有四書衍義，不特史學精，於理學尤精也。近世真西山作中庸大學衍義，而不及論、孟，非若衡齋所衍爲全書也。或曰四書之作，曾經聖人手，議論安可到？孔子作春秋，游、夏不能措一辭，非不能也，不敢也。先師嘗曰：『某爲是書，極知僭踰，無所逃罪。』先師且不敢，衡齋敢爾？予曰：衡齋非敢也，不過發明門人所問之未及，且先師庸、學二序皆曰以俟後之君子。衡齋先生，所謂後之君子也。」

寶祐登科録：「周焱，字養晦，小名壽孫，小字九齡，本貫吉州吉水縣。」

江西通志：「周焱，吉水人。寶祐四年進士，官南昌知縣。入元不仕。」

吴氏梅**四書發揮**

佚。

括蒼彙紀：「吴梅，字仁伯，麗水人，何北山弟子。咸淳乙丑進士，官浦江、錢塘二縣尉。」

陳氏煥**四書補注**

佚。

曾氏子良**四書解**

佚。

衛氏富益四書考證

佚。

梁氏志道四書通紀

佚。

赤城新志：「梁志道，臨海人。咸淳十年進士，官教諭。」

胡氏一桂四書提綱

佚。

王瓚曰：「永嘉人，字德夫，號人齋。」

何氏逢原四書解説

佚。

趙氏悳四書箋義纂要

十二卷。又紀遺一卷。

存。

劉有慶序曰:「聖道散而爲言,猶元氣散而爲物,未嘗一日不燦然穹壤①間。惟閉蟄於冬,晦冥於夜,則不能有見。秦滅學,學者如窮冬厚夜②,有目無覩。千五百餘年,而大儒繼作,冬復春,夜復旦,然後萬物形色元氣之燦然復著。善觀物者,觀此足矣。友人鐵峰趙君惪雅是予言,一日以所輯四書箋義示予,予愛之曰:是能羽翼傳注,殆所謂無是書,則是理有闕然者乎!雖然,散在萬物,元氣之迹爾,執一物以議元氣,不可也。學者能因迹以求其心,則精觕小大,孰非一貫之妙哉?不然,程子玩物喪志之言,不可不懼。泰定改元,歲甲子。」

李粲序曰:「讀書之法,必先通訓詁,曉文義,而後可以通聖人之意。譬諸泝大江,必涉其流,而後可以達其源也。四書至文公盡矣,無用更加注脚。然其書中凡所援引證據,或有攷於注疏音義,或有取於名物度數,務從簡明,不復該載,讀者猶或病之。南昌鐵峰趙君博學多聞,授徒之暇,蒐輯經傳子史百家之書,作爲箋義,鈎玄提要,本末兼備,要皆羽翼文公之説,非有異於文公也,趙君之用心亦勤矣。是編出,使家素乏書者得之,則免借癡之誚,牙籤富蓄者得之,則免檢勘之勞,其有益於學者亦多矣。雖然,趙君之箋是書,蓋欲學者由是而知文公之説,由是而通聖人之意,而造於聖人之道,非務爲博洽而已。苟用心於枝葉,而不究其本,則先儒買櫝還珠之説,可不戒哉?而亦非趙君箋③書之意也。泰定元年甲子九月。」

① 「壤」,文津閣四庫本誤作「壞」。
② 「厚夜」,四庫薈要本作「深夜」。
③ 「箋」,文淵閣四庫本作「之」。

曾翰序曰：「韓文公謂儀禮難讀，予謂惟四書爲難讀爾。有能虔心涵泳，切己省察，知聖人之所以爲聖，而吾之所以未至於聖人者，精思而求之，至於浹洽貫通，真實履踐，對是書而不愧怍者，而後謂之善讀。則①四書之難讀，豈不信邪？而讀集注者，於其制度器數之本末，經史子集之事實，群公先儒之格言，有一事之不知，一語之未解，若無大相害也。然讀之之際，不免於疑滯之患，則亦善讀者之累也。鐵峰趙先生以其難爲憂，即凡集注之所引，皆箋釋於其下，俾讀集注者開卷瞭然，無復疑滯，而何難讀之有？予讀書於肖堂陳氏館，知先生用力者二十年，然止欲以課兒，則先生之心亦狹矣。有能鐫諸梓以公天下，則豈徒讀者之幸，亦述者之幸也！泰定乙丑仲春月。」

德自序曰：「四書箋義者，箋章句、集注之義也。予嘗置四書於几，有叩之者曰：『子習紫陽之説乎？』曰：『然！』曰：『大學序云：王宫國都以及閭巷莫不有學，王宫之學何所考？盤銘，或問引刀劍户牖等銘見於禮書者，云何？』予則瞿然未知所對。於是温繹前傳，采摭凡要，因其言以求所本，考其異以訂所疑，彙箋成帙，因以課兒，且戒之曰：『朱子所釋，蓋群經子史之義皆有焉，苟以四書急決科利，而他書置所未暇，則凡昧於傳注者，不特失其所未暇，遂并所急失之矣。』然明辨必由②博學，是箋也膚謭，豈能畢通之？後有同志，補輯遺闕，删正繆戾，斯文厚幸乎哉！致和戊辰夏五朏。」

張存中曰：「四書箋義，趙氏所輯，與杜氏旁通、熊氏標題相類，而過於繁冗。」

---

① 「則」，備要本作「而」。
② 「由」，文淵閣四庫本作「有」。

按：鐵峰趙氏箋義，崑山徐氏傳是樓有雕本，前有序四篇，一承務郎江西等處儒學提舉眉山劉有慶、一將仕郎撫州路崇仁縣丞番陽李粲、一承事郎吉安路同知太和州事曾翰、一爲德自序。其書雖遵朱子論説，而以大學爲先，次以論語，又次孟子，又次中庸。

熊氏禾標題四書

佚。

經義考卷二百五十四

四書三

劉氏因**四書集義精要**

三十卷。

未見。一齋書目有。

張萱曰：「元學士劉夢吉會萃朱子或問及門人記録論辨之書，凡三十五卷①。」

〔四庫總目〕

張萱内閣書目作「三十五卷」，一齋書目則作「三十卷」。考蘇天爵作因墓誌，亦稱是書三十卷，則萱所記誤矣。此本僅存二十八卷，至孟子滕文公上篇而止，其後並久缺佚，已非完帙。然朱彝尊經義

① 「三十五卷」，四庫總目、文淵閣四庫本作「三十卷」。

考注云未見，則流傳頗罕，亦元人遺笈之僅存者，不以殘缺病也。（卷三六，頁一）

〔校記〕

四庫著録本「二十八卷」以下佚。（四書，六三）

蘇天爵曰：「初，朱子於四書，凡諸人問答與集注有異同者，不及訂歸於一而卒。或者輯爲四書集義數萬言，先生病其太繁，擇爲精要三十卷。簡嚴粹精，實於集注有所發焉。」

陳氏天祥**四書選注**

二十六卷①。

佚。

四書集注辨疑

十五卷。

存。

張養浩曰：「或謂四書辨疑雖不作亦可。竊謂人非生知，孰能無疑？疑而辨焉，乃講學之事。昔司馬温公疑孟子、歐陽文忠疑繫辭，固不害其爲大賢也。」

① 「二十六卷」，文淵閣四庫本作「三十六卷」。

按：四書辨疑，元人凡有四家：雲峰胡氏、偃師陳氏、黄巖陳成甫氏、孟長文氏。是書專辨集注之非，曾見吴中范檢討必英藏本，乃元時舊刻，不著撰人姓氏。繹注中語，於置郵傳命曰：「今之傳舍曰館驛，亦曰馬站。」又曰：「馬鋪步遞之舍曰急遞鋪。」中原多事之日，曾三十里置一馬鋪，大概十里一鋪爲常。於魯平公將出章，據中原古注本以定南方本傳寫之誤。」又曰「自宋氏播遷江表，南北分隔，纔一百五六十年，經書文字已有不同」云云。成甫、長文並浙人，注辭不類。若雲峰四書通一宗朱子，不應互異。其爲偃師陳氏之書無疑，且其卷數亦合，遂定以爲天祥著。天祥，字吉甫，官至集賢大學士，中書右丞，卒謚文靖。

又按：蘇伯修撰安熙行狀曰：「國初有傳朱子四書集注至北方者，滹南王公雅以辨博自負，爲説非之，趙郡陳氏獨喜其説，增多至若干言。及來爲真定廉訪使，出其書以示人，先生懼焉，爲書以辨之。其後陳公深悔而焚其書。」元史列傳亦云然，則范氏所藏，乃陳氏焚餘本也。

胡氏炳文四書通

二十六卷。或作「三十四卷」。

存。

炳文自序曰：「四書通何爲而作也？懼夫讀者得其辭，未通其意也。六經，天地也；四書，行天之日月也。子朱子平生精力之所萃，而堯、舜、禹、湯、文、武、周、孔、顔、曾、思、孟之心之所寄也。其書推之極天地萬物之奥，而本之皆彝倫日用之懿也，合之盡於至大，而析之極於至細也。言若至近，而涵至永之味；事皆至實，而該至妙之理。學者非曲暢而旁通之，未易謂之知味也。非用力之久，而一旦豁然貫通焉，未易謂之窮理也。予老矣！潛心於此者逾五十年，謂之通矣乎？未也。獨惜於疏其下者，或泛或舛，將使學者何以抉擇於取舍之際也？嗚呼！此予所以不得不會其同而辨其異也。會之庶不失其宗，辨之庶不惑於似也。予不能自謂能通子朱子之意，後之通者，儻恕其僭而正其所未①是，則予之所深冀也。」

鄧文原序曰：「四書之學，初表章於河南二程先生，而大闡明於考亭朱夫子。善讀者，先本諸經，而次及先儒論著，又次考求朱夫子取舍之説，可與言學矣。然習其讀而終莫會其意，猶爲未善也。纂疏、集成，博采諸儒之言，亡慮數十百家，使學者貿亂而無所折衷，予竊病焉！近世爲圖爲書者益衆，大抵於先儒論著及朱夫子取舍之説有所未通，而遽爲異説，以衒於世。予嘗以謂昔之學者常患其不如古人，今之學者常患其不勝古人，求勝古人而卒以不如，予不知其可也。今新安雲峰胡先生之爲四書通也，悉取纂疏、集成之戾於朱夫子者，删而去之；有所發揮者，則附己説於後。如譜昭穆，以正百世不遷之宗，不使小宗得後大宗者，懼其亂也。漢世定論②經傳於白虎閣，因名③曰白虎通，漢末封司馬遷後爲史通，通之義尚矣。若夫習其讀而會其意，此又學者之事，庶無負先生名書之旨云。」

---

① 「未」，文津閣四庫本作「謂」。
② 「論」，文淵閣四庫本脱漏。
③ 「名」字下，文淵閣四庫本有「書」字。

張存中跋曰：「泰定三年冬，存中奉浙江儒學提舉志行楊先生命，以胡先生四書通能删纂疏、集成之所未是，能發通釋、集疏之所未發，大有功於朱子，深有益於後學，委命齎付建寧路建陽縣書坊刊印，以廣其傳。爲此來茲書府，承志安余君命工繡梓，度越三稔始克就。復以坊中諸本四書校勘，如集成標題經注善本改『亦曰學之正』之『曰』爲『由』，增『莫春和煦之時詠歌也』之類，皆好事者妄加增改。今以纂疏、集成、通釋附録爲正，庸、學或問，不敢分析，失朱夫子本意，編附於章句通後。又於集注字之奇者增入釋文，事之隱者附以通證，先儒姓氏，類而紀之，庶初學之士亦便於考索云。」

四書辨疑

未見。

張氏淳**四書拾遺**

未見。

黄虞稷曰：「字子素，南樂人。至元中，徵辟不就。」

郭氏隚**四書述**

佚。

劉氏霖四書纂釋

佚。

蕭氏元益四書演義

佚。

衡州府志：「蕭元益，字楚材，安仁人，鄉舉。」

石氏鵬四書家訓

佚。

王惲序曰：「義齋先生，姓石氏，諱鵬，字雲卿。父璧，自五臺東徙唐封家焉。世傳儒業，中戊戌選，終保定路勸農使。先生早以文行，師範一方。至元丙子，用辭科魁多士，資純篤，恬於世味，惟閉户讀書爲務，無所不窺，四書、小學，尤所致力，集其①所得，遂至成書。沈潛玩味者有年，反復更易，初不去手。易簀際，屬其子承義等曰：『吾平昔精力盡在是書，藏之家塾，詒②訓子孫，吾世其庶幾乎！』承

① 「其」，文津閣四庫本作「有」。
② 「詒」，文淵閣四庫本作「以」。

宗奉遺命，以叙引來請。僕憶提憲燕南時，按行屬縣，與先生有一日之雅，今雖衰耄，忍①靳一言，庸慰存没。夫四書所載性命道德之懿，修齊治平之方，道統所由傳授，學者所以修習，推明天理，維持世教，如水火菽粟，日用而不可闕。伊、洛名公，後宋諸儒，集解、纂疏論之詳矣。近年，上而公卿大夫，下而一鄉一邑之士，例皆講讀，僉謂精詣理極，不可加尚。先生復能沈浸濃郁，含英咀華，發先儒之未及，附己意之所見，自爲一家之説，其學與志，可謂勤而知所務矣。蓋士生斯世，不可虚拘，出則行道濟時，隱則立言垂後，况性命之理，仁義之端，非由外鑠，皆性分之所固有，職業之所當爲，盡其在我者而已，初無先後淺深之别。故子貢曰：『文、武之道，未墜於地，在人，賢者識其大者。』子夏亦云：『君子之道，孰先傳焉？孰後倦焉？』是則先生著述之本意也。若秪以篤信好學，修辭明志，遺訓子孫，啓迪後學，折中聖賢，則義齋之名，亦當傳聞於後，於是乎②書。大德辛丑歲孟夏吉日題。」

佚。

何氏安子**四書説**

程鉅夫後序曰：「四書至朱子注釋精矣，然朱子修改，易簀未已，天假之年，則今本猶未爲定本也。勉齋之説，有朱子所未發者，雙峰之説，又有勉齋所未及者，亦可見義理之無窮矣。後之讀者，於先儒

① 「忍」，文津閣四庫本作「勿」。
② 「乎」字，文津閣四庫本脱漏。

之旨曾未貫徹，而或有妄肆誹議者焉，一也庸，一也妄，其失惟均。鄉貢進士何定夫，能於朱子之説有所發明，不阿隨，又不詭異，可謂善學者矣！惜乎泯泯無聞於世也。其子捧其父書求序引，欲以傳於世，予嘉之，爲書其後，他日當與黄、饒二先生之説並傳。定夫，名安子，自號志軒。」

薛氏延年**四書引證**

未見。

胡炳文曰：「字壽之，平水人。」

張存中曰：「薛氏引四書互證，四書訓詁太繁。」

黄虞稷曰：「臨汾人。安西王文學。」

陳氏紹大**四書辨疑**

佚。

赤城新志：「陳紹大，字成甫，黄巖人。元初，鄉人争習聲律，紹大獨以性理之學自任。爲文必本經義，作四書辨疑。生徒①二百餘人，稱之曰西山夫子。」

① 「生徒」，文津閣四庫本脱漏。

牟氏楷**四書疑義**

佚。

劉氏彭壽**四書提要**

佚。

陳氏櫟**四書發明**

三十八卷。

未見。

四書考異

十卷。

未見。

汪炎昶曰：「先生於朱子四書，貫穿出入，涵濡已久，簡牘斯形。鄉先達曹公涇序其論語口義，以『文公忠臣』稱之。由今以觀，世有纂疏、集成，雖皆爲四書羽翼，然語録無新舊之分，衆説有泛切之混，章句、集注反爲所汨没，讀者蓋深病之。及發明出，而此弊始掃，謂之『忠臣』，不亦宜乎。」

周氏良佐**四書人名考**

佚。

吴澂序曰：「朱子之釋四書，義理精矣，然所引用人名及其事實，初學有所未詳。清江周良佐博考備述，俾人名、事實坦然明白，間又發揮其辭語，通曉其旨趣，於讀者誠有資。予雖老，亦願得此編，常置書案間，豈特可爲初學之益而已哉！」

詹氏道傳**四書纂箋**

二十六卷。

佚。

〔校記〕

四庫著録二十八卷，通志堂本同。（四書，頁六三）

胡一中序曰：「四書之旨，自漢以來，晦蝕於訓詁，迨朱子而大明，朗如日星然①。然其廣大精微，殆有如象緯之有躔次，氣候之有步推，讀者茫乎未易窺測也。夫苟差於句讀，則章之旨杌隉矣；訛於音釋，則字之義怗滯矣。經傳之援據，名物之本末或昧焉，則鹵莽而滅裂矣，理何自而明哉？朱子嘗言

① 「然」字，依四庫薈要本、文淵閣四庫本、文津閣四庫本、備要本及前後文義應删。

不用聖賢許多工夫，則無以見聖賢之意。然則學者可不用朱子之功，而求朱子之意乎？臨川詹君道傳用魯齋先生所定之句讀，會近代諸儒之箋釋而參訂之，名曰四書纂箋，藏於家塾，以授其徒。建陽陳君子善鋟①而行之，乃求爲之序焉。是書也，亦既羽翼朱子，而有功於聖門矣，其於讀者之用力，又豈不易然②也哉。」

張氏存中**四書通證**

六卷。

存。

胡炳文序曰：「北方杜緱山有語孟旁通，平水薛壽之有四書引證，皆失之太繁，且其中各有未完處，觀者病焉。今友人張德庸精加讎校，删冗而從簡，去非而存是，又能完其所未完者，合而名之，曰四書通證，以附余通之後。學者於余之通，知四書用意之深，於通證，知四書用事之審。德庸此書，誠有補云。」

存中自述曰：「四書集注，明理用事，簡明爲尚，至集成而理愈晦矣。雲峰胡先生去其晦而取其明，則理通矣。今趙氏箋義出，而事益繁，存中不揆僭越，去其繁而存其簡，則事亦通矣。」

---

① 「鋟」，文津閣四庫本誤作「鋟」。

② 「然」字，四庫薈要本脱漏。

按：存中，新安人。

王氏充耘**四書經疑貫通**

八卷。

未見。

林氏處恭**四書指掌圖**

佚。

赤城新志："林處恭，臨海人。受業於舒閬風，隱居教授。著四書指掌圖。"

汪氏九成**四書類編**

二十四卷。

未見。

鄧文原序曰："四書類編者，新安汪君又善之所輯也。四書之學，始明於河南二程先生，而大闡於考亭朱夫子。今家有其書，學者博詞誦以①熟，其於進道也有涯矣。然河南諸弟子之論，未能無醇疵，

① "以"，文津閣四庫本作"既"。

學者不遡源而求，則亦莫知乎朱子取舍之意。況後於此，曷從而折衷之？今汪君博采先德之所紀著，區分彙列，純而不雜，簡而不疏，既以自淑，且以勗夫人，又善之用心亦勤矣。又善體易者也，吾爲君舉易以明其略。萃之彖曰：『萃，聚也。』觀其所聚，而天地萬物之情可見矣。夫復可以見天地之心，而不及其情；大壯，見天地而不及萬物。維咸、恆、萃，則天地萬物之情皆可見。而萃又統咸、恆之萬，即歸於一者也。其象澤上於地，若陂水以濡其盈，以沛厥施，與麗澤講習之義，可以類觀。故學之有資於萃聚又如此。吾夫子之言曰『既會通以行其典禮』，惟會故通，不會不通也。後世始爲類書以便學者，喜其□①而研索不精，適以資膚剽淩躐之病。故吾於②汪君，既嘉有講學之益而愛是書，復慮學者因是書而廢講學之益，則非汪君成是書意也。觀吾言者，其亦有所警也夫。」

解氏觀四書大義

佚。

江西通志：「觀，吉水人，預修宋史。」

---

① 「□」，文淵閣四庫本作「便」、文津閣四庫本作「博」。

② 「於」，文津閣四庫本作「與」。

邵氏大椿**四書講義**

佚。

李德恢曰：「大椿，字春叟，壽昌人。宋景定甲子，年十二，領鄉薦。至元中，爲晦庵書院山長。」嚴州府志作「龍游教諭」。

包氏希魯**點四書凡例**

未見。

黃虞稷曰：「字魯伯，進賢人，吴艸廬弟子。」

許氏謙**讀四書叢説**

二十卷。一齋書目有。

未見。

〔四庫總目〕

至朱彝尊經義考，則但據一齋書目編入其名，而註云未見，蓋久在若存若亡間矣。此本凡大學一卷、中庸一卷、孟子二卷。中庸闕其半，論語則已全闕，亦非完書。然約計所存，猶十之五六，即益以所闕之帙，亦不能足原目二十卷之數，殆後來已有所合併歟！（卷三六，頁三～四）

〔校記〕

四庫本但存大學、中庸各一卷，孟子二卷。經苑有刊本。（四書，頁六三）

吴師道序曰：「讀四書叢説者，金華白雲先生許君益之爲其徒講説，而其徒記之之編也。君師仁山金先生履祥，仁山師魯齋王先生柏，從登北山何先生基之門，北山則學於勉齋黄公，而得朱子之傳者也。四書自二程子表章，肇明其旨，至朱子章句、集注之出，折衷群言，集厥大成，説者固蔑以加矣。門人高弟不爲不多，然一再之後，不泯滅而就微，則泮渙而離真，其能的然久而不失傳授之正，則未有如吾鄉諸先生也。蓋自北山取語録精義以爲發揮，與章句、集注相發。魯齋爲標注點抹，提挈開示。仁山於大學有疏義指義，論、孟有考證，中庸有標抹，又推所得於何、王者，與其己意併載之。君上承淵源之懿，雖見仁山甚晚，而契誼最深，天資純明，而又加以堅苦篤實之功，妙理融於言表，成説具於胸中，問難開陳，無少疑滯，抑揚反覆，使人竦聽深思，隨其淺深，而有得焉！故自遠方來從學者至數百人，遂爲一時之盛。今觀叢説之編，其於章句、集注也，奥者白之，約者暢之，要者提之，異者通之，畫圖以形其妙，析段以顯其義。至於訓詁名物之缺，考證補而未備者，又詳著焉。其或異義微牾①，則曰：『自我言之，則爲忠臣；自他人言之，則爲讒賊。』金先生有是言也，此可以見其志之所存矣。嗚呼！欲通四書之旨者，必讀朱子之書；欲讀朱子之書者，必由許君之説。玆非適道之津梁，示學者之標的歟！先是，君未没時，西州人有得其書而欲刊之者，君聞，亟使人止之。且恐記録之差也，則自取以視因得，遂

---

① 「牾」，依補正應作「啎」。

爲善本。諸生謂予嘗辱君之知，俾序其所以然。竊獨惟念昔聞北山首見勉齋，臨川將别，授以但熟讀四書之訓，晚年悉屏諸家所録，直以本書深玩，蓋不忘付屬之意。自是以來，諸先生守爲家法，其推明演繹者，將以反朱子之約而已，故能傳緒不差，閎大光明，式克至於今日也。又念某識君之初，嘗以持敬致知之説質於君，君是之，復舉朱子見延平時，其言好惡同異，喜大恥小，延平語於①吾儒之學理，不患其不一，所難不殊耳。朱子感其言，精察妙契，著書數十萬言，莫不由此。學者於朱子之書，當句讀字求，必若朱子之用功，而後足以得其心，此君之拳拳爲人言者也。然則得君之叢説而讀之者，其於君教人讀書之法，尤不可以不知也，故因併著之。君名謙，其世系履行與凡他經論著，詳具友人張樞子長所爲行述，兹不復贅云。」

〔補正〕

吴師道序内「異義微牾」，「牾」當作「啎」。（卷一〇，頁一〇）

黄溍作墓志曰：「先生叢説，敷繹義理，惟務平實。嘗曰聖賢之心盡在四書，四書之義備於朱子。顧其立言，辭約義廣，讀者或不能悉究其義，以一偏之致自異。初不知未離其範圍，其可以易心求之哉？」

安氏熙四書精要考異

佚。

---

① 「於」，文淵閣四庫本作「以」。

經義考卷二百五十五

四書四

程氏復心**四書章圖**

二十二卷。

存。

程鉅夫序曰：「夾漈鄭氏謂古者書必有圖，然稍見於六經傳註之家，惟車服名數而已。余少學於臨川，見雙峰饒氏大學中庸圖，始識古人立圖之意。去今又五十餘年，乃得吾宗子見四書圖章爲之圖，圖爲之釋，有本有末，有終有始，如天之文，地之理，莫不合於自然，非深得古人之意不能也。世之譚神仙，學金鼎者，猶必假圖說以達其旨，况爲聖人之道者哉？此圖之與書，必不可已者也。子見書既成，上之朝，將畀之秩，慨然曰：『凡吾所以至此者，非以進取爲也，欲俾天下知有吾書也。吾親老矣，吾歸養吾親，復何求哉！』即以爲鄉郡教授致仕。嗚呼！此所以爲古人之學也。余既不能爲子見留，乃序以送之。延祐改元，歲在甲寅。」

王約序曰：「集賢待制周君南翁持諸君所作四書圖引見示，且曰：『圖乃吾鄉士程子見進於有司者。子見年踰耳順，以親老，授新安教授致仕歸養，敢丐①子言。』予因告南翁曰：『道學之稱，肇於河南二程子；四書之目，起於考亭朱文公。在宋有川、洛、朔之黨，互爲詆訾，莫能相尚。要其歸，但視主之者勢力隆替耳，而公是公非，殆有不可掩者。逮我朝魯齋先生許公出，道學、四書復盛，然從之者多，而真知者寡，坐談者易，而行之者難。道也、四書也，皆吾夫子天包地載，範世立極，千萬禩不易之良法也，蓋人人得而知，人人得而有，人人得而用，同育而不相害，並行而不相悖，固不可標榜曰道學，分別曰四書，拘拘然，紆紆然，徒事虛文而已。顧言行相副，表裏一致，而後可真知篤行之效也。噫！發源者初未必然，濬流者激而至，此予覩子見撰述如此之富，去就如此之明，質諸所學而不詭，庶幾服膺吾夫子之訓者歟！』南翁愕曰：『異哉！子之説，請書以爲子見南轅序。』」

趙孟頫序曰：「古今類書多矣，大而天地、日月、山岳、河海，微而昆蟲、草木，以至人事之成敗興廢、言語文字之等，莫不會萃捃拾。人誇多而家競富，其用也，不過爲詞章而已，其於道德仁義，則無有也。新安程子見白首窮理於朱子之學，若饑之於食，渴之於飲，寒暑之於裘葛，晝不舍而夜不輟，貫穿精熟，於是類而爲書，列而爲圖，道德、性命、仁義，各以類從，使學者一覽而盡得之，其有補於理學甚大，豈古今類書所能望也！予既讀之，知其用心之篤，而子見引年而歸，予甚高之，故書其篇首以致意

① 「丐」，文淵閣四庫本作「丏」。

云。延祐改元，春三月十三日。」

元明善序曰：「理學至宋九大儒，言之可謂詳且明矣。苟潛心於四書，發之以近思録，而後進於易、書、詩、春秋，何理不窮？以之修身治人，聖賢事業不外乎是。然理自難明，言之易差，非明師良友講授之真，幾何不有千里之繆哉！新安程君復心四書章圖，取朱子章句、集注，一一爲之圖，觀者瞭然，即曉大義，深有補於初學。雖然，四書之旨深矣，有非圖所能盡者，學者因是以求章句、集注，因章句、集注以得聖賢之心，聖賢之事業爲可企及也歟！延祐改元，清明後二日。」

鄧文原序曰：「書之有圖，猶天之曆象。象本於自然，雖聖智不能加毫末；曆則爲之乘除贏縮，以求合乎天者也。故治曆而不得其理，歲久必差；象則昭晣烜著，凡有目者，皆可覩而定。書自六經而下，衆言淆亂，有戾於聖人之道者矣，而圖不能以强爲，譬諸山川草木、宫室器物，日與人接，繪者一有訛謬，輒爲衆訕笑。夫圖之難如此。四書始表章於濂、洛，而大盛於考亭朱子，發幽闡微，旨義炳焕，使習其讀者，可以遡聖賢於數千載之上，若身列諸門弟子而授受焉也。新安程君子見復爲之圖以惠學者，章分句析，鉅細不遺。吾獨惜君之生也後，不得親取正於朱子也，又幸學者因圖以求朱子之意，而有得於四書者，其效未有止也。雖然，吾猶①有説焉。自四書之學行，家傳而人誦之矣，求諸致知而力行者，率千百不一二，更世之論儒者，常以是相詬病。凡道必有對待，自陰陽剛柔仁義，引而伸之，不可殫盡。學者每有所偏，或舉一而遺其二，從其易而不究其所難，故去道日遠。聽言視行，聖人猶爲宰予

① 「猶」，文淵閣四庫本作「獨」。

而改，矧去聖人若是其遠也哉！夫圖也、書也，致知之事也，而未及乎力行也。傳之書者可圖也，傳之心者不可圖也，必得傳心之妙，而後可與學道。子見年才六十，朝廷旌用爲郡博士，而子見以親老乞致仕，其於進退出處，不亢不汙，庶幾乎力行之士矣，故予爲序其編首而歸之。」

虞集序曰：「右四書章圖纂要者，新安程君復心之所著也。其爲書也，蓋取朱子論語、孟子集注，大學、中庸章句之説，有對待者，若體用知行之類；有相反者，若君子小人、義利之類；有成列者，若學、問、辨、思、行之類，隨義立例，章爲之圖，以究朱子爲書之旨，其意可謂勤且切矣。皇慶二年，有司以君與書薦於朝。明年，以徽州路儒學教授致仕而歸，年才六十耳。間①出其書以示集，使集識之。集曰：昔之爲圖者，蓋未始有書也，姑假夫奇偶之畫，以擬其不測之迹，而著可見之象，引其方圓逆順之體，而極夫消息變化之妙，簡奥微妙，未易知也。後聖後賢有作，然後推以立言，而天地人之藴盡矣。則書固所以明圖者也。今君之圖，則又以明夫書者也。蓋孔門諸子叙述，夫子所言，與曾子、子思、孟子之所述，焕乎大哉，昭如日星。又有周子、二程子、張子，與其門人弟子相與講明之，聖賢之微言大義，豈復有不盡者哉！及朱子爲之集注、章句，然後會衆説而歸於一，其所以極博約之功者，千古所未有也。凡終始本末之説，内外精麤之辨，條分縷析，粲然有序。今其書家藏而人讀之，然而習之而不察者猶衆也。夫舍朱子之言，則何以知四書之旨？然非有以貫通其條理，而分别其節目，則朱子立言之意，又何以得之也哉？然則君之爲圖也，可謂有功於考亭，有補於同志者矣！集不敏，三復三歎，敬識

① 「間」，文津閣四庫本誤作「聞」。

而歸之。雖然，集嘗聞之曰：『書不盡言，圖不盡意。』又曰：『體用一原，顯微無間。』嗚呼！安得因子之圖以得言而忘圖，因言以得意而忘言者，而與之共論此乎？延祐元年三月甲午。」

楊載序曰：「四書者，王道之骨髓，五經之根柢也。自孟子後，無傳於世。伊、洛大儒始發其端，至於文公，遂尋而竟之。文公學者萬餘人，著名者數十人，文公雖貴爲從官，而常自放於山林之中，極幽窮深，人迹所不到之處，優游終歲，研窮詁訓，斷離章句，至辭有曲折，意有難明，輒與其徒互相詰難，往復紬繹。五三聖人以道相傳而託之於文字，雖臯、夔、伊、傅之徒，蓋僅有聞者。而去之千載，將逆求其旨，豈非難哉！文公以希聖之才，曳踵伊、洛，纂輯舊聞，性命道德，發無餘蘊，綱紀大倫，使人道生生，不遂滅息。其書亦既流出於八極之表，雖言語不通，文字不同，譯之以象，人無間中國。然而文公造事弘大，罔①羅萬殊，沈思默慮，晝夜不輟，至於屬纊，猶有所更定，補而輯之，使無缺遺，亦文公之所望於後人者也。程先生生文公之鄉里，授受此書，具有師法，懼學者務以詖詞破碎大道，或掇拾一二，妄肆詆毀，攷凡辭見異同，義涉疑似者，列而爲圖，使學者於文公之言了然於心，欲疑無所。蓋有爲都邑之遊者，念其鄉人之不能至也，作都邑志以遺之。或者又因其志，繪而爲圖。既繪而圖，則覽之者知益易矣。程先生行義甚備，蓋所謂真知而實踐之者，故其爲言，綜覈深固，有所據依，學者觀焉，如伐鄧林而假利於斤斧，則其所獲，不多且逸哉。延祐元年後三月十一日。」

臧夢解序曰：「混沌未鑿，鴻蒙茲萌，固未有圖也。自宓犧氏之王天下也，河出龍馬負圖焉，聖人

---

① 「罔」，依文淵閣四庫本應作「網」。

以此發造化之機，闡鬼神之祕，兩儀生四象，四象生八卦，而生生不窮之理，實肇於此。於是易有圖一百二十有二，書有圖七十有七，詩有圖七十有六，禮有圖一百一十有二，記有圖九十有八，春秋有圖一百二十有六，而六經之圖備矣。其他五行有圖，天文有圖，地理有圖，三禮有圖。紹運有圖，器物制度亦各有圖。圖非不多也，惟四書章句、集注未有爲圖者。林隱程君生文公之鄉，志文公之學，而自得乎孔、曾、思、孟之心，用力四書，闡微析幽①，分章纂圖，垂三十年而書始成。又間出己見，以發明文公未盡之説，名曰四書章圖纂釋。後學之士，苟能因圖以求解，因解以求經，則四書義理瞭然於胸中矣，豈非後學之指南，讀書之捷徑也歟！予嘗聞諸文公之教學者，有曰：『學問須以大學爲先，次論語，次孟子，次中庸。』又曰：『大學、中庸、語、孟四書，道理燦然，人只是不去看。若理會得此四書，何書不可讀？何理不可究？何事不可處也？』旨哉言乎！以文公之言，驗林隱之圖，見者易曉，卓然有補於世教矣。矧今天子嘉惠斯文，勉勵學校，宣明教化，東宮喜聽經書，尊儒重道，樂善好賢，予以是知林隱之圖，可以自見矣。進之於朝，非惟斯文之幸，抑斯世之幸也，故喜書而樂道之。至大三年六月六日。」

袁桷序曰：「象數可以圖言，名意不可以圖言。以圖言之，其亦有所本乎？昔者聖人觀象著圖，因圖爲書，範圍發揮，由書而始通，則夫圖之祕非書不能以盡，是書之明於圖者也。後聖繼述，遵文演圖，器度物象之微，剛柔善惡之應，若天旋之默運於樞紐。其不可以繪畫得之者，猶因名以立義。此圖之輔於書，而不可廢焉者也。二者之用，各有先後，合而言之者，吾不知其説也。自正心誠意之説興，茫

---

①「幽」，文津閣四庫本誤作「有」。

無畔岸，朱子憂之，遂以其可據依者爲之主，而體用知行之説，實切於學者之功用。後百餘年，五經廢棄，遂復勦取其近似，端坐塗飾，而根柢原委，悉不能攷。禮主於敬，理主於善，一言以蔽，講學之法，糜爛而不可救矣。新安程子見取論、孟、中庸、大學之書，切於吾身者，析而爲圖，以輔翼朱子之教，抑亦使夫人知爲學之叙，非字義之可盡，條分目舉，必有能篤行而親識之者，斯足以盡夫斯道之要。其勤且備，可謂能矣。昔真文忠公作讀書記，仁義性命之説各以類從，先正肅公作書上之，曰：『使若書成，學者將得以自肆。』今是書具在，視今之言理者，與古賢無異，論其所學，則又甚於朱子之憂矣！子見之圖，其必有以拯諸。」

薛瑄曰：「程復心四書章圖，破碎義理，愈使學者生疑。」

姓譜：「婺源人。會輔氏、黄氏之學而折衷之。章爲之圖，圖爲之説，名曰四書章圖總要。」

黄虞稷曰：「復心，字子見。取文公四書集注，分章析義，各布爲圖。又取語録諸書，辨證同異，損益詳略，名曰纂釋。至大戊申，江浙儒學提舉司言於行省。皇慶癸丑，行省進於朝，特授徽州路儒學教授。致仕，給半俸，終其身。」

吴氏存**四書語録**

佚。

薛氏大猷**四書講義**

佚。

姓譜：「湯陰人。早中甲科，棄而不仕，隱居教授，有四書講義。」

戚氏崇僧**四書儀對**

二卷。

佚。

蕭氏鎰**四書待問**

八卷。

存。

鎰自序曰：「四書有疑，朱門師友辨之詳矣，而散出於其所自爲書，觀者難以歷覽，未有合之者。天朝取士，以經疑爲試藝之首，蓋欲吾黨之士彊勉學問，以求聖賢立言之微意，而或者昧焉。若大學『道』字訓言，而以爲道理之道；性善賢愚同得，而謂愚者得其偏；博文約禮重在行，而曰主於知；詳説反約專言知，而曰主於行。亦既得雋鄉闈策名天府矣，則眇迓眇之故也。比客建城，與友人歐陽養正讀書之次，隨時采集，因成是編，皆先儒之遺言緒論及時之不倍師説者。間亦附以一二鄙語及養正所述，則以會蕞自修別之。凡五百四十問，一百一十七則①，以經之篇章爲之次。目曰四書待問，非敢擬諸叩鐘者，以是待有司之問焉，則庶幾其應不匱。比類而求之，則凡經之所疑，皆可旁通而盡得之。是書之集，本爲舉子觀覽之便，由是而得其義，則於窮理盡性之功爲尤大，而於進取又其餘事矣。泰定甲子日南至。」

楊士奇曰：「四書待問八卷，元臨江蕭鎰爲科舉之學設也。元場屋有四書疑問，國初三科猶然，洪武甲子始改爲四書義。」

陸元輔曰：「蕭鎰，字南金，臨江人。」

歐陽氏佚**四書釋疑**

佚。

黃氏清老**四書一貫**

四十卷。

未見。一齋書目有。

---

① 「一百一十七則」，文津閣四庫本作「一百七十七則」。

陳氏剛四書通辨

未見。

黄虞稷曰："字子潛，温州平陽人。從胡長孺學，人稱潛學先生。"

王氏桂四書訓詁

未見。

黄溍曰："桂，字仲芳，東陽人，麗水縣主簿。"

何氏文淵四書文字引證

九卷。

未見。

黄虞稷曰："河南何文淵，泰定間人。"

陳氏尚德四書集解

未見。

黄虞稷曰："寧德人，號懼齋。隱居不仕。"

按：石堂陳氏，字尚德，亦寧德人，不聞其號，懼齋或別是一人。

瞻氏思**四書闕疑**

佚。

祝氏堯**四書明辨**

佚。

涂氏溍生**四書斷疑**

未見。

黄虞稷曰：「字自昭，宜黄人。福州濂溪書院山長。」

蔣氏玄**四書箋惑**

未見。

陸元輔曰：「東陽蔣玄，字子晦，别字若晦。從許謙游，學者私謚貞節先生。」

馬氏瑩**四書答疑**

佚。

陳氏樵**四書本旨**

未見。

吴氏成大**四書圖**

佚。

王瓚曰："字浩然，瑞安人。登至治辛酉第，官永嘉縣丞。"

傅氏定保**四書講稿**

未見。

黄虞稷曰："南安縣人，平江路儒學。"

馮氏崋**四書直解**

未見。

黃清老曰：「崋，字君重，閩縣人。南劍州儒學教授。」

倪氏士毅**四書輯釋**

三十六卷。

存

〔校記〕

四庫存目存二十卷。（四書，頁六三）

汪克寬序曰：「四書者，六經之階梯，東魯聖師以及顏、曾、思、孟傳心之要，舍是無以他求也。孟子没，聖經湮晦。千五百年，迨濂、洛諸儒先，抽關發矇，以啓不傳之祕。而我紫陽子朱子且復集諸儒之大成，擴往聖之遺藴，作爲集注、章句、或問，以惠後學，昭至理於皦日，蓋皜皜乎不可尚已。而其詞意渾然猶經，雖及門之士，且或未能究其精微，得其體要，矧初學之昧昧乎？近世儒者懼誦習之難，於是取子朱子平生①之所以語學者，並其弟子訓釋之辭，疏於朱子注文之左。真氏有集義，祝氏有附録，趙氏、蔡氏有集疏、纂疏，相繼成編。而吴氏集成最晚出，蓋欲博采而統一之，但辨論之際未爲明備，去取之間頗欠精審，覽者病焉。比年以來，家自爲學，人自爲書，架屋下之屋，疊牀上之牀，争奇衒異，竊

① 「平生」，文淵閣四庫本作「生平」。

自附於作者之列，鋟於木①而傳諸人，不知其幾，益可歎矣！同郡定宇陳先生、雲峰胡先生，覩集成之書行於東南，輾轉承誤，莫知所擇，乃各摭其精純，刊剔繁複缺略者，足以己意。陳先生著四書發明，胡先生著四書通考，皆足以摩刮向者之敝。而陳先生晚年且欲合二書而一之，而未遂也。友人倪君仲宏實從遊於陳先生，有得於講劘授受者，蓋稔且詳。乃會萃二家之說，字求其訓，句探其旨，鳩僝精要，考訂訛舛，名曰四書集釋，學者由是而求子朱子之意，則思過半矣。至正辛巳，建陽劉叔簡得其本而刻之。後二年，倪君猶慮其有未底於盡善者，爰即舊本，重加正是，視前益加精密。間出是書，請予序其所以然者。余竊以爲書固不可不解，解固不可不詳，然理貴玩索，始有自得之功，讀是書者，苟不能沈潛反覆，求其義而反諸身，而徒資口耳之用，則非子朱子所望於後學也。倪君曰然，乃序而書之，以志卷顛云。」

楊士奇曰：「四書輯釋，倪士毅編。朱子集注四書之後，儒先君子推廣發明之者，無慮數十家，而今讀集注者，獨資集成及此書爲多，他不能悉得也。集成博而雜，不若此書多醇少疵。」

薛瑄曰：「四書集注、章句之外，倪氏集釋最爲精簡。」

黄虞稷曰：「士毅，字仲弘，休寧人。授徒於黟，學者稱道川先生。會萃胡雲峰、陳壽翁之說，字求其訓，句探其旨，鳩僝精要，考訂訛舛。」

① 「木」，文津閣四庫本誤作「本」。

萬授一曰：「朱子集注既行，當時儒者懼後學誦習之難，因各詮①釋，於是勉齋有通釋。而采語録附録於大學章句之下，始自西山真氏，名曰集義。祝氏宗道四書附録倣而成之。格庵趙氏有纂疏，克齋吴氏有集成，定宇陳氏有發明，雲峰胡氏有四書通，仁山金氏有指義。由宋迄元，不下數十家。而義理明備，采擇精當，莫如道川倪氏之輯釋。道川，元末人，爲陳定宇高弟，隱居新安，與趙東山、汪環谷爲友。明永樂間詔諸臣纂大全，實本其書。厥後大全行，而學者罕知有輯釋矣。」

史氏伯璿四書管窺

五卷。

未見。

〔四庫總目〕

此本乃毛晉汲古閣舊鈔，大學、中庸、孟子尚全，惟論語闕先進篇以下，蓋傳寫有所佚脱。然量其篇頁，釐而析之，已成八卷，經義考乃作五卷，或誤以五册爲五卷歟！（卷三六，頁一一）

〔校記〕

四庫著録八卷。（四書，頁六三）

陳高序曰：「聖賢之言，夫豈徒言而已哉？道所存也。故凡求道者，不可不得於其言，不得其言，

---

① 「詮」，文津閣四庫本作「銓」。

而欲以明道，譬之適國而不由其途，未有能至焉者矣。然聖賢之於言也，或近而指遠，或約而義微，大而無乎不周，細而無乎不貫，載諸方册，宏深簡奥，而其理實具於吾心，學者不可以易而觀之，亦不可以僻而求之也。夫以易而觀，則鹵莽而疏略；以僻而求，則穿鑿而牽附。若是，則日誦其言而不達其意，其於求道也，不亦遠乎！孔、曾、思、孟之書，載道之書也，自朱子爲集注、章句，釋其義理，要其指歸，而其説大明於下①，其辭詳以密，其趣悠以長，天下學士所共尊信。至於受業私淑之徒，又爲之發其緒餘，演繹增廣，紛然間見而層出。背而違者，亦或有焉，文日繁而辨日起，岐愈多而道愈幽，使讀之者不舍源而尋流，則棄同而即異，君子蓋病之也。吾鄉鄉先生史君文璣苦求於學，篤信堅守朱子之説，反覆研究，殆三十年，遂取諸家纂輯之編而去取焉。乖戾者，折而闢之；隱昧者，引而伸之。旁通曲暢，著於簡牘，名曰管窺，抑可謂有功於朱子也已。嗚呼！立意以爲高，好奇以爲尚，爲學之大弊也。管窺之作，蓋爲是與！孟子曰：『博學而詳説之，將以反説約也。』學者由是以明朱子之説，然後自詳而反約，以究聖賢之言，則其爲道也庶幾矣②。」

楊士奇曰：「四書管窺四册，永嘉史伯璿文璣著。蓋出饒氏輯講，吴氏集成，胡氏、陳氏發明，金氏攷證，許氏叢説，倪氏輯釋之後，其論諸家之失，皆平正確的。刻板在永嘉郡學。永嘉葉琮知黄州府，又刊置府學。」

---

① 「下」，文淵閣四庫本作「世」。

② 「則其爲道也庶幾矣」八字，備要本脱漏。

黄虞稷曰：「伯瑨，温州平陽人。元時隱居不仕，辨諸家説之與朱子相悖者。」

韓氏信同**四書標注**

佚。

馬氏豫**四書輯義**

六卷。

未見。

張萱曰：「馬豫四書輯義，内閣所藏，凡十四册。」

汪氏炎昶**四書集疏**

佚。

徽州府志：「汪炎昶，字懋遠，婺源人。取朱子四書，旁采博擇①，而發揮其微旨。每有所得則疏之，積成卷帙，名曰四書集疏。」

---

① 「博擇」二字，文津閣四庫本脱漏。

趙氏遷**四書問答**

一卷。

未見。

孟氏夢恂**四書辨疑**

未見。

浙江通志：「孟夢恂，字長文，黄巖人，署台州學録。至正中，設策禦寇，以功授宜興州判官。卒謚康靖。」

謝鐸曰：「四書辨疑，孟夢恂著。」

袁氏俊翁**四書疑節**

十二卷。

未見。

〔四庫總目〕

朱彝尊經義考載之，註「未見」。猶從元板傳鈔。（卷三十六，頁七）

曾氏貫**四書類辨**

佚。

闕。

邊氏昌**四書節義**

佚。

盧熊曰：「昌，字伯盛，吴人，隱居教授。張氏據吴，以禮招致，勿就。」

黃氏寬**四書附纂**

佚。

楊氏維楨**四書一貫録**

未見。

亡名氏四書集注

未見。

楊士奇曰：「右四書集注，其句讀旁抹之法，兼取勉齋黄氏、北山何氏、魯齋王氏、導江張氏諸本之長。宣城張師曾爲之參校，加以音攷，蓋善本也。刊板在常州府學，又刊板在鄞。」

四書附録

十一册。

佚。

張萱曰：「莫詳編次、姓氏。」

經義考卷二百五十六

四書五

朱氏升**四書旁注**

十九卷。

存。

蔣氏允汶**四書纂類**

未見。

黄虞稷曰：「字彬夫，永嘉人，元進士。洪武初，官本府訓導。」

陶氏宗儀**四書備遺**

佚。

王氏逢**四書通義**

未見。

黄虞稷曰：「逢，字原夫，江西樂平人。師事洪野谷。野谷，朱公遷弟子也。宣德初，逢以薦爲富陽縣儒學訓導，又以明經辟召，皆不就。學者稱松塢先生。」

何氏英**四書釋要**

未見。

黄虞稷曰：「英爲王逢弟子。」

景氏星**四書集説啓蒙**

闕。論語、孟子未見。

星自序曰：「星幼承父命，嗣儒業，而苦無常師。年十六，始得出就伯父黄先生學。先生曰：『汝欲爲學，必先熟讀四書以爲之本，而後他經可讀矣。』星於是晝誦夜思，不敢少惰。居四年，得初通大義，後欲明經習舉子業，先生又引星進郡庠，俾受春秋經於勾乘楊先生，一時師友切偲問辨，資益爲多。復得諸引翼書爲之啓發，然後益知四書奥義，不可不窮矣。故星不揆庸愚，僭於佔畢之暇，彙集諸説，熟玩詳味，分經别注，妄加去取，十年之内，掇拾成編，目之曰四書集説啓蒙，將私塾以訓子孫。既而一二同志懼其久而墜佚，使壽諸梓以便初學。顧星僭妄之罪已不可逭，尚賴諸明理君子重加訂正而可否之，則星之志也。至正壬寅。」

姓譜：「景星，字德輝，餘姚人。洪武中，官杭州儒學訓導。其學長於春秋，今惟四書啓蒙行於世。」

鄭氏濟**四書講解**

未見。

黄虞稷曰：「濟，閩縣人。洪武中，儋州學正。」

趙氏新**四書説約**

佚。

黄虞稷曰：「新，字彦明，樂清人。洪武中，歷官布政使，改翰林院修撰致仕。」

葉氏儀四書直說

未見。

張氏宣四書點本

未見。

王氏廉四書詳說

□卷。

存。

劉昌曰：「四書詳說，蘇州知府況公鍾刻於府庠。袁鉉作序，以爲王廉熙陽作。言熙陽丞澠池時，稿留曹端家，刻既成，其書四出。端爲霍州學正，移文於蘇，言四書詳說乃其所著，孟子中有其訂定『白馬之白』一段。又言熙陽已坐刑，不當有著書之名。熙陽爲山西左布政使，以公事死，無害其爲著書也。端辨四書詳說爲其所著可也，言熙陽坐刑，不當有著書之名，非也。」

陸元輔曰：「文王演易於羑里，史遷作史於腐刑，郝經傳春秋於拘繫所。洪武中葉，子奇亦於獄中撰草木子。著書與坐刑，初不相妨也。月川遺書，行世頗有，當還熙陽之名。」

冉氏庸**四書精華**

佚。

張氏洪**四書解義**

二十卷。

未見。

黃氏鼎**四書精義**

未見。

劉氏醇**四書解疑**①

四卷。

未見。

---

① 「四書解疑」，四庫薈要本作「四書解義」。

朱氏謐**四書述義**

未見。

胡氏廣等**四書大全**

三十六卷。

存。

明成祖文皇帝御製序曰：「朕惟昔者聖王繼天立極，以道治天下，自伏羲、神農、黄帝、堯、舜、禹、湯、文、武相傳授受，上以是命之，下以是承之，率能致雍熙悠久之盛者，不越乎道以爲治也。下及秦、漢以來，或治或否，或久或近，率不能如古昔之盛者，或忽之而不行，或行之而不純，所以天下卒無善治，人不得以蒙至治之澤，可勝歎哉！夫道之在天下，無古今之殊，人之稟受於天者，亦無古今之異，何後世治亂得失，與古昔相距之遼絶歟？此無他，道之不明不行故也。道之不明不行，夫豈道之病哉？其爲世道之責，孰得而辭焉？夫知世道之責在己，則必能任斯道之重而不敢忽，如此則道豈有不明不行，而世豈有不治也哉？朕纘承皇考太祖高皇帝鴻基，即位以來，孳孳圖治，恒慮任君師治教之重，惟恐弗逮。竊思帝王之治，一本於道，所謂道者，人倫日用之理，初非有待於外也。厥初聖人未①生，道在

①「未」，文津閣四庫本誤作「謂」。

天地。聖人既生，道在聖人。聖人已往，道在六經。六經者，聖人爲治之迹也。六經之道明，則天地聖人之心可見，而至治之功可成；六經之道不明，則人之心術不正，而邪説暴行侵尋蠹害，欲求善治，烏可得乎？朕爲此懼，乃者命儒臣編修五經、四書，集諸家傳注而爲大全，凡有發明經義者取之，悖於經旨者去之。又輯先儒成書，及其論議格言輔翼五經四書，有裨於斯道者，類編爲帙，名曰性理大全。書編成來進，總二百二十九卷。朕間閲之，廣大悉備，如江河之有源委，山川之有條理，於是聖賢之道，粲然而復明，所謂考諸三王而不謬，建諸天地而不悖，質諸鬼神而無疑，百世以俟聖人而不惑。大哉聖人之道乎，豈得而私之，遂命工悉以鋟梓，頒布天下，使天下之人獲覩經書之全，探見聖賢之藴，由是窮理以明道，立誠以達本，修之於身，行之於家，用之於國而達之天下，使國不異政，家不殊俗，大回淳古之風，以紹先王之統，以成熙皥之治，將必有賴於斯焉！遂書以爲序。永樂十三年十月初一日。」

楊榮後序曰：「太宗文皇帝臨御之日，宵旰孜孜，誕興文教，以斯道爲己任。萬幾之暇，嘗與儒臣論議，以爲四書雖有宋儒朱熹爲之集注，以便學者，然而群儒之説，頗有異同，純駁不一。至今幾三百餘年，紛紜雜糅，莫知適從。兹欲會而通之，去其駁而録其純，庶幾聖賢之道，昭然大明。臣榮忝居侍從，恭奉德音，敢不敬承？謹識四方學者，彙以成編，上親商榷，以定去取。書成，特賜名曰四書大全，書即以頒布天下學校，凡從事於聖賢之學者莫不欣焉，若披雲霧而仰青天，若剪荊棘而尋大路，坦然無疑，釋然有悟，誠萬世之寶也。予鄉建陽葉添德氏，家素崇文而好學博雅，間於庠序得覩此書，遂求抄録，鋟諸梓以廣其傳。乃以書來京師，請予言識之。夫奉揚上之盛德美意，以昭示於無窮者，人臣之事也。昔太宗文皇帝惓惓纂輯是書，以嘉惠天下後世，有功於聖門大矣！然而添德以民間之傑者，乃能廣播而盛傳之，此其所以超於衆人者，豈不遠哉！是可嘉也，因拜手以識於後。」

顧炎武曰：「自朱子作大學、中庸章句、或問，論語、孟子集註之後，黄氏幹，字直卿，號勉齋先生。有論語通釋。而采語録附於朱子章句之下，則始於真氏德秀，字希元，號西山先生。名曰集義，止大學一書。祝氏洙，字宗道。乃倣而足之，爲四書附録。後有蔡氏模，字仲覺，號覺軒先生。四書集疏、趙氏順孫，號格庵先生。四書纂疏、吴氏真子，號克齋先生。四書集成。昔之論者，病其泛濫，於是陳氏櫟，字壽翁，號定宇先生。作四書發明，胡氏炳文，字仲虎，號雲峰先生。作四書通，而定宇之門人倪氏士毅，字仲弘，號道川先生。合二書爲一，頗有删正，名曰四書輯釋，有汪克寬序，至正丙戌。自永樂中，命儒臣纂修四書大全，頒之學官，而諸書皆廢。倪氏輯釋今見於劉用章剡所刻四書通義中，永樂中所纂四書大全，特小有增删，其詳其簡，或多不如倪氏。大學、中庸或問則全不異，而間有舛誤。至春秋大全，則全襲元人汪克寬胡傳纂疏，但改其中『愚按』二字爲『汪氏曰』，及添『廬陵李氏』等一二條而已。詩經大全，則全襲元人劉瑾詩傳通釋，而改其中『愚按』二字爲『安成劉氏曰』。其三經，後人皆不見舊書，亦未必不因前人也。當日儒臣奉旨修四書、五經大全，頒餐錢，給筆札，書成之日，賜金遷秩，所費於國家者，不知凡幾。將謂此書既成，可以章一代教學之功，啓百世儒林之緒，而僅取已成之書抄謄一過①，上欺朝廷，下誑士子，唐、宋之時，有是事乎？豈非骨鯁之臣，已空於建文之代，而制義初行，一時人士盡棄宋、元以來所傳之實學，上下相蒙，以饕禄利而莫之問也。嗚呼！經學之廢，實自此始，後之君子欲掃而更之，亦難乎其爲

① 「過」，文津閣四庫本誤作「遇」。

力矣！」

張氏文選**四書訓解**

佚。

王瓚曰：「張文選，字士銓，永嘉人。永樂丙戌進士，改庶吉士。」

郭氏恕**四書一得**

佚。

陸元輔曰：「永樂甲午舉人。」

楊氏範**四書直説**

未見。

寧波府志：「楊範，字九疇，鄞人。永樂中，教授里中，自號思誠叟。侍郎守陳之祖也。」

張氏楷**四書穗秕**

佚。

寧波府志：「張楷，字式之，慈谿人。永樂甲辰進士，南京都察院僉都御史。」

楊氏琦**四書辨疑**

未見。

黄虞稷曰：「琦，建安人。正統中，温州府學訓導。」

周氏灝**四書精解**

四卷。

未見。

黄虞稷曰：「灝，邵武人。景泰中舉人，松江府同知。」

李氏果**四書音考**

未見。

廣平府志：「李果，字尚用，成安人。景泰庚午舉人，濟南知府。」

楊氏守陳**四書私抄**

□卷。

存。

沈氏瑋**四書口義**

未見。

平湖縣志：「沈瑋，字公貴。景泰辛未進士，任御史。」

周氏賓**四書音考**

未見。

黄虞稷曰：「賓，字汝欽，江西安福人，天順甲申進士。」

董氏彝**四書經疑問對**

八卷。

未見。

繆泳曰：「常熟人，成化壬辰進士。」

蔡氏清**四書蒙引**

十五卷。

存。

〔校記〕

四庫本尚有别附一卷。(四書,頁六三)

清自序曰:「國家以經術造士,其法正矣。第士之所以求於經者淺也,蓋不務深於理,而徒務辨於文,文雖工,術不正,而行與業隨之矣,舉子業之關世道也有如此。清之始業是也,自謂頗知所用心者,故有三年不作課,而無三日不看書。間以其所窺見者語諸同儕,要亦未能脱時文氣味也,然已見訝爲迂遠而厭聽之矣,清乃隨時自筆之,以備遺忘。庚子歲,赴會試,收置行囊,既而冗中翻目遺之,至京,檢覓不得,意其失之途中矣。時方温故,遂復有録。更三閲歲,故録復得之家中,參會前後所録,詞意重複者過半,又有前後異見,至一句而二三其説者,皆未暇删次也。禄仕多年,故紙宛然,而比日後生輩知而求之特切,欲終棄置,則一得之見,或有資於童蒙;欲俟删正,則温故之功,又非旬時可辨。姑略會而次之,先翦去其最冗穢無謂者,其諸凡近似有理之言,皆且存之,以俟他日。温故之餘,得加汰削,乃就有道而正焉,名曰蒙引初稾,明非定説也。四書及易經諸卷槩有之,今已謄出大學、中庸二部及乾、坤二卦,張國信輩借抄,因道其故以示之。」

刁包曰:「尚論諸儒,必以四書爲標準,四書無所得,雖經史淹貫,不可以爲學也。自金谿以迄姚江,凡學其學者,莫不厭薄朱註,肆意妄解,其於四子書,穿鑿決裂甚矣。大全而後,惟蔡文莊蒙引專以發明朱注爲主。注①者,四書功臣,蒙引又朱注功臣也。」

① 「注」字,文津閣四庫本脱漏。

陸元輔曰：「蔡介夫上推孔、曾、思、孟本旨，發明朱子集注最爲詳明，說四書者不下百種，未有過於此者也。」

王氏雲鳳**四書私記**

未見。

吴氏璉**四書訂疑**

未見。

朱氏綬**四書補注**

三卷。

未見。

潘氏府**四書傳注正**

未見。

周氏寅**四書音考**

佚。

嘉善縣志：「周寅，字汝欽。學於周鼎，安貧守義。著小學集注、四書音考。」

廖氏紀**四書管闚**

二卷。

未見。

童氏品**四書旁訓**

未見。

劉氏龍**四書講義**

四卷。

未見。

黃虞稷曰：「襄垣人。弘治己未進士第三人，歷官南京吏部尚書，贈太子太保。謚文安。」

湛氏若水**古本四書訓測**

十九卷。

存。

熊氏熙**四書管天**

佚。

馮氏珵**四書發微**

佚。

丁氏徵**四書講義**

佚。

王氏侗**四書批點**

十八卷。

未見。

顔氏曄①四書證疑

未見。

上虞縣志：「曄②，字文華。正德丁卯舉人，澂江知府。」

呂氏柟四書因問③

六卷。

存。

王氏大用四書道一編

未見。

王氏漸逵④四書邇言

未見。

① 「曄」，文津閣四庫本作「煜」。
② 「曄」，文津閣四庫本作「煜」。
③ 「四書因問」，文津閣四庫本作「四書問因」。
④ 「王氏漸逵」，四庫薈要本誤作「王氏漸遠」。

史氏于光**四書解**

未見。

林氏希元**四書存疑**

十二卷。

存。

鄭氏佐**四書語録**

佚。

陳氏琛**四書淺説**

十三卷。

存。

盧元昌曰：「淺説者，紫峰陳先生之所著也。合蔡虛齋之蒙引、林次崖之存疑，折衷而取裁焉，而大旨則以大全爲宗。」

季氏本四書私存

未見。

高氏尚賢四書精意

佚。

繆泳曰：「新鄭人，正德丁丑進士。」

周氏華四書集説

十六卷。

存。

李延昰曰：「莆田周華編，長樂林文沛補。文沛，中正德丁丑進士。」

陶氏廷奎四書正學衍説

八卷。

存。

張士紘曰：「其子幼學刊行之。」

董氏穀碧里疑存

二卷。

存。

鄭玥曰：「碧里疑存二卷，皆説四書。」

經義考卷二百五十七

四書六

徐氏獻忠**四書本義**

未見。

唐氏樞**四書問録**

二卷。

未見。

陳氏祥麟**四書正蒙**

未見。

黄虞稷曰：「字士行，莆田人。嘉靖丙戌進士，歷官山東提學道。」

朱氏潤**四書通釋**

未見。

黄虞稷曰：「潤，字伯羽，益都人。嘉靖丙戌進士，寧波府同知。」

廖氏暹**四書測**

未見。

陸氏鰲**四書標指**

未見。

平湖縣志：「陸鰲，字子任。嘉靖戊子舉人，臨江府通判。」

黄氏光昇**四書紀聞**

未見。

薛氏甲①**四書正義**

十二卷。

未見。

薛氏應旂**四書人物考**

四十卷。

存。

〔校記〕

四庫存目尚有補考八卷，乃應旂玄孫寀編。（四書，頁六三）

應旂自序曰：「四書人物考者，考四書所載之人物也。孟氏曰：『誦其詩，讀其書，不知其人，可乎？』夫是以考之也。余嘗董浙學政，既罷歸，避寇鍾山，故廬盡爲寇燬，惟兹四書，每攜以自隨。杜門無事，遂將平生所録古人行迹，各注於名氏之端者，編爲紀傳，總四十卷。其汎引雜證，雖嘗刪次，而文章事行苟有裨於問學治理者，咸在所録。信而好古，仲尼且然，小子何人，未能網羅舊聞，以資詳擇，尚忍易爲棄置哉！」

① 「薛氏甲」，備要本作「薛氏串」。

陸元輔曰：「書分帝紀三卷、臣傳三十七卷、□傳①二十八卷，後逸民、獨行、異字、技藝、勇力、嬖倖、女婦、讒毀、叛逆，凡九類。」

馬氏森**四書口義**

未見。

梁氏格**四書古義補**

未見。

黄虞稷曰：「字君正，稷山人。嘉靖乙未進士，南京兵科給事中。」

濮陽氏涞**四書貞義**

未見。

王氏復春**四書疑略**

未見。

---

①「□傳」字，文津閣四庫本作「列傳」。

莫氏如忠**四書程朱繹旨**

未見。

繆泳曰：「華亭人。嘉靖戊戌進士。」

王氏材**四書石堂附語**

未見。

江西通志：「王材，新城人。嘉靖辛丑進士，改庶吉士，官①至太常寺卿，掌國子監祭酒事。」

高氏拱**四書辨問録**

十卷。

存。

〔校記〕

四庫本作問辨録。（四書，頁六四）

① 「官」字，文淵閣四庫本脱漏。

李氏遜**四書質疑**

佚。

繆泳曰：「李遜，字子敏，新建人。嘉靖甲辰進士，歷官廣東按察副使，提督學政。」

張氏居正**四書直解**

二十六卷。

存。

陰氏秉陽**四書贅説**

六卷。又自訓歌一卷。

未見。

黄虞稷曰：「衛輝人。嘉靖丁未進士，陝西參政。」

李氏先芳**四書漢注疏引**

未見。

王氏樵四書紹聞編

未見。

羅氏汝芳四書一貫編

七卷。

存。

孫氏應鰲四書近指

七卷。

存。

李延昰曰：「孫氏近語，自爲之序，又有李蓑、楊一魁序二篇。」

徐氏爌四書初問

十五卷。

闕。論語、孟子未見。

繆泳曰：「太倉州人。嘉靖癸丑進士。」

邱氏橓**四書摘訓**

二十卷。

存。

劉應節曰：「月林邱氏取蔡氏蒙引、林氏存疑二書，而折衷以己意，名曰摘訓。」

黄氏襄**四書集説**

未見。

黄虞稷曰：「福建南安人。嘉靖己未進士，山西行太僕寺卿。」

李氏文纘**四書口授**

未見。

薛氏東海**四書解醒**

佚。

楊氏時喬**四書古今文註發**

九卷。

存。

管氏大勳**四書三説**

三十卷。

未見。

黄虞稷曰：「鄞縣人。嘉靖乙丑進士，官至南京光禄寺卿。輯蒙引、存疑、淺説而加以折衷。」

萬氏表**四書參考**

未見。

寧波府志：「萬表，字民望。世爲寧波府指揮僉事，歷官南京中府都督僉事。嘗取先儒之言，集其要語，名曰四書參考。」

蘇氏濂**四書通考補遺**

六卷。

未見。

李氏贇**李氏説書**

九卷。

存。

徐氏渭**四書解**

未見。

章氏一陽**金華四先生四書正學淵源**

十卷。

存。

蕭陽復序曰:「諸儒之説,至晦庵始集其成。勉齋黄氏親受業於朱子之門,金華何文定先生雖後朱子生,而口傳心受,得之勉齋,自是而傳之王文憲、金文安、許文懿,僅二百年間,四先生踵武相承,凡四子之書,悉爲之注疏,闡其微詞奥義,以翊朱注。國朝採集大全,書中遡其淵源所自,謂非朱氏之適傳不可也。今四先生生於一郡,相繼而興,所謂文不在兹乎?然世代既遠,遺書散逸,元江章先生乃裒而輯之,章分句釋以附於朱注,而傳注益以顯,則先生之用心亦勤矣!先生司訓於漳、紹,乃祖楓山之家學，殆聞四先生之風而興起者乎？吾於是益信兹郡之多賢也，敬爲之序。」

金氏瑶**四書疑**

一卷。

存。載栗齋集。

陳氏禹謨**經言枝指**

九十三卷。

存。

〔校記〕

四庫存目作「百卷」。（四書，頁六六四）

支可大曰：「海虞陳錫玄著經言枝指，以發明四籍，曰陳詁纂①、曰談經苑、曰引經釋、曰人物概、曰名物考，凡五種。總統千載之述作，旁羅百氏之異同，而兼傳並載，以俟學者之自擇。」

〔補正〕

支可大條内「陳詁纂」，「陳」當作「漢」。（卷一〇，頁十）

---

① 「陳詁纂」，依補正應作「漢詁纂」。

李延昰曰：「海虞陳錫玄早中鄉科，久而不第，歸撰經言枝指。於時支可大間亭、劉鳳子羽、屠隆緯真、江盈科進之、黄汝亨貞父、王穉登①伯穀、管一德士恆皆序之，已有自序。」

按：諸序文多冗長，故不録。

林氏兆恩**四書正義**

六卷，續六卷。

存。

劉氏元卿**四書宗解**

八卷。

未見。

沈氏懋嘉**四書説槩**

未見。

平湖縣志：「懋嘉，懋孝之弟，號白岩。」

---

①「王」，文津閣四庫本誤作「上」。

趙氏台鼎**四書脈望**

九卷。

未見。

陳第曰：「蜀人。」

樊氏問仁**四書心旨**

佚。

南陽府志：「問仁舉於鄉，官知州。」

李氏經綸**四書浴鑑篇**

未見。

程氏嗣光**四書講義**

十卷。

未見。

楊氏世恩**四書訓録**

四卷。

未見。

朱氏篁**四書啓鑰**

九卷。

未見。

鄭氏維嶽**四書知新日録**

三十七卷。

未見。

張氏綸**四書原**

未見。

陸元輔曰：「汶上人。」

王氏覺**四書明音**①

二卷。

存。

饒氏彝**四書輯訓**

未見。

陸元輔曰：「彝，字任中。撫州人。」

陳氏履祥**四書翼**

五卷。

未見。

管氏一德**四書參同**

十卷。

---

①「四書明音」，文淵閣四庫本作「四書明旨」。

存。

李延昰曰：「一德，字士恒。其書，陳禹謨爲之序。」

朱氏焯**注解四書人物考**

八卷。

未見。

邵武府志：「朱焯，字惟盛，人稱志庵先生。」

經義考卷二百五十八

四書七

姚氏舜牧**四書疑問**

十二卷。

存。

〔校記〕

四庫存目十一卷。（四書，頁六四）

周氏汝登**四書宗旨**

未見。

黄虞稷曰：「嵊縣人，萬曆丁丑進士。」

鄒氏元標四書講義

二卷。

存。

楊氏起元四書評

五卷。

未見。

蘇氏濬四書鏡

未見。

王氏豫四書識大録

未見。

錢氏大復四書證義合編

四卷。

存。

高層雲曰：「漸菴錢公，字肇陽，萬曆己卯舉人。以子大學士龍錫貴，贈官至太子太保。證義一編，晉江黄居中序之。」

于氏孔兼**四書大指**

十二卷。

未見。

繆泳曰：「孔兼，金壇人，字景素，萬曆庚辰進士。以禮部郎疏救趙南星，降安吉州判官，投牒歸。是書謫居安吉時所撰。」

李氏廷機**四書垂世宗意**

十卷。

存。

四書口義

三卷。

存。

徐氏即登**四書正學輯要**

二十九卷。

未見。

牛氏應元**四書質言**

三卷。

未見。

黄虞稷曰：「涇陽人。萬曆癸未進士，歷官右僉都御史，巡撫南贛。」

盧氏一誠**四書講述**

十一卷。

存。

高兆曰：「盧一誠，字求人，福清人。萬曆癸未進士，除行人，歷司正，遷南京户部郎中，終潮州知府。講述一編，係在留都時撰。」

馮氏從吾四書疑思録

六卷。

存。

從吾自序曰：「予自壬辰請①告杜門謝客，足未踰閾者三年，自藥裹外，惟以讀書遣懷，無他營也。間有二三同志及伯兄夜過存，相與講孔、曾、思、孟之學，辨析疑義，嘗至漏分，或撫琴一曲，或歌詩數首始別。蓋忘其身之病，而亦忘其寒暑之屢更也。居恒多暇，乃取所辨析者，口授兒康年劄記之，鍼砭韋弦，聊以自勗。歲月積久，不覺成帙，要之遺忘不及記者尚多，此特存什一於千伯云耳。編成，題曰疑思録，蓋取九思中『疑思問意』耳。萬曆乙未。」

楊嘉猷曰：「先生力排異端，於四子書以身證之。録中大都悟後語，如曰：『一本大學，都是格物，不必另補一傳。』曰：『論語論工夫，不論本體；論見在，不論源頭。中庸則合併言之。』曰：『學而時習之，孔子不曾說出所學何事。孟子曰「學問之道無他，求其放心而已矣」，是其解也。』曰：『志伊尹之志，須從一介志去。學顏子之學，當從四勿學來。』諸如此類，皆發先儒所未發，足破千古之疑者也。夫能破千古之疑，必自一念之能疑始。疑而思，思而信。故曰：思者明之基，疑者信之漸也。」

李因篤曰：「先生字仲好，長安人，萬曆丙戌進士，官至右副都御史。疑思録六卷，載少墟集中。」

---

① 「請」，文津閣四庫本作「講」。

郝氏敬**四書攝提**

十卷。

存。

敬自序曰：「漢官尚書猶北斗也，口代天言如北斗，斟酌元氣，布令四時也。聖人繼天立極，神道設教，垂訓萬世，庸詎非天之尚書北斗歟！按：天官北斗爲帝車，運於中央，均五氣，定諸紀，杓攜龍角，兩旁各三星鼎立，杓所指，四時以建，是爲攝提。元命包曰『提斗攜角以接於下』也。聖言猶斗杓也，奉聖言以昭布天下萬世，咸正罔缺，猶攝提也。論語、孟子二書，爲斯文指南，先儒益以大學、中庸爲四書。明興，立學官以程士，辭林義府，三百年來，家誦户習。迄於今，聖遠教湮，訓詁河漢，學業參商，百家熒惑，佛老欃槍，彗孛飛流如雨，而北斗闌於中天，恒度不改，今猶古也。余束髮受讀，晚從管穴窺一星之光，輒隨筆書記，久塵庋閣，友人章晦叔取以編爲時習新知。余畏聖人之言，别爲一札，命曰四書攝提。蓋惟①聖人爲能總攝群言，提轄百氏，予何人斯，敢以蟲鳴蠢午其間？惟是對揚光訓，俾昌俾熾，以宣布於無窮，所謂②提斗攜角以接於下者，則可謂云爾已矣。」

① 「惟」，文津閣四庫本作「爲」。
② 「謂」，文淵閣四庫本作「爲」。

四書雜言

五卷。

存。

敬自序曰：「宋儒取禮記、大學、中庸，配論語、孟子爲四書。國朝用以程士，家傳户誦矣。今與人言道，未必領，言四書，有徵可信，遂廣其説，非爲離經耳。昔人謂依經辨理，錯經合異，是謂雜言。」

萬氏尚烈**四書測**

一卷。

存。

〔校記〕

四庫存目作六卷。（四書，頁六四）

王氏肯堂**四書義府**

□卷。

存。

史氏記事**四書疑問**

五卷。

未見。

林氏茂槐**四書正體**

五卷。

未見。

黄虞稷曰：「福清人。萬曆乙未進士，歷官按察使。」

孫氏奇逢**四書近指**

二十卷。

存。

樊氏良樞**四書參解**

五卷。

存。載密菴夢言。

良樞自序曰：「參於古之謂參，參於師友之謂參，參於獨見之謂參，兩人相商之謂參，兩書相證之謂參。易曰『參天』、『倚數』，必參之而數可極也。又曰『參伍以變』，必參之而變可通也。荀卿曰：『窺敵制變，欲伍以參。』韓非曰：『參之以比物，伍之以合參。』說『參』莫辨於此矣。然必如中庸之『天地參』而後謂之『參』，吾所謂『參』，與『聖賢參』之謂也，參則解矣。今之讀書，本直也，而曲解之；本易也，而僻解之；本深也，而淺解之。有甚不費解，而終身索解不得者，有强作分解，而究竟不知其解者，所由不自參照之故也。」

四書辨證

二卷。

存。戴密菴夢言。

良樞自跋曰：「六書，文字之繇也。繇象形而有點畫，繇指事而有文義，繇會意而有訓解，繇諧聲而有句讀，繇轉注而有注釋，繇假借而旁通曲暢，不可勝窮矣。迨書法屢變，而點畫失真，遂至文義乖而訓解謬，句讀差而注釋舛。學士口受於蒙師，文人牽滯於文義，茫茫白首，漫漫長夜，良可歎也。五經皆有誤，而書、詩①爲甚；四書各有譌，而論語尤多。今略舉文義之乖、訓解之謬、注釋之舛者，辨數十條，或以古證，或以義求，或以意逆，或以理解，或以思通，不能闕前人之所疑，庶幾敏求聖賢之精意。

①「書、詩」，文淵閣四庫本作「詩、書」。

要以自信於心，求協於經，抑亦信古之一端，學文之首助也。若夫句讀之訛、點畫之差、音切之誤，姑俟詳考，以就正於君子焉。」

毛氏尚忠四書會解

十卷。

存。

周炳謨序曰：「注、疏以還，自朱子章句出，而四書之旨已大明於天下。明興，諸先輩出，或竟其所已言，或闡其所未備，羽經翼傳，於道多發明焉。迄於今，棼錯不可勝紀。蘇子云：『人之性，善惡二者而已。』孟子既已據其善，是以荀子不得不出於惡，而揚子不得不出於善惡混。噫嘻！今人之好異也①，大率類是，此司世教者所爲憂也。予同年友子亮毛子，研精於學，嘗輯會解一書，其中自悟自信之語十三，用前人之語十七，間有兩解而互發者，亦並存之，而不嫌於異同也。子亮令棗强，北方學者争傳誦焉，子亮因梓以行，屬余序之。」

繆泳曰：「毛尚忠，字子亮，嘉善人。萬曆甲辰進士，知棗强縣事。輯四書彙解②，刊於官舍。」

---

① 「今人之好異也」，文淵閣四庫本作「今之人好異也」。

② 「四書彙解」，文淵閣四庫本作「四書會解」。

陳氏臣忠**四書集意**一作約説①。

八卷。

存。

繆泳曰："臣忠，字心謙，莆田人，萬曆甲辰進士。"

莊氏元臣**四書覺參符**

二十卷。

存。

鄭玥曰："歸安莊氏元臣，萬曆甲辰進士，官中書舍人。元臣，吴江人，以歸安籍登第。"

張氏京元**寒燈隨筆**

三卷。

存。

陸元輔曰："鍾山張氏京元，泰興人。萬曆甲辰進士，歷官四川按察副使。寒燈隨筆三卷，皆講説

① "約説"，文淵閣四庫本作"説約"。

四子書。」

施氏鳳來**四書攜囊集**

未見。

平湖縣志：「施鳳來，字羽王。萬曆丁未賜進士第二人，累官少師，兼太子太師、吏部尚書、中極殿大學士。」

陸氏鍵**四書傳翼**

未見。

來氏斯行**四書問答**

一卷。

未見。

繆泳曰：「蕭山人。萬曆丁未進士。」

殷氏大白**四書副墨**

佚。

宋氏鳳翔**四書證學録**

十三卷。

存。

俞汝言曰：「鳳翔，字羽皇，秀水人。萬曆壬子北闈解元。」

鹿氏善繼**四書説約**

□卷。①

未見。

〔校記〕

四庫存目著録無卷數。（四書，頁六四）

陸元輔曰：「公字伯順，定興人。萬曆癸丑進士，官太常寺少卿。殉難，贈大理寺卿。」

洪氏啓初**四書翼箋**

九卷。

---

① 「□卷」，文津閣四庫本作「二卷」。

存。

高兆曰：「洪啓初，字葆原，泉州南安人。萬曆癸丑進士，除户部主事，調兵部。」

黄氏尊素**四書鍼**

八卷。

存。

餘姚縣志：「公字真長①。萬曆丙辰進士，由寧國推官入爲山東道御史，劾魏忠賢死。詔獄，贈太僕寺卿，謚忠端。」

吴氏繼仕**四書引經節解圖**

二十六卷。

未見。

黄氏智**四書講義**

佚。

① 「真長」，文津閣四庫本誤作「尊長」。

休寧名族志：「智撰四書講義二百篇。」

唐氏汝諤**四書微言**

二十卷。

存。

陳氏滎選①**四書私旨**

未見。

陸元輔曰：「字克舉，同安人，健之孫。」

許氏有聲**四書獨證**

二十卷。

存。

趙南星曰：「棗强諸生。」

---

① 「陳氏滎選」，文津閣四庫本作「陳氏榮選」。

姚氏光祚**四書望洋編**

二十卷。

存。

陸棻曰：「吴人姚光祚，字胤昌。輯四書望洋編二十卷，有解經邦、張養心、張尊美、夏嘉遇、沈麟、堵天顔、張垣序七篇，其文蕪漫不足存①。」

王氏廷燈**四書音釋**

一卷。

存。

嚴繩孫曰：「字幼翰，一字君渡，無錫人。」

馬氏廣軨**四書讀、四書提鈎**

未見。

平湖縣志：「馬廣軨，字飛生。家貧教授，門人私謚曰端敏先生。」

---

①「存」，文淵閣四庫本作「行」。

張氏嘉猷**四書不倦録**

未見。

張氏嵩**四書説乘**

六卷。

未見。

鄭玥曰：「張嵩，字曼石，海寧人。」

商氏惠**四書問答**

二卷。

未見。

陸元輔曰：「金華人。」

陸氏弘銘**四書彙解**、**四書演注**

未見。

姚氏之鳳①**四書粹言**

未見。

李氏竑**求己齋説書**

四卷。

存。

竑自序曰：「古今人之不相及也，吾知之矣。古之學者爲己，今之學者爲人，古之學者謀道，今之學者謀禄，其相争在錙芥之微，而相去之遠，不啻如秦、越也。故自孔、孟以後，世人相沿以爲學者，大都名利之借徑而已！夫何世愈降，而人所以射名利者益巧，收名利者益捷？應制者不必談文章，立朝者不必談經術，而惟鑽穴登壟之是騖，則夜氣不足以存，故至此極耳。嗟夫！上之所懸爲功令者既如此，下之所走爲便徑者復如此，思古人所謂學者必更有在，乃覺爽然若失。於是計其平日受之過庭，傳之師友，錯綜於載籍，及海内諸名家凡若干言，手授之，以見學問之道由此而始，非曰應世云爾也。」

①「姚氏之鳳」，文淵閣四庫本作「姚氏子鳳」。

韓氏宗琦**四書庭訓**

未見。

廣信永豐縣志：「韓宗琦，字汝震，諸生。」

張氏睿卿**四書釋義**

十卷。

未見。

四書語録

一卷。

未見。

張氏維機**四書永業**

十九卷。

存。

高兆曰：「晉江張維機晦中撰。」

潘氏游龍**四書申注**

十四卷。

存。

繆泳曰：「游龍，松滋人。」

經義考卷二百五十九

四書八

陳氏仁錫四書語録

一百卷。

未見。

四書析疑

十卷。

未見。

四書備考

八十卷。

存。

〔校記〕

四庫存目：四書考二十八卷、四書考異一卷，不知即備考否？（四書，頁六四）

華氏允誠**四書大全纂補**

未見。

魯氏論**四書通義**

十卷。

未見。

〔校記〕

四庫存目著録三十八卷。（四書，頁六四）

建昌新城縣志：「魯論，字孔壁。天啓辛酉選貢生，除潁州同知，遷福建都司經歷。」

譚氏貞默**四書見聖編**

一百□卷。①

存。

高佑釲曰：「先生為予外舅，勤於著述，五經皆有解詁，惟四書見聖編鏤板白門。以論語、中庸、大學為孔經，謂中庸、大學皆子思所作也，以孟子七篇為孟經。」

張氏溥**四書纂注大全**

三十七卷。

存。

葉氏樹聲**四書微響**

未見。

長興縣志：「葉樹聲，號瞻山，字唱于，崇禎辛未進士。」

① 「一百□卷」，文津閣四庫本作「一百卷」。

申氏嘉胤**四書鐸**

□卷①。

未見。

陸元輔曰：「公字孔嘉，永年人，崇禎辛未進士。知儀封、杞二縣，擢吏部主事，謫南京國子監博士，陞太僕寺丞。甲申三月，都城陷，投井死。」

楊氏以任**四書遺旨**

六卷。

存。

曾傳燦曰：「公諱以任，字維節，號澹餘，瑞金人，崇禎辛未進士。四書遺旨六卷，官南京國子博士時作，西安鄭如洵刊行之。」

陳氏天定**慧眼山房説書**

二十卷。

① 「□卷」，文津閣四庫本作「一卷」。

存。

張遠曰：「天定，字惠生，龍谿人。崇禎辛未進士。」

張氏爾禎**四書事實**

未見。

保定府志：「張爾禎，字玉屏，容城人，崇禎癸酉舉人。著四書事實，孫奇逢序之。」

黃氏淳耀**四書大旨**

六卷。

存。

右見之吴興書賈舟中。

徐氏養元**四書集説**

二十四卷。

存。

〔校記〕

四庫存目作二十八卷。（四書，頁六四）

陸元輔曰：「唐山人，崇禎癸未進士。」

徐氏學顔**四書日衷**

未見。

黄虞稷曰：「公字石松，永康人。國子監生，官楚府長史。崇禎十六年，死張獻忠之難。」

易氏道暹**四書内外傳**

未見。

陸元輔曰：「道暹，字曦侯，黄岡諸生。崇禎壬午死寇難。」

侯氏君擢**四書膚見**

未見。

李氏鳳翔**四書釋義**

未見。

保定府志：「李鳳翔，字伯鳳，束鹿人。」

賈氏明孝**四書救弊編**

未見。

開封府志：「賈明孝，字君錫，由明經任陝西宜川知縣。」

張氏雲鶱**四書經正録**

未見。

黄虞稷曰：「無錫人，專闢李贄之説。崇禎三年，以其書進呈，得旨褒嘉，準作貢生。」

徐氏邦佐**四書經學攷**

十一卷。

存。

〔校記〕

四庫存目：四書經學考十卷，補遺一卷，續考六卷。（四書，頁六四）

繆泳曰：「邦佐，字孟超，錢塘人。」

楊氏琦**四書辨疑**

□卷①。

未見。

陸元輔曰：「建安人。陽春訓導，改温州。」

陳氏鵬霄**四書續經學攷**

六卷。

存。

祁熊佳序曰：「高皇帝龍飛之初，召儒士許元、葉瓚十餘人，日令二人進講經筵，敷陳治道。命王宗顯開郡學，延葉儀、宋濂為五經師。時喪亂之餘，學久廢，至是始聞絃誦之聲，右文崇學，斯亦勤矣。滅吴之歲，設科取士，大意則曰：『察之言行以觀其德，考之經術以觀其業，試之書算以觀其能，策之經史時務以觀其政事。』洪武三年，復定為科舉格。然則我朝養士之厚取，士之周，雖三代盛王，豈有過歟！及文皇帝登極，命諸儒臣彙輯十三經注疏、性理大全諸書，頒行天下，一時儒者皆棄詩賦歌辭之學，而知有聖賢性命之書。夫上以此求之，而下不以此應之，必無之事也。風會遷流，制沿弊起，父兄

① 「□卷」，文津閣四庫本作「二卷」。

所教子弟，所習非時文不為工，而於國初頒行諸書，高束不讀。今天子下明詔，黜浮靡，敦實學，孔、孟、程、朱之理，稍表著於天下。故習刑、名、農、墨、黄、老之言者，變而習兩漢諸史，唐、宋諸大家，又上而習五經、四書諸儒傳注。然予謂兩漢諸史，唐、宋諸大家，與刑、名、農、墨、黄、老之言，其文有工拙詭正之不同，而其於聖賢之理，離合亦相半。至習五經、四書諸儒傳注之言醇矣，而苟非學有源本，亦豈遂足以應明詔，而無負所謂黜浮靡、敦實學者乎？昔王荊公毅然以斯文為己任，往見周茂叔，三顧不見，反而求之六經，乃卒以泥古變法流毒蒼生。則使當世而有尊經學古如荊公者，猶非天子下詔求賢之意，況尊經學古更有不及荊公者乎！吾友天羽，不憚校讐考訂之勞，續四書經學考編類點定，欲學者習其讀則核其詳，顧其名則究其實，俾我朝收右文崇學之報，而儒者所為尊經學古由乎此，而不盡由乎此也。伊川曰：『有詞章之學，有訓詁之學，有聖賢之學。』儒者宜審所以自處矣。」

繆泳曰：「鵬霄，字天羽，山陰人。祁進士熊佳為之序。」①

楊氏彝**四書大全節要**

未見。

① 「繆泳曰」至「為之序」十六字，文淵閣四庫本脱漏。

顧氏夢麟**四書十一經通考**

二十卷。

存。

四書説約

二十卷。

存。

楊彝序曰：「往予嘗為四書大全節要，與麟士多所商榷①，塗乙纔數卷，其後麟士説約繼作，始戊寅秋，至庚辰夏，而其刻遂成。或訝其太速，予曰：否！凡為一書，而增薙出入無定論者，皆先無成竹於胸中耳。麟士誦説既素，則於論議得失，引據正反，固一一得見其要害，而或②棄或取，無所更端矣。且其辨證精析，雖貫穿群經而窮究指歸，則斷以晦翁為正，理務畫一。而筆削所至，皆本平生所見而為之，此所以易而復至慎也。今取其書覆之，則覺注、疏、大全、鄭、孔、程、朱而下，人代分矣，而條貫繩約則如出一口，不皆麟士之書，而乃為麟士之書矣。」

① 「商榷」，依補正應作「商搉」。

② 「或」，文津閣四庫本誤作「成」。

〔補正〕

楊彝序内「多所商榷」，「榷」當作「搉」。（卷一〇，頁十）

宋氏繼澄**四書正義**

二十卷。

存。

繼澄自述①曰：「四書講義不可數計，近吾友顧麟士爲説約、張爾公爲大全辨，取舍前人，每見精確。予亦有所見，因成四書正義一編，自注、疏以下，麟士、爾公以上，皆採擇焉。」

倪氏晉卿**四書大全纂**

□卷②。

存。

①「自述」，文淵閣四庫本作「自序」。
②「□卷」，文津閣四庫本作「十卷」。

葛氏承杰**四書新義**

未見。

張氏自烈**四書大全辨**

三十六卷。

存。

〔校記〕

四庫存目作「三十八卷」，尚有附録六卷。（卷一〇，頁一〇）

劉城曰：「爾公即四書大全而為之辨，導揚程、朱之言，折衷諸家之説，務求至當以合經旨，其言曰：『聖人之教人也，甚無取乎一説，爰有異同。予讀書而有疑焉則質之，質之不得則思之，思之不得則又反覆讀焉，著為説以解之，研慮問答，若有辨焉者，其實以存吾疑而已。』蓋爾公之意如此。」

吴應箕序曰：「明興，以禮樂文章治天下，而所以造士者，非聖人之道無取。夫聖人之道，六經其燦然者矣，其最精微，莫如四子之書。於是表章四書，專取朱注行之，謂漢、唐以來，能折衷聖人之道，使微言大義不為異端邪説所亂者，莫朱子若也。乃當時秉國者，受成祖文皇帝命，有四書大全之輯，豈非以聖人之道大，即朱子有未盡，則群儒之説，奈之何其盡廢也？予嘗取其書究之，其中有所發明者固多，醇疵未嘗不相半。至其與聖道相戾者復不少，抑何歟？豈非當時承旨者，但取成書，不暇精擇，又時日不給所委，而分彙者多小生豎儒，識未遠與？今習者第謂此成祖皇帝頒行之書，有敢議論其間者，是倍上也，殊知其不然哉。國家之制，行之久而當否見，則夫論説之是非，亦未有不久而愈明者也。既是非較然矣，徒以創於更制之難，而併我聖祖闡揚聖道，造進學士之意，寖以微失，此又誰之過歟？於是袁州張子獨憂之，於數百年後歷朝諸人所不敢異議者，取其説之疑者辨之，此亦黼黻聖治之大端也。崇禎乙卯。」

陸元輔曰：「自烈，字爾公，江西人。以大全成於明初，督促而成，擇之不詳，故辨之。時論以其立異，毁其所鏤板，然亦有失有得也。」

吴氏蒼舒**四書圖攷**

未見。

吴應賓序曰：「古人讀書，左圖右史，圖之傳也尚矣。經圖自鄭玄、王弼而下，代不乏人，至宋儒以後而大備。以予所聞，有論語圖纂二卷及程復心四書纂圖釋二十二卷，恨未及見。意嘗欲集古圖衍之，定為一書，而未暇。甲戌春，過新安丹山，聞有吴蒼舒先生者，精經學，攝衣請啓，得聞所未聞，先生因出其夙所撰著相示，則有四書節解圖攷在焉。予周覽之，其圖攷精核，視昔人加詳，而所解釋，則一根正經，衷於程、朱之説。觀於是而知先生之學有功先聖，其可傳無疑也。先生棄官著書將四十年，貲鉅萬以是廢，布衣蓬户，屏絶外營，其行義無愧古儒者。所著七經圖攷、聲音紀元、三禮正定注疏，皆翼經明道。諸書予將與從孫子含去非謀，使次第行世，而今為先序其概云。」

史氏以徵**四書彙解**

四十卷。

存。

陸元輔曰：「以徵曾受業於楊解元廷樞，故其言折衷諸家，歸於純正。」

白氏翔**四書群言折衷**

二十卷。

存。

楊彝曰：「折衷繫注於書文之下，又分注群言於注之後，溯流窮源，頗不易也。」

顧宸曰：「大全、蒙引、存疑均有功於後學，然或彼是而此非，或此詳而彼略，或互相牴牾而莫識統歸，或微示異同而愈難畫一，白子漢公取而折衷之，必以紫陽為依歸，卓識大力，當與三書共不朽也。」

鄭培曰：「天中白翔漢公輯，鄴下李繼白夢沙刊行之。」

何氏磻、**□氏**□□①**四書補注**

十九卷。

---

① 「□氏□□」，依文淵閣四庫本、文津閣四庫本應刪。

存。

璠序①曰：「璠幼讀四書，聞塾師之所衍説，意若未盡。及參之衆説，間有闡微言，發要旨，補集注之所未逮。爰取宋、明儒家言，參酌異同，擇其是者，補紫陽千慮之一失，為四書補注一書，屬番禺□子□②裁定之。其未盡之藴，别為或問若干卷，詳著所以去取之故。非敢謂有意於聖人精意之所存，後之人有是所當是③，而非所當非者，則璠之師也已。」

李氏心**四書衍注**

未見。

鄭元慶曰：「歸安人。字念時，鄉人稱序齋先生。」

傅氏維麟**四思堂説書**

六卷。

存。

---

①「序」，文淵閣四庫本作「自序」。

②「□子□」三字，文津閣四庫本脱漏。

③「是」字，文津閣四庫本脱漏。

陸氏在新**四書定解**

二十卷。

存。

陸氏隴其**四書松陽講義**

六卷。

存。

〔校記〕

四庫本十二卷。（四書，頁六五）

隴其自序曰：「隴其在靈壽簿書之暇，輒至學聽諸生講書。有所觸發，間疏其意示諸生，或述先儒注腳，或自抒①所見，欲其即聖賢之言，引而歸諸身心，不徒視為干祿之具。積久，得一百十有八章，有攜以南歸者，謂有裨於學者，遂謀付梓。既成，而寄京師，隴其乃自序之。隴其不敏，雖嘗有志於學，而不得其要領。中年涉獵先儒之書，始若稍稍望見涯涘，而質鈍功淺，終未得入其堂奧。自汩没簿書以來，益復鹵莽。嘗思乞身歸田，整理書生舊業，與同志之士講求討論，或可追隨先儒之萬一，而一官羈

① 「抒」，文淵閣四庫本誤作「書」。

絆，尚未得遂。至於此編，因於諸生有一日之長，職當竭其愚，故據胸中一時所得告之，以稍逭尸素之慙云爾，非能著書講學也，若其拳拳於諸生者，則有之矣。董子有言：『仁人者，正其誼，不謀其利，明其道，不計其功。』程子云：『佛氏之言，學者當①如淫聲美色以遠之。』此二者，學之大綱也，大綱不差，然後可漸而進焉！自明中葉以來，學術壞而風俗乖，卑者迷溺於功利，高者沈淪於虛寂，視董子、程子之言，若茹毛結繩之不可復行於後世。不知有大綱，又何論其他耶？是世道之憂也。故嘗以為今之為世道計者，必自羞乞墦，賤壟斷，闢佛老，黜陽儒陰釋之學始，而是編之中，亦三致意焉！此隴其所嘗②奉教於君子者也，或有小補於世，意在斯乎。若夫擴而充之，探其深而盡其微，則尚願與學者共進之焉！」

四書困勉録

□十□卷③。

存。

〔補正〕

① 「當」，四庫薈要本作「正」。

② 「嘗」，四庫薈要本作「當」。

③ 「□十□卷」，依補正、四庫薈要本、文淵閣四庫本應作「三十七卷」，文津閣四庫本作「十卷」。

是書三十七卷。

按：陸清獻年譜云：「作困勉録凡例，而其書未就。」今所刊困勉録，乃其為諸生時纂輯明季四書講義，而趙魚裳等即以困勉録名之，實非困勉録也，此承其訛。（卷一〇，頁一〇）

〔校記〕

四庫本三十七卷。今通行本三十四卷，續録六卷。（四書，頁六五）

唐氏達**四書臆解**

未見。

費氏世奇**四書講義**

未見。

鄭元慶曰：「費世奇，字幼服，歸安人，拔貢生。」

王氏復禮**四書集注補**

十二卷。

存。

四書正誤

十四卷。

存。

復禮自序曰：「經書之有解，自漢儒始。馬①、包、孔、鄭，止詮字義，不尚文辭，學者尋繹其中，淺深皆可以自得。宋儒動輒譏其厖雜，程、朱、楊、謝諸公，鋭意發明，為功甚鉅。然尚有質諸鬼神而可疑，俟之聖人而滋惑者，惟矯誣聖賢，援引佛老，二者莫大焉。夫以堯、舜、禹、湯、文、武之道，傳諸尼山、伊尹、伯夷、柳下惠之聖，集諸孔子，使矢天參乘，至聖而可疑，將不勝其疑者矣。五十為七十，為政為無為，聖言而可易，則不勝其易者矣。是誣聖也。聖門七十餘賢，強半有姓名而無事實，已屬可惜，其載在魯論者，率皆表表可稱②。而以莊子疑琴張，以淮南證伯牛，以佛老疑曾晳，以喫菜根③譏原憲，以没下稍斷子張，以終不喻定子貢，以麤鄙近利毁樊遲，以傾側狹隘疑子夏，至若夫子以君子許子産，而必曰聖人之學概乎未聞，以不伐美之反，而必曰其人没檢束，乃老氏之『不敢為天下先』，不使古有④全人而後已，是誣賢也。吾儒之教，與二氏異，解儒書者，經傳史集儘可援引據依，未有用二氏之説亂之者。

① 「馬」，文津閣四庫本誤作「焉」。
② 「稱」，文淵閣四庫本作「解」。
③ 「根」，文津閣四庫本作「羹」。
④ 「有」字，文津閣四庫本脱漏。

何晏、王弼崇尚虛無，祖述莊、老，固不足怪，乃程、朱、楊、陸號為醇儒者，而亦隨波混俗，誠所不解也。因為正誤一書，先之以正，解可從也；次之以誤，解不可信也；終之以正誤，正其誤也。予之為此，所謂被髮纓冠，為同室之救涕泣而道，非越人之疏矣。茲解也，非一人一日之言也，諸大儒之言，漢、唐、宋以來之言也。論語曰：『多聞，擇善①者而從之，多見而識之。』期無負於夫子之教而已。」

閻氏若璩**四書釋地**

一卷。續一卷。

存。

〔校記〕

四庫本尚有又續、三續各二卷。（四書，頁六五）

姜氏垚**四書別解**

一卷。

存。

黃宗羲序曰：「姜子汝皋，穎悟過人，汎濫詞章、方技之學，亦既有年。近遭憂患，乃取四書，以其

① 「擇善」，文淵閣四庫本作「擇其善」。

所得者相為印合，始知章句之外别有天地。方正學云：『年來讀四書有味。』姜子可謂有味矣。今日坊書，千篇一律，乃木札蔗皮，求為糟粕，不可得也。」

洪氏名未詳**四書説約**

未見。

陸元輔曰：「積齋洪氏，未詳其名，所撰周易翼義、四書説約，皆大學士史公繼偕序之。」

經義考卷二百六十

逸經上

易

遺句

賁彖傳「故不利有攸往」下有「剛柔交錯」四字接「天文也」。

王弼注：「剛柔交錯而成文焉，天之文也。」

節彖傳「中正以通」下有「然後乃亨①也」。五字誤入注。

右郭京易舉正。

「不威小，不懲大。」

① 「亨」，文津閣四庫本誤作「享」。

「不損而益之。」
右家語。
「其亡斯自取災。」
焦竑曰：「見風俗通，逸易也。」
右風俗通。今本無之。
「有一道，大足以守天下，中足以守國家，小足以守其身，謙之謂也。」
「天地動而萬物變化。」
右説苑。
「天出善道，聖人得之。」文在「天垂象，見吉凶，聖人則之」之下。
右陸賈新語。
「地可觀者，莫可觀於木。」
右許慎説文。
「小人處盛位，雖高必崩。不盈其道，不恆其德，而能以善終身，未之有也。是以初登於天，後入於地。」
右桓寬鹽鐵論。
「乾為天」至「為木果」下有「為龍、為直、為衣、為言」。八字。
朱震曰：「乾，其動也直，在上為衣，在下為裳。為言者，震，聲；兑，口。聲出于口也。所以能言者，出於乾陽也。」

項安世曰：「為龍，震之健也；為直，巽之躁也；為言，兌之決也。震之龍，巽之繩直，兌之口舌，皆以乾爻故也。乾為衣，上服也；坤為裳，下服也。」

「坤為地」至「為黑」下有「為牝、為迷、為方、為囊、為裳、為黄、為帛、為漿」。一十六字。

朱震曰：「坤變乾為牝馬，離變坤為牝牛，陰陽之中復有陰陽也。為迷者，坤冥晦，待陽而後明也。為方者，坤静而德方也。為囊者，坤虚有容也。為裳、為黄，地之中色。為帛、為漿，不足於陽也。」

項安世曰：「曰牝、曰迷、曰方、曰囊、曰裳、曰黄，皆見本卦繇辭。乾為蠶精而出於震，至巽、離而為絲，至坤而成帛也。酒主陽，漿主陰，故坤為漿。」

「震為雷」至「為蕃鮮」下有「為王、為鵠、為鼓」。六字。

〔補正〕

「震為雷」條下「為王、為鵠、為鼓」，案：「為王」，吕氏音訓、朱子本義竝作「為玉」，與「乾為玉」重複，此從經典釋文改正是也。（卷一〇，頁十）

朱震曰：「『為王』當在『乾為天』以下，錯文也。」

項安世曰：「為王者，帝出乎震也，與長子同。為鵠、為鼓，皆聲之遠聞者也，與雷同。」

「巽為木」至「為躁卦」下有「為揚、為鸛」。四字。

朱震曰：「為揚者，巽為風輕揚。震為鵠，陽鳥也；巽為鸛，陰鳥也。」

項安世曰：「巽稱而隱，稱即揚也，揚子曰：『巽以揚之。』」

「坎為水」至「為堅多心」下有「為宮、為律、為可、為棟、為叢棘、為狐、為蒺蔾、為桎梏」。一十九字。

朱震曰：「水可動而動，可止而止，故為可。」

項安世曰：「宮與穴同象，皆外圍土而内居人。陷也，隱伏也，陽在中也，五聲之宮亦陽在中也。律者，法也，水能平準，故為法。『棟』字疑當為『棟』，棟在屋中，有陽之象焉，大過肖坎故為棟。逸象多出於繇辭之文，恐取於大過也。」

「離為火」至「為科上槁」下有「為牝牛」。三字。

朱震曰：「『為牧牛』，王洙本作『牝牛』。」

「艮為山」至「為堅多節」下有「為鼻、為虎、為狐」。六字。

朱震曰：「為鼻者，傳曰：『鼻者，面之山。』」

項安世曰：「艮為山。鼻者，天中之山也。艮主寅。虎，寅獸也，故艮為狗，虎之子亦為狗。坎為狐，取其心之險也。艮為狐，取其喙之黔也。」

「兑為澤」至「為羊」下有「為常、為輔頰」。五字。

項安世曰：「晁以道：『古易「常」即古文「裳」字。』若然，坤之逸象既有『裳』矣，兑之為『常』，意者其為『商』之誤與？」

右九家易解。

「離者麗也」下有「麗必有所感，故受之以咸。咸者，感也」。一十四字。

右王昭素易論。

「故受之以遯」下有「遯者，退也。」四字。

右易舉正。

書

逸篇

汩作、九共、槀飫

序曰：「帝釐下土，方設居，方別生分類，作汩作、九共九篇、槀飫。」

劉敞曰：「九共九篇，『共』當作『丘』，古文『丘』作『丠』，與『共』相近，故誤傳以為『共』耳。九丘者，即所謂八索九丘。案：小序『帝釐下土，方設居，方別生分類，作汩作、九共及槀飫』，然則汩作之篇，言所以釐下土，興功致治之道耳。九丘者，乃所謂方設居、方別生分類者也。九州殊土異俗，各因其性、順其舊而教擾之，故為九篇，篇言一州也。舜肇十有二州，而今但九者，幽、并之俗與冀州類，營州之俗與青州類，但疆土廣大，故分之。至於人物，自如舊也。孔安國為隸古定書，不知『丘』字誤為『共』，遂肆臆說云『述職方以除九丘』。案：職方氏之書，一官所守耳，周禮出於周公，仲尼未嘗刪述，而云『除九丘』，可乎？則此云『九共』，當為『九丘』必也。禹貢雖載九州之地形，乃是治水之書，亦無方設居、方別生分類之事。是禹貢所言者，形質也；九丘所言者，情性也。惜哉！此書之亡，不及見有虞氏之明德也。」

林之奇曰：「知之為知之，堯典、舜典之所以可言也。不知為不知，九共、槀飫略之可也。」

朱子曰：「方設居。方，逐方各設其居方之道。」

薛季宣曰：「鯀湮洪水而謂之『汩陳』，舜釐下土而謂之『汩作』，鯀亂之而舜治之，水治而後民可作也。伏生稱九共，以諸侯來朝，各述其土地所生美惡、人民好惡，為之貢賦政教，紀其語曰：『予辨下土，使民平平，使民無傲。』然則貢賦之書，禹貢蓋其略耳。舜典肇十有二州，而九共止於九篇，治水之後，州復合為九州矣。」

帝告、史記作「俈」。釐沃

序曰：「自契至於成湯八遷，湯始居亳，從先王居，作帝告、釐沃。」

陸德明曰：「帝告、釐沃等五亡篇，舊解是夏書，馬、鄭之徒以為商書，兩義俱通。」

陳櫟曰：「契，帝嚳子，舜封之商，賜姓子，嚳元都亳，『帝告』即『帝嚳』。」

王應麟曰：「書大傳引帝告篇。」

「章施乃服，明上下。」

湯征

序曰：「湯征諸侯，葛伯不祀，湯始征之，作湯征。」

孔穎達曰：「湯伐諸侯，始於葛伯，仲虺之誥云『初征自葛』是也。」

湯曰：「予有言，人視水見形，視民知治不？」伊尹曰：「明哉！言能聽，道乃進。君國子民，為善者皆在王官。勉哉！勉哉！」湯曰：「汝不能敬命，予大罰殛之，無有攸赦。」見史記。

金履祥曰：「史遷載湯征之辭而不類，蓋非湯征之舊也。孟子引亳衆往耕之事，疑出此書。」

汝鳩、汝方史記作「房」。

序曰：「伊尹去亳適夏，既醜有夏，復歸於亳。入自北門，乃遇汝鳩、汝方，作汝鳩、汝方。」

竹書紀年：「帝癸十七年，商使伊尹來朝。二十年，伊尹歸於商，及汝鳩、汝方會於北門。」

孔安國曰：「言所以醜夏而還之意。」

薛季宣曰：「伊尹之五就湯、五就桀，其盛德之至乎。不以桀之不能，不以湯之齊聖，廢其君臣之義，期於克正乃已。不得已而至於伐，豈湯、伊尹之心哉？二篇之告，惜哉其不存焉。」

鄭伯熊曰：「伊尹適夏，猶武王觀政於商。伊尹復歸於亳，則桀無悛改之理矣，然後湯師興焉。蓋湯之伐桀，必俟伊尹之歸，伊尹未歸，則桀猶可改也。」

金履祥曰：「孟子所云『五就湯，五就桀』之事，意者於鳩、方之書得之。」

羅敦仁曰：「伊尹曰：『何事非君，何使非民，天之生斯民也，使先知覺後知，使先覺覺後覺也。予，天民之先覺者也，予將以斯道覺斯民也，非予覺之而誰也。』知此是語汝鳩、汝方者。」

夏社、疑至、臣扈

序曰：「湯既勝夏，欲遷其社，不可，作夏社、疑至、臣扈。」

孔安國曰：「言夏社不可遷之義。」

孔穎達曰：「疑至、臣扈當是二臣名，馬融云：『聖人不可自專，復用二臣自明也。』」

程子曰：「不可者，湯不可之也。」

薛季宣曰：「古者征伐之主，必改制度以新民之視聽。變置社稷，其事之大者，故為勝夏首政。」

鄭伯熊曰：「勝夏之後，欲遷其社，湯獨不可，特屋之以示戒，若曰是其君之罪，非神之責耳，此作夏社之意也。伊川曰：『屋社之制，計必始於湯。』理或然與。」

陳櫟曰：「初，欲遷夏社，作夏社篇。繼以二臣之議而止，故又作疑至、臣扈篇。」

典寶

序曰：「夏師敗績，湯遂從之，遂伐三朡，史記作「㚇」。俘厥寶玉。誼史記作「義」。伯、仲伯作典寶。」

竹書紀年：「帝癸三十一年，商自陑征夏邑，克昆吾，大雷雨，戰於鳴條，夏師敗績，桀出奔三朡，戰於郕，獲桀於焦門，放之①南巢。」

孔安國曰：「三朡②，國名，桀走保之，今定陶也。」

孔穎達曰：「桀必載寶而行，棄於三朡。取其寶玉，取其所棄者也。」

薛季宣曰：「典寶之作，其明守器之道乎。」

鄭伯熊曰：「三朡，桀所奔也。寶玉，夏之器，璜之類是也。典寶之作，其以祖宗之物所當常寶，而無德則失，亦不可常乎。」

明居

序曰：「咎單作明居。」

---

① 「之」字下，四庫薈要本有「於」字。

② 「三朡」二字下，四庫薈要本有「商師征三朡」字。

馬融曰：「咎單為湯司空。」

薛季宣曰：「孟子稱『大哉居乎』，此明居所以作也。」

肆命、徂后

序曰：「成湯既歿，太甲元年，伊尹作伊訓、肆命、徂后。」

孔安國曰：「肆命，陳天命以戒太甲也。徂后，陳往古明君以戒也。」

沃丁

序曰：「沃丁既葬伊尹於亳，咎單遂訓伊尹事，作沃丁。」

皇甫謐曰：「沃丁八年，伊尹卒，卒①年百有餘歲。大霧三日，沃丁葬之以天子禮，祀以太牢，親臨喪以報大德。」

李舜臣曰：「稷、契以下，盡臣道者，代不乏人。伊尹、周公之葬，獨紀於書。」

咸乂史記作「艾」。

序曰：「伊陟相太戊，亳有祥桑穀，共生於朝。伊陟贊於巫咸，作咸乂四篇。」

孔穎達曰：「桑穀七日大拱，伏生書傳有其文。皇甫謐云：『太戊問於伊陟，伊陟曰：「臣聞妖不勝德，帝之政事有闕②。」白帝修德。太戊退而占之，曰：「桑穀野木而不合生於朝，意者朝亡乎？」太戊

---

①「卒」字，文津閣四庫本脱漏。

②「闕」，四庫薈要本作「闕」。

懼，修先王之政，明養老之禮。三年，而遠方重譯而至七十六國。是妖不勝德也。』」

陳櫟曰：「意此臣下相警戒之書。咸乂，以巫咸能乂王家也。」

按：史記「作咸乂」下有「作太戊」三字，是太戊亦篇名，蓋四篇中之一矣。

伊陟、原命

序曰：「太戊贊於伊陟，作伊陟、原命。」

史記曰：「帝太戊贊伊陟於廟，言弗臣，伊陟讓，作原命。」

孔穎達曰：「俱以桑穀事告。」

仲丁

序曰：「仲丁遷於囂，史記作「敖」。作仲丁。」

竹書紀年：「仲丁元年辛丑，王即位，自亳遷於囂，於河上。」

孔安國曰：「陳遷都之義。」

李顒曰：「囂在陳留浚儀縣。」

皇甫謐曰：「仲丁自亳徙囂，在河北也。」

河亶甲

序曰：「河亶甲居相，作河亶甲。」

竹書紀年：「河亶甲元年庚申，王即位，自囂遷於相。」

胡一桂曰：「河亶甲，仲丁弟相，今相州。」

祖乙

序曰：「祖乙圮於耿，作祖乙。」

竹書紀年：「祖乙元年己巳，王即位，自相遷於耿。二年，圮於耿，自耿遷於庇。八年，城庇。」

孔穎達曰：「孔傳以為圮於相，乃遷都於耿。據文『圮於耿』，祖乙居耿，為水所毁，更遷他處，非既毁乃遷耿也。盤庚云『不常厥邑，於今五邦』，及其數之，惟有亳、囂、相、耿四處而已，知此既毁於耿，更遷他處。殷本紀云『祖乙遷於邢』，汲冢古文云『盤庚自奄遷於殷』，蓋祖乙圮於耿，遷於奄，盤庚自奄遷於殷，亳、囂、相、耿、奄為五邦也。」

高宗之訓

序曰：「高宗祭成湯，有飛雉升鼎耳而雊。祖己①訓諸王，作高宗肜日、高宗之訓。」

分器

序曰：「武王既勝殷邦，諸侯班宗彝，作分器。」

孔安國曰：「賦宗廟彝器酒尊賜諸侯，言諸侯尊卑各有分也。」

薛季宣曰：「有虞氏之班瑞，周人之分器，皆一天下之道。」

胡伸曰：「分魯以夏后氏之璜，分陳以肅慎氏之矢，皆分器也。秬鬯二卣，周公得之成洛之後，秬鬯一卣，文侯得之東遷之初，乃知宗彝重器也。」

---

① 「祖己」，依文淵閣四庫本應作「祖乙」。

羅敦仁曰：「詩序：『賚，大封於廟也。』彝者，酒尊，廟中之器。傳曰：『周有大賚。』分器也。」

旅巢命

序曰：「巢伯來朝，芮伯作旅巢命。」

顔師古曰：「巢伯，南方遠國，武王克商而來。芮伯，周同姓之國，在圻内者。」

李杞曰：「巢，今無為軍巢縣即其地也。湯放桀於南巢，巢人納之，意者終商之世，義不朝商乎？誠如是，亦足見巢之忠矣。商亡而周興，於是巢始來朝，夫子録其書，蓋有所感也。」

歸史記作「餽」。禾

序曰：「唐叔得禾，異畝同穎，獻諸天子。王命唐叔歸周公於東，作歸禾。」

孔安國曰：「周公東征未還，故命唐叔以禾歸周公。」

薛季宣曰：「唐叔得禾，君臣悦而相讓，可謂無睽間之迹矣。」

陳經曰：「書雖亡，君臣和氣藹然，猶可想見。當王之疑也，禾為之偃；金縢之啓也，禾為之起。及君臣之和同也，禾又為之異畝同穗。周公之忠誠，上通於天矣。」

嘉禾

序曰：「周公既得命禾，旅天子之命，作嘉禾。」

孔穎達曰：「成王歸禾之命，必歸美周公。周公陳歸禾之命，又推美成王。」

「周公奉鬯，立於阼階，延登。贊曰：假王莅政，勤和天下。」

王應麟曰：「王莽傳引逸嘉禾篇。」

成王政

序曰："成王東伐淮夷，遂踐奄，作成王政。"

孔安國曰："成王即政淮夷，奄國又叛，王親征之，遂滅奄而徙之。以其數反覆，為平淮徙奄之政令。"

薛季宣曰："司馬掌兵，謂之政典。成王大正淮夷之亂，因其有政以名篇。"

將蒲史記作"薄"。姑

序曰："成公既踐史記作"殘"奄，將遷其君於蒲姑，周公告召公，作將蒲姑。"

竹書紀年："成王三年，伐奄，滅蒲姑。四年，王師伐淮夷，遂入奄。五年春正月，王在奄，遷其君於蒲姑。"

孔安國曰："已滅奄，而徙其君於蒲姑，告召公使作册書。"

李杞曰："青州千乘縣有薄姑城，遷奄君臣於薄姑，遷奄民於魯，祝鮀所謂『因商奄之民而命伯禽』是也。"

賄肅慎之命

序曰："成公既伐東夷，肅慎來賀，王俾榮伯作賄肅慎之命。""肅"，馬融作"息"。

孔安國曰："海東、駒麗、扶餘、馯貊之屬，武王克商，皆通道焉。成王即政而叛，王伐而服之，故肅慎氏來賀。"

呂祖謙曰："賄之之命，意其必有警戒不自滿假之辭，惜乎其逸也。"

亳姑

序曰：「周公在豐將没，欲葬成周。公薨，成王葬於畢，告周公，作亳姑。」

蘇軾曰：「亳姑，蒲姑也。」

吕祖謙曰：「公欲葬成周，蓋宗臣垂死憂國之心，以邦之安危惟兹殷士，致不忘之意，意不在葬也。成王領其意不從其葬，使祔於文、武也。」

薛季宣曰：「周公反葬，不忍去周室也。太公封於亳姑而反葬於周，豈以太公之事告之於周公耶？」

羅敦仁曰：「沃丁葬伊尹，作沃丁；成王葬周公，作亳姑。君子觀於二書，君臣終始之義亦可見矣。」

林之奇曰：「自汩作至亳姑，凡四十有六篇①，皆逸書也。其書既逸，則其序之義不可以强通。近王氏解經善為鑿説，凡義理所不通者，必曲為鑿説以通之，而於逸書未嘗措一辭，皆闕而不論，此又王氏之所長，而可為近世法者也。」

〔補正〕

亳姑條下「林之奇曰：自汩作至亳姑，凡四十有六篇，皆逸書也」，按：書序凡百篇，今所存五十八篇，逸四十二篇，此「六」字疑「二」字之訛。（卷一〇，頁十一）

---

①「四十有六篇」，依補正、四庫薈要本應作「四十有二篇」。

右百篇之序。

伯禽之命

祝佗曰：「昔武王克商，成王定之，分魯公以大路、大旂，夏后氏之璜，封父之繁弱，因商奄之民命以伯禽，而封於少皞之虛。」

唐誥

祝佗曰：「分唐叔以大路、密須之鼓，闕鞏姑洗命以唐誥，而封於夏虛。」

杜預曰：「唐誥，誥命篇名也。」

王應麟曰：「命以伯禽、唐誥，皆策命篇名。」

右春秋左氏傳。

揜誥

王應麟曰：「大傳篇目，有九共、帝告、嘉禾、揜誥之類。」

右伏勝尚書大傳。

舜典之叙

趙岐曰：「孟子時尚書凡百二十篇，逸書有舜典之叙，亡失其文。」

右趙岐孟子注。

月采

「三日曰朏。」

班固曰：「古文月采篇。」

顏師古曰：「月采，說月之光采，其書則亡。」

朱子曰：「疑月令之誤。」

豐刑

「維十有二年六月庚午，朏，王命作策豐刑。」

孟康曰：「逸書篇名。」

竹書紀年：「成王十九年，王巡狩侯甸方岳，黜豐侯。」

阮諶曰：「豐，國名也，坐酒亡國。」

崔駰酒箴曰：「豐侯沈湎，荷罌負缶，自戮於世，圖形戒後。」

李尤豐侯銘曰：「豐侯荒繆，醉亂迷迭①，乃象其形，為禮戒式，後世傳之，固無正說。」

〔補正〕

豐刑條下李尤豐侯銘内「醉亂迷迭」，「迭」當作「逸」。（卷一〇，頁十一）

右漢書律曆志。

總德

「允不著，惟天民不而葆，既防凶心，天加之咎，不愼厥德，天命焉葆？」

---

①「佚」，依補正、四庫薈要本、文淵閣四庫本應作「逸」。

墨翟曰：「禹之總德有之。」

武觀

「啓乃淫溢康樂，野於飲食，將銘莧磬以力，湛濁於酒，渝食於野，萬舞翼翼，章聞於天，大用弗式。」

古下有闕文。

「吉日丁卯，周代祝社方歲於社考以延年壽。」

按：墨子明鬼篇引甘誓下文云：「故尚書夏書，其次商、周之書，語數鬼神之有。」則此乃周書也，篇名不應止一「古」字，當有闕文。

禽艾

「得璣無小，滅宗無大。」

豎年

「晞夫聖武知人，以屏輔而身。」

大明

「紂越厥夷居，不肯事上帝，棄厥先神祇不祀，乃曰：『吾有命，無廖僔務天下。』天亦縱棄紂而不葆。」

去發

「惡乎君子，天有顯德，則行甚章，為鑑不遠。在彼殷王，謂人有命，謂敬不可行，謂祭無益，謂暴無傷。上帝不常，九有以亡，上帝不順，祝降其喪。惟我有周，受之大帝。」

按：墨子非命篇云「太誓之言也，於去發曰」云云，下接以「昔者紂執有命而行，武王為太誓、去發以非之」。又天志篇「大明之道之曰」云云，而非命篇復引其文，則云「先王之書，太誓之言」，然下接以「此言紂之執有命也，武王以太誓非之」，然則去發也、大明也，皆太誓之篇，分而名之者也。古文太誓三篇，上篇「乃夷居，弗事上帝神祇，遺厥先宗廟弗祀，乃曰吾有民有命」，此大明之文也。中篇「謂己有天命，謂敬不足行，謂祭無益，謂暴無傷，厥鑒惟不遠，在彼夏王」，下篇「天有顯道，厥類惟彰，上帝弗順，祝降時喪」，此去發之文也。梅賾未詳其義，遂以去發一篇之辭①分竄兩篇之内，不知墨子所述，秦火以前之書，太誓、大明、去發初不相紊也。

右墨子。

湯誥

「維三月，王自至於東郊，告諸侯群后：『毋不有功於民，勤力乃事，予乃大罰殛女，毋予怨。』曰：『古禹、皋陶久勞於外，其有功於民，民乃有安。東為江，北為濟，西為河，南為淮，四瀆已修，萬民乃有居。后稷降播，農殖百穀。三公咸有功於民，故后有土。昔蚩尤與其大夫作亂百姓，帝乃弗予，有狀。先王言不可不勉。』曰：『不道，毋之在國，女無我怨。』以令諸侯。」

太誓

「十一年十二月戊午，師畢渡盟津，諸侯咸會，曰：『孳孳無怠。』王乃作誓，告於衆庶曰：『今殷王

---

① 「辭」，備要本作「外」。

紂乃用其婦人之言，自絶於天，毀壞其三正，離逷其王父母弟，乃斷棄其先祖之樂，乃為淫聲，用變亂正聲，怡悦婦人，故今予發維共行天罰。勉哉夫子！不可再，不可三。」

右史記。

以上二篇，史公從孔安國問故而得之者，此真古文也。

遺句

「予小子履，敢用玄牡，敢昭告於皇皇后帝，有罪不敢赦，帝臣不蔽，簡在帝心。朕躬有罪，無以萬方；萬方有罪，罪在朕躬。」

孔安國曰：「此伐桀告天之文。」又曰：「墨子引湯誓，其辭若此。」

右論語。

按：國語引「余一人有罪，無以萬夫；萬夫有罪，在余一人」，文雖與魯經小①異，然亦謂湯誓，其為湯誓逸句無疑也。梅賾不察，誤入諸湯誥篇，又從而修飾之，過矣。

「昏墨賊殺。」夏書。

「帥彼天常。」五子之歌。

「亡者侮之，亂者取之，推亡固存，國之道也。」襄十四年中行獻子引仲虺有言曰云云；又襄三十年子皮引仲虺

---

①「小」，文津閣四庫本作「少」。

之志曰：「亂者取之，亡者侮之，推亡固存，國之利也。」文①小異。

「惡之易也。」隱六年、莊十四年兩引商書皆有是句，在「如火之燎於原」句上。

「父不慈，子不祗，兄不友，弟不共，不相及也。」僖三十三年臼季引康誥文云云；又昭二十年苑何忌引之，則曰：「父子兄弟，罪不相及。」

「聖作則。」

右左傳。

「慎始而敬終，終以不困。」

「居安思危，思則有備，有備無患。」

「民立而正事，純而祭祀，是為不敬。」兌命。

右禮記。

「念茲在茲，順事恕施。」

右家語。

「欲常常而見之，故源源而來。不及貢，以政接於有庳。」

趙岐曰：「『常常』以下，皆尚書逸篇之辭。」

吳棫曰：「自漢以下，書之逸者已不復見，雖間出，既所未讀，必不能知其為書，如所謂『先其算

① 「文」字下，文津閣四庫本有「似」字。

命』、『高宗報上甲微』、『不及貢，以政接於有庳』之類，先儒指以為逸書，世方知之。不然，孰知其為書也？」

「無畏，寧爾也。」

右孟子。

「今予與有扈氏争一日之命，且爾卿大夫庶人，予非爾田野葆士之欲也，予恭行天之罰也。」甘誓。

「我聞有夏，人矯天命，布命於下，帝式是惡，一作「憎」。用爽厥師①。」一作「用闕師」。仲虺之誥。

「嗚呼！古者有夏，方未有禍之時，百獸貞蟲，允及飛鳥，莫不比方。矧住疑「伊」字。人面，何敢異心？山川鬼神，亦莫敢不寧。」伊訓。

「其桓舞於宮，是謂巫風。其刑君子出絲二衛，小人否。」仝上。

「乃言曰：嗚呼！舞洋洋，黄當是謞字。言孔章，上帝弗常，九有以亡，上帝不順，降之百殃，其家必懷喪。」仝上。

「禹七年水。」夏書。

「湯五年旱。」殷書。

「小人見姦巧乃聞，不言也，發罪均。」

「敬哉！無天命，惟予二人而無造。」

---

① 「師」，四庫薈要本作「帥」。

「女毋崇天之有命也。」

「福不可請，禍不可諱。」

右墨子。

「諸侯自為得師者王，得友者霸，得疑者存，自為謀而莫己若者亡。」中蘬。

「從命而不拂，微諫而不倦，為上則明，為下則遜。」伊訓。

「惟文王敬忌，一人以擇。」康誥。

右荀子。

「五世之廟，可以觀怪，萬夫之長，可以生謀。」

高誘曰：「廟者，鬼神之所在。五世久遠，故於其廟觀物之怪異也。」

「刑三百，罪莫重於不孝。」

「民善之則畜也，不善則讎也。」

「惟予一人，營居於成周。予一人有善，易得而見也，有不善，易得而誅也。」

「允哉！允哉！」

右呂氏春秋。

「民可近也，而不可上也。」

右國語。

「載孚在亳。」伊訓。

右鄭康成書序注。

「天將有立父母，民之有政有居。」太誓。

右毛詩箋。

「大荒有禱無祀。」周書。

右范甯穀梁傳注。

「惟高宗報上甲微。」

右孔叢子。

「大道亶亶，其去身不遠，人皆有之，舜獨以之。」

右賈誼新書。

「若德明哉。」盤庚。

「王曰：封！惟曰若圭璧。」酒誥。

右書大傳。

「恃德者昌，恃力者亡。」

右史記。

「先其算命。」

「毋為權首，將受其咎。」

「正稽古，立功立事，可以永年，丕天之大律。」太誓。

右漢書。

「前車覆，後車戒。」

「附下而罔上者死，附上而罔下者刑，與聞國政而無益於民者退，在上位而不能進賢者逐。」泰誓①。

右說苑。

「太社惟松，東社惟柏，南社惟梓，西社惟栗，北社惟槐。」

「厥兆天子爵。」

「前歌後舞，假於上下。」

右白虎通。

「仁閔覆下，則稱旻天。」

「罿罿升雲，半有半無。」

〔補正〕

「罿罿升雲，半有半無」，案：此條之誤，已辨正於前卷。（卷一〇，頁十一）

「祖甲返。」

「以相陵懱。」

「師乃搯捾。」廣韻：「搯，土刀切；捾，烏活切。」

① 「泰誓」，備要本作「太誓」。

「來就惎惎。」

「宫中之冗食。」

「貘有爪而不敢以撅。」

「在夏后之詷。」

「朕實不明，以侊伯父。」

「戔戔巧言。」

「我有截於西。」

右許慎説文。

「惟太甲元年十有二月乙丑朔，伊尹祀於先王，誕資有牧方明。」伊訓。

「丙午逮師。」太誓。

「粤若來三月既死霸，粤五日①甲子，咸劉商王受。」武成。

「惟四月既旁生霸，粤六日庚戌，武王燎於周廟。翌日辛亥，祀於天位。粤五日乙卯，乃以庶國祀馘於周廟。」仝上。

右三統歷譜。

「師乃鼓譟，前歌後舞，格於上天下地，咸曰：孜孜無怠。」太誓。

---

① 「五日」，文淵閣四庫本作「五月」。

「司馬在前。」仝上。

右詩疏。

「嗚呼！汝何敬非時，何擇非德，德枳維大人，大人枳維公，公枳維卿，卿枳維大夫，大夫枳維士，登登皇王①，維在國枳，維都都枳，維邑邑枳②，維家家枳，維欲無疆。」

〔補正〕

「嗚呼！汝何敬非時」條下「登登皇王」，「王」當作「皇」。（卷一〇，頁十一）

右章懷太子後漢書注、周書吕刑篇文。

「曰若稽古帝舜，曰重華，建皇授政改朔。」

右沈約宋書禮志。

按：今文尚書衹有堯典而無舜典，古文自「帝曰欽哉」下，析而為二，後於「慎徽五典」之上，取姚方興大航頭所得奏上十二字，又「濬哲文明」等十六字冠於篇首。予友蕭山毛奇齡持論，宜自「四海遏密八音」以上斷為堯典，「月正元日」以下斷為舜典，其言是也。嘗讀宋書禮志，魏明帝即位，思改正③朔，朝議多異同，侍中高堂隆建議引尚書文首九字，與方興文同。方興二十八字，上於南齊時，不若

① 「皇王」，依補正、四庫薈要本、文淵閣四庫本應作「皇皇」。
② 「枳」，文津閣四庫本誤作「梓」。
③ 「正」，文津閣四庫本誤作「政」。

隆一十五字近古，鄗意謂宜删去。方興之文，自「月正元日，舜格於文祖」上斷為堯典，冠高堂隆所引一十五字於前，至篇終為舜典，則辭既相屬，義亦明暢。蓋百篇之序原有舜典，不必定復今文之舊也。

堯典「舜讓於德，弗嗣。」次以「帝曰：咨爾舜，天之歷數在爾躬，允執其中，四海困窮，天祿永終。」

王柏曰：「昔堯試舜如此之詳，而遜位之際，止一二語而已。此非小事也，以天下與人，而略無丁寧告戒之意，何與？愚讀論語終篇，乃見『堯曰：咨爾舜』二十有四字，書中脱此，以夫子言補之。」

「敬敷五教在寬」次以「勞之、來之、匡之、直之、輔之、翼之，使自得之，又從而振德之。」

王柏曰：「舜之命契也，曰『敬敷五教，在寬』，語意未盡，疑有闕文。『勞之來之』數語，孟子既曰命契之辭，朱子集註亦曰命契之辭，則是出於堯典矣，宜次尚書命契之下。」

右王氏書疑。

洪範八曰「師」下有「食曰生，貨曰節，祀曰敬，司空曰時，司徒曰德，司寇曰慎，賓曰禮，師曰律。生乃蕃，節乃裕，敬乃□，時乃悦，德乃化，慎乃仁，禮乃嘉，律乃有功。」五十二字。

孫承澤曰：「朝鮮本有此文，是箕子傳。」

右孫氏洪範經傳集義。

經義考卷二百六十一

逸經中

詩

逸篇

南陔、白華、華黍

序曰：「南陔，孝子相戒以養也。白華，孝子之絜白也。華黍，時和歲豐宜黍稷也。有其義而亡其辭。」又曰：「南陔廢則孝友缺矣，白華廢則廉恥缺矣，華黍廢則蓄積缺矣。」

鄭康成曰：「此三篇者，鄉飲酒、燕禮用焉，曰『笙入立於縣中，奏南陔、白華、華黍』是也。孔子論詩，雅、頌各得其所，時俱在耳，遭戰國及秦之世而亡之，其義則與衆篇之義合編，故存。」

陸德明曰：「三篇蓋武王之詩，周公制禮，用為樂章，吹笙以播其曲。孔子刪定，在三百一十一篇内，遭戰國及秦而亡。子夏序詩，篇義合編，故詩雖亡，而義猶在也。」

李樗曰：「諸篇皆以秦火之後而亡其辭，其辭既亡，則其義不可得而知。」

黄櫄曰：「辭雖亡而義不可亡，則三篇亦可想而見也。南陔，孝子相戒以養，則見其風俗之美，而孝子皆相率以養其父母也。白華，孝子之潔白，則見君子之愛其親而思全其身，惟恐有所玷汙也。華黍，時和歲豐宜黍稷，則見王者之治，中和之極致也。即其義可以悟其意，即其意可以知其辭矣。」

吕祖謙曰：「董氏以為笙入者有聲而無詩，其説不為無理。然國語叔孫穆子聘晉，伶簫詠歌鹿鳴之三，鹿鳴三篇既可與簫相和而歌，則南陔以下，豈不可與笙相和而歌乎？」

嚴粲曰：「董氏謂笙入者有聲而無詩，非失亡之，乃本亡也。此説非也。樂以人聲為主，人聲即所歌之詩也，若本無其辭，則無由有其義矣。」

葉適曰：「南陔，孝子相戒以養；白華，孝子之潔白。指言孝子，當有其人與其事。華黍，時和歲豐宜黍稷；由庚，萬物得由其道；崇丘，萬物得極其高大；由儀，萬物之生各得其宜。三篇各以『得』字言之，是其實順生長之理，實無夭閼之患，實遂土地之性，皆知其所以致之之由，非泛然以意言之也。其辭雖亡，而繫詩者既已明著之，不可得而没也。」

朱載堉曰：「謹按毛詩小序曰：『南陔，孝子相戒以養也。白華，孝子之潔白也。華黍，時和歲豐宜黍稷也。由庚，萬物得由其道也。崇丘，萬物得極其高大也。由儀，萬物之生各得其宜也。有其義而亡其辭。』先儒謂孔子論詩，雅、頌各得其所，時俱在耳，遭戰國及秦之世而亡之，此説是也。或謂笙詩元起有聲無辭，愚見論之，殆不然也。今夫畫角之類，其為器也，五音六律未能備具也，而其三弄之曲尚且有辭焉，何況笙乃五音六律備具之器，而六詩既有聲矣，安得無辭乎？既無辭矣，安得謂之詩乎？又安得復有南陔等名，與夫孝子相戒以養等義乎？以此觀之，則彼有聲無辭之説，滯閡不通矣。小序以為其辭亡者，是也；先儒以為元起無辭，非也。」

郝敬曰：「儀禮鄉射奏騶虞、貍首，騶虞有辭也，亦云奏。周禮有九夏，國語稱『金奏肆夏、樊遏、渠』，按肆夏即時邁，樊遏為韶夏，即執競，渠為納夏，即思文，皆有辭，而皆云『金奏』，則奏亦辭也。金奏九夏有辭，笙奏南陔、白華獨無辭乎？又周禮籥章以籥龡豳詩，即七月，也，籥龡七月，猶笙龡南陔、白華、華黍也。豳有辭，而南陔以下獨無辭乎？又明堂位、祭統『升歌清廟，下管象』，象即維清也，謂管奏維清於堂下，管有辭，而笙獨無辭乎？」

由庚、崇邱、由儀

序曰：「由庚，萬物得由其道也。崇丘，萬物得極其高大也。由儀，萬物之生各得其宜也。有其義而亡其辭。」又曰：「由庚廢則陰陽失其道理矣，崇丘廢則萬物不遂矣，由儀廢則萬物失其道理矣。」

鄭康成曰：「此三篇者，鄉飲酒、燕禮亦用焉，曰：『乃間歌魚麗，笙由庚；歌南有嘉魚，笙崇丘；歌南山有臺，笙由儀。』亦遭世亂而亡之。」

黄櫄曰：「得由其道，如斂藏順其時之類。得極其高大，如斧斤以時入山林之類。得其宜，如各遂其生長之類。」

右詩序。

貍首

周官樂師：「凡射，諸侯以貍首為節。」

儀禮大射儀：「樂正命太師曰：『奏貍首，間若一。』太師不興，許諾，樂正反位，奏貍首以射，三耦。」

樂記：「左射貍首，右射騶虞。」

射義：「貍首者，樂會時也，諸侯以時會天子為節。」

劉敞曰：「射義，諸侯以貍首為節，鄭氏以射義所引『曾孫侯氏』為貍首之詩，非也。騶虞、采蘋、采蘩皆在二南，則貍首者，亦必其儔矣。疑原壤所歌『貍首之斑然，執女手之卷然』，即是其章首。或曰：『貍首』，『鵲巢』也，篆文『貍』似『鵲』，『首』似『巢』，鵲巢之詩『御之』、『將之』、『成之』，此亦時會之道。」

林光朝曰：「貍首，風也。」

六經奥論曰：「騶虞、貍首、采蘩、采蘋，古之樂節也，日用之間不可闕也。今貍首亡，逸詩自逸，非夫子逸之也。」

熊朋來曰：「貍首之詩，古人以為射節，在騶虞之下，采蘋、采蘩之上，想見孔子刪詩之時，其詩已逸，不然，則此詩未必見刪於聖人也。首章必有『貍首』二字，故以名其詩。小戴射義所記、大戴投壺篇所記，必第二、第三章也，不幸逸於詩家，幸而略傳於禮家，小戴得其一，而大戴尤詳。」

今考定貍首。

「惟若寧侯，毋或若女不寧侯，不屬於王所，故抗而射女。强飲强食，詒女曾孫諸侯百福。」右考工記文。大戴禮作「嗟爾不寧侯，為爾不朝於王所，故亢而射汝。强食而食，曾孫侯氏百福。」白虎通作「嗟爾不寧侯，爾不朝於王所，以故天下失業，亢而射爾。」

「曾孫侯氏，四正具舉。大夫君子，凡以庶士，小大莫處，御於君所，以燕以射，則燕則譽。」

右射義文。

「質參既設，執旌既載。干侯既抗，中獲既置。弓既平張，四侯且良。決拾有常，既順乃讓。」

「乃揖乃讓，乃隮其堂。乃節其行，既志乃張。射夫命射，射者之聲。御車之旌，既獲卒莫。」

右大戴記投壺文。

貍首四章，一章七句，三章八句。

按：劉仲原父七經小傳以原壤所稱「貍首之斑然，執女手之卷然」，謂是此詩章首，然諸侯射時，大夫庶士①咸在，不應歌「女手卷然」之句，近於滑稽矣，竊恐不類。若考工記、大戴禮祭侯之辭，與曾孫詩連類並書，其為貍首詩無疑。今析為四章，詩雖亡，其大略猶在，特闕章首語耳。然「亢而射女」，女蓋指貍首而言，則亦不為闕如也。浚儀王氏謂貍首、新宮先孔子而亡②，恐非篤論。

又按：武進鄒肇敏作詩傳闡，謂郄葉之詩云『有兔斯首』即係『貍首』，此穿鑿無據，不足信也。

采薺

周官樂師：「教樂儀，行以肆夏，趨以采薺。」

鄭康成曰：「肆夏、采薺皆逸詩。」

①「庶士」，文津閣四庫本作「士庶」。
②「亡」，文津閣四庫本作「忘」。

呂叔玉曰：「肆夏，時邁也。」

熊朋來曰：「大戴禮『行以采茨，趨以肆夏。』又云①：『場②中採茨，趨中肆夏。』惟玉藻及周禮皆誤作『趨以采薺，行以肆夏。』孔疏不能引大戴改正，後儒反以周禮、玉藻為據，不知其文誤，當改也。采茨乃堂上之歌詩，宜接武而行，肆夏乃堂下之金奏，宜布武而趨，如今之注疏於理舛矣，學者當依大戴注③改正『趨』、『行』二字。」

〔補正〕

采薺條下「熊朋來曰：場中采茨」，「場」當作「步」；「學者當依大戴注改正」，「注」當作「禮」。（卷一〇，頁十二）

新宮

儀禮燕禮記：「升歌鹿鳴，下管新宮。」

大射儀：「乃管新宮三終。」

春秋左氏傳：「昭公二十五年春，叔孫婼聘於宋，宋公享昭子，賦新宮，昭子賦車轄。」

後漢書：「永平二年冬十月，幸辟雍，初行養老禮，詔曰：令月元日，復踐辟雍，尊事三老，兄事五

---

① 「云」，文淵閣四庫本作「曰」。

② 「場」，依補正、四庫薈要本、文淵閣四庫本應作「步」。

③ 「大戴注」，依補正、四庫薈要本、文淵閣四庫本應作「大戴禮」。

更，升歌鹿鳴，下管新宮，八佾具備①，萬舞於庭。」

〔補正〕

新宮條下後漢書內「八佾具備」，「備」當作「脩」。（卷一〇，頁十一）

鄭康成曰：「新宮，小雅逸篇也。」

王應麟曰：「新宮，或謂斯干也。」

六經奧論曰：「燕禮『升歌鹿鳴，下管新宮』，商份曰：『管與笙類也，皆有聲而已，故新宮詩亦亡。』昭二十五年，宋公享昭子，賦新宮。謂之『賦』，則有辭矣。後漢明帝亦取焉，必見其辭，故得以播歌詠。蓋未有詩而無辭者，周禮祈年，龡豳、雅於管、籥之類，必得有辭。」

熊朋來曰：「新宮，儀禮注云：『小雅逸篇。』或曰即小雅中斯干之詩也。叔孫昭子聘宋，宋元公享之，賦新宮，昭子賦車轄。則新宮必有詩，下管所吹，非有譜無辭者矣。」

錢澂之曰：「左傳宋元夫人生子以妻季平子，叔孫昭子如宋聘，且逆之，宋公享昭子，賦新宮。意宋公所賦，必是斯干之末章，咏乃生女子事，正為婚姻發耳。」

王夏、肆夏、昭夏、納夏、章夏、齊夏、族夏、祴夏、驁夏

鄭康成曰：「夏，大也。樂之大歌有九：王出入奏王夏，尸出入奏肆夏，牲出入奏昭夏，四方賓來奏納夏，臣有功奏章夏，夫人祭奏齊夏，族人侍奏族夏，客醉而出奏陔夏，公出入奏驁夏。九夏皆詩篇

---

①「備」，依補正、四庫薈要本應作「脩」。

名，頌之族類也。此歌之大者載在樂章，樂崩亦從而亡，是以頌不能具。」

韋昭曰：「肆夏，一名樊。昭夏，一名遏。納夏，一名渠。」

林光朝曰：「九德、九夏，雅、頌之流也。」

嘏

「皇尸命工祝承致多福無疆於女，孝孫來女，孝孫使女，受祿於天，宜稼於田，眉壽萬年，弗替引之。」

武宿夜

祭統：「舞莫重於武宿夜。」

鄭康成曰：「武宿夜，武①曲名。」

皇侃曰：「師說書傳云：『武王伐紂，至於商郊，停止宿夜，士卒皆歡樂歌舞以待旦』，因名焉。」

熊安生曰：「武宿夜，即大武之樂也。」

右三禮。

驪駒

漢書儒林傳：「王式，字翁思，詔除下為博士。既至，止舍中。會諸大夫博士共持酒肉勞式，意高仰之。博士江公世為魯詩宗，心嫉式，謂歌吹，諸生曰：『歌驪駒。』式曰：『聞之於師，客歌驪駒，主人

---

①「武」字，文津閣四庫本脫漏。

歌，客毋庸歸。今日諸君為主人，日尚早，未可也。』江翁曰：『經何以言之？』式曰：『在曲禮。』江翁曰：『何狗曲也。』式恥之。」

服虔曰：「逸詩篇名也，見大戴禮。客欲去，歌之。」

「驪駒在門，僕夫具存。驪駒在路，僕夫整駕。」

右大戴禮記。

明明、崇禹、生開

周書：「癸酉①，薦殷俘王士百人籥人造王矢，琰秉黃鉞執戈，王奏庸大享一終，王拜首，稽首王定奏其大享三終。甲寅，謁戎殷於牧野，王佩赤白旂，籥人奏武，王入進萬獻明明三終。乙卯，籥人奏崇禹、生開，三鐘終，王定。」

〔補正〕

明明條下「周書：癸酉」當作「癸丑」。（卷一〇，頁十一）

孔晁曰：「大享獻爵，奏庸擊鐘。明明、崇禹、生開，皆詩篇名。」

嶠

周書：「晉平公使叔譽於周，見太子晉而與之言，五稱而五窮。歸，告公曰：『太子晉行年十五，而臣弗能與言。君請歸，聲就復與田，若不反，及有天下，將以為誅。』平公將歸之，師曠不可，曰：『請使

①「癸酉」，依補正、四庫薈要本、文淵閣四庫本應作「癸丑」。

瞑臣師曠見太子。』東躅其足，王子曰：『太師何舉足驟？』師曠曰：『天寒足躅，是以數也。』王子曰：『請入坐。』遂敷席注瑟，師曠歌無射，曰：『國誠寧矣，遠人來觀，修義經矣，好樂無荒。』乃注瑟於王子，王子歌嶠云云。」

「何自南極，至於北極，絶境越國，弗愁道遠。」

孔晁曰：「師曠作新曲美王子也，王子述舊曲諫也。」

轡之柔矣

周書：「師曠請歸，太子賜乘車四馬，曰：『太師亦善御之。』對曰：『御，吾未之學也。』王子曰：『汝不為夫詩云云。』以是御之。」

「馬之剛矣，轡之柔矣。馬亦不剛，轡亦不柔。志氣麃麃，取與不疑。」

左傳：「國子賦轡之柔矣。」

杜預曰：「義取寬政以安諸侯，若柔轡之御剛馬。」

右周書。

河水

左傳：「晉公子重耳之及於難也，楚子送諸秦，公享之，公子賦河水。」

韋昭曰：「『河』當作『沔』。」

杜預曰：「河水，逸詩，義取朝宗於海。」

茅鴟

左傳：「工誦茅鴟。」

杜預曰：「刺不敬。」

祈招

左傳：「子革曰：『昔穆王欲肆其心，周行天下，將皆必有車轍馬跡焉。祭公謀父作祈招之詩以止王心，王是以獲没於祗宫。其詩云云。』」

「祈招之愔愔，式昭德音。思我王度，式如玉，式如金。形民之力，而無醉飽之心。」

右春秋左氏傳。

支

周語：「敬王十年，劉文公與萇弘欲城成周，為之告晉，魏獻子為政，説萇弘而與之將合諸侯。衛彪傒適周，聞之，見單穆公曰：『萇、劉其不没乎？周詩有之云云。昔武王克殷而作此詩也，以為飫歌，名之曰支，以遺後之人使永監焉。今萇、劉欲支天之所壞，不亦難乎？』」

「天之所支，不可壞也。其所壞，亦不可支也。」

鳩飛

晉語：「秦伯饗公子，如饗國君之禮。明日燕，秦伯賦采叔，公子賦黍苗，秦伯賦鳩飛，公子賦河水。」

韋昭曰：「鳩飛，小宛之首章也。」

右國語。

徵招、角招

孟子曰：「齊景公召太師曰：『為我作君臣相悅之樂。』蓋徵招、角招是也。其詩曰。」

畜君何尤

趙岐曰：「樂詩也。」

右孟子。

遺句

「雨無其極，傷我稼穡。」雨無正之首。

劉熹曰：「韓詩有雨無極篇，序云：『雨無極，正大夫刺幽王也。』」

「韎任朱離。」鼓鐘之三，在「以雅以南」句下。

右韓詩、齊詩。

「素以為絢兮。」

朱子曰：「若以為碩人詩，此一句最有理，亦不應刪去。」

「唐棣之華，偏其反而，豈不爾思，室是遠而。」

右論語。

「翹翹車乘，招我以弓。豈不欲往，畏我友朋。」

「雖有絲麻，無棄菅蒯。雖有姬姜，無棄蕉萃。凡百君子，莫不代匱。」

「周道挺挺，我心扃扃。講事不令，集人來定。」

「俟河之清，人壽幾何？兆云詢多，職競作羅。」

「謀之多族，民之多違，事滋無成。」

「我無所監，夏后及商。用亂之故，民卒流亡。」

「禮義不愆，何恤乎人言。」

「淑慎爾止，無載爾偽。」

「我之懷矣，自詒伊戚。」

「優哉游哉，聊以卒歲。」

右左傳。

「相彼盍旦，尚猶患之。」

「昔我有先正，其言明且清。國家以寧，都邑以成，庶民以生。誰能秉國成，不自為正，卒勞百姓。」

右禮記。

「魚在在藻，厥志在餌。」

右大戴禮①。

「皇皇上天，其命不忒。天之以善，必報其德。」

---

①「大戴禮」，文津閣四庫本脱漏作「大戴」。

右家語。

「舟張辟雍，鶬鶬相從。八風回回，鳳凰喈喈。」

右樂元語。

「敕爾瞽，率爾衆工，奏爾悲誦，肅肅雝雝，無怠無凶。」

右周官注。

「鴻鵠將將，惟民歌之。濟濟多士，殷民化之。」

「浩浩者水，育育者魚。未有室家，而安召我居。」

右管子。

「青青之麥，生於陵陂。」

右莊子。

「樂矣君子，直言是務。」

右晏子春秋。

「良工之子，必先為箕。良冶之子，必先為裘。」

右列子。

「聖人之德，若天之高，若地之普。」

「若地之固，若山之承，不坼不崩，若日之光，若月之明，與天地同常。」

「必擇其所堪，必謹所堪。」

「王道蕩蕩，不偏不黨。王道平平，不黨不偏。其直若矢，其易若底。君子之所履，小人之所視。」
「魚水不務，陸將何及。」
右墨子。
「國有大命，不可以告人，妨其躬身。」
「涓涓源水，不雝不塞。轂已破碎，乃大其輻。事以敗矣，乃重太息。」
右荀子。
按：荀子之引詩多矣，如云「墨以為朗，或作「明」。狐狸其蒼」，又云：「如霜雪之將將，如日月之光明，為之則存，不為之則亡」，又云「鳳凰秋秋，其翼若干，其聲若簫，有鳳有凰，樂帝之心」，又云「長夜漫兮，永思騫兮，大①古之不慢兮」，其辭俱不類三百篇中語，故置不録。
「將欲毀之，必重累之。將欲踣之，必高舉之。」
「惟則定國。」
「君君子則正以行其德，君賤人則寬以盡其力。」
右呂氏春秋。
「四牡翼翼，以征不服。」
右漢書。

① 「大」，文淵閣四庫本作「太」。

「雍雍鳴鳱，旭日始旦。登得前利，不念①後患。」

右鹽鐵論。

「皎皎練絲，在所染之。」

右後漢書。

「相彼玄鳥，止於陵阪。仁道在邇，求之無遠。」

右徐幹②中論。

「大夫士琴瑟御。」

右白虎通德論。

---

① 「念」，文津閣四庫本作「忘」。

② 「徐幹」，文淵閣四庫本誤作「徐軒」。

經義考卷二百六十二

逸經下

禮

逸篇

青史氏之記

右見大戴記保傅篇。

世子之記

右見小戴記文王世子篇。

王居明堂禮句附。

「孟春，出十五里迎歲。」

「仲春，帶以弓韣禮之禖下，其子必得天材。」

「季春，出疫於郊，以禳春氣。」

「孟夏，毋宿於國。」

「仲秋，九門磔禳，以發陳氣，禦止疾疫，命庶民畢入於室，曰時殺將至，毋罹其災，乃命國醵。」

「季秋，除道致梁，以利農也。」

「孟冬之月，命農畢積聚，繫收牛馬。」

「季冬，命國為酒，以合三族，君子説，小人樂。」

右三禮注。

中霤禮句附①。

「以功布為道，布屬之几。」

右周禮注。

「凡祭，五祀於廟，用特牲，有主有尸，皆先設席於奥。」

「祀户之禮，南面，設主於户内之西，乃制脾及腎為俎，奠於主北，又設盛於俎西，祭黍稷、祭肉、祭醴皆三，祭肉脾一，腎再，既祭，徹之，更陳鼎俎，設饌於筵前，迎尸，略於②祭宗廟之儀。」

〔補正〕

① 「句附」二字，文津閣四庫本脱漏。

② 「於」，依補正、四庫薈要本、文淵閣四庫本應作「如」。

「祀户之禮」條内「迎尸略於」，「於」當作「如」。（卷一〇，頁十一）

「祀竈之禮，先席於門之奥，東面，設主於竈陘，乃制肺及心肝為俎，奠於主西，又設盛於俎南，亦祭黍三，祭肺心肝各一，祭醴三，亦既祭，徹之，更陳鼎俎，設饌於筵前，迎尸，如祀户之禮。」

「祀中霤之禮，設主於牖下，乃制心及肺肝為俎，其祭肉心肺肝各一，他皆如祀户之禮。」①

〔補正〕

中霤禮「設主於牖下，制心及肺肝為俎，祭肉心肺肝各一」，案：中霤禮既是篇名，則此條當依吴氏儀禮逸經移置篇首中霤禮下。（卷一〇，頁十一）

「祀門之禮，北面，設主於門左樞，乃制肝及肺心為俎，奠於主南，又設盛於俎東，其他皆如祭竈之禮。」

「行在廟門外之西為軷壤厚二寸，廣五尺，輪四尺。祀行之禮，北面，設主於軷上，乃制腎及脾為俎，奠於主南，又設盛於俎東，祭肉腎一，脾再，其他皆如祀門之禮。」以上皆中霤禮文。

右月令注。

禘於太廟禮句附。

「禘於太廟之禮，日用丁亥，其昭尸穆尸，其祝辭總稱孝子孝孫，皆升合於其祖。」

「祫於太廟之禮，毁廟之主升，合食而立二尸。」

---

① 「祀中霤之禮」至「祀户之禮」三十三字，依補正應廁於前列「中霤禮」條下。

右吴氏儀禮逸經、左傳杜預注。

三正記句附。

「正朔三而改文質再而復也，質法天，文法地也。」

「天子龜長一尺二寸，諸侯一尺，大夫八寸，士六寸。」

「天子蓍長九尺，諸侯七尺，大夫五尺，士三尺。」

「灼龜以荊，以火動龜，不以水動蓍。」

右白虎通德論。

「江、河、淮、濟為四瀆，瀆者通也，所以通中國垢濁，民陵居，殖五穀也。江者貢也，珍物可貢獻也。河者播為九流，出龍圖也。淮者均，均其務也。濟者齊，齊其度量也。」

右風俗通。

「大夫蓍五尺，故立筮。士之蓍三尺，當坐筮。」

右儀禮疏。

「三王各以正月祭天，南郊，日用上辛。」以上皆三正記文。

右三禮義宗。

瑞命篇

右論衡。

本命篇句附。

「男必三十而娶，女必十五乃嫁。」

別名記句附。

「司徒典民，司空主地，司馬順天。」

「五人曰茂，十人曰選，百人曰俊，千人曰英，倍英曰賢，萬人曰傑，萬傑曰聖。」

右白虎通德論。

盛德記句附。

「明堂自古有之，凡有九室，室有四户八牖，共三十六户七十二牖，以草蓋屋，上圓下方，所以朝諸侯，其外有水，名曰辟雍。」

〔補正〕

盛德記「明堂自古有之」云云，此大戴禮盛德記明堂篇之文，許慎引入五經異義，孔穎達又引異義入玉藻疏，竹垞槩指為禮記疏，非也。（卷一〇，頁十一—十二）

又按：此文既見於大戴禮，則不可列於逸經。若以大載為逸，則其中如諸侯遷廟、釁廟之類，皆應採入矣。（卷一〇，頁十二）

右禮記疏。

號謚記

右風俗通。

親屬記句附。

「男子先生稱兄，後生稱弟。女子先生爲姊，後生爲妹。父之昆弟不俱謂之世叔，父之女昆弟俱謂之姑。」

王度記句附。

劉向曰：「王度記，齊宣王時淳于髡等所説也。」

「天子冢宰一人，爵禄如天子之大夫。」

「子男三卿，一卿命於天子。」

「臣致仕於君者，養之以其禄之半。」

「玉者有象君之德，燥不輕，濕不重，薄不撓，廉不傷，疵不掩，是以人君寶之。」

「反之以玦，其不待放者亦與之物。」

「天子鬯，諸侯熏，大夫芑蘭，士蒹，庶人艾。」

右白虎通德論。

「百户爲里，里一尹，其禄如庶人在官者。」

右雜記注。

「大夫俟放於郊三年，得環乃還，得玦乃去。」

右曲禮疏。

「天子駕六馬，諸侯駕四，大夫三，士二，庶人一。」以上皆王度記文。

右漢書輿服志。

五帝記句附。

「立庠序之學，則父子有親，長幼有序。」

右周禮疏。

王霸記

史繩祖曰：「周禮大司寇注引王霸記曰『四面削其地』，又曰『置之空墠之地』，又曰『正之者殺之也』，又曰『殘滅其為惡』，又曰『犯令者，違命也；陵政者，輕政法不循也』，又曰『悖人倫内外，無以異於禽獸，不可親百姓，則誅滅去之』，凡六舉於司寇之注，而不見於他書。」

右周禮注。

按：鄭康成注周禮引王霸記文，乃大司馬之職，史氏學齋佔畢乃以為司寇，誤矣。

秩官篇句附。

韋昭曰：「周常官篇名。」

「敵國賓至，關尹以告，行理以節逆之，候人為導，卿出郊勞，門尹除門，宗祝執祀，司里授館，司徒具徒，司空視塗，司寇詰姦，虞人入材，甸人積薪，火師監燎，水師監濯，膳宰致餐，廩人獻餼，司馬陳芻，工人展車。」

右國語。

王史氏記

〔補正〕

王史氏記，案：此條下當補「漢志：王史氏二十一篇」，下云：「七十子後學者，師古曰：『劉向别録云：六國時人也。』」（卷一〇，頁十二）

隋書：「王氏史記①二十一篇。」

昭穆篇句附。

「祀先賢於西學，所以教諸侯之德也，即所以顯行國禮之處也。」

太學志句附。

「禮士大夫學於聖人，善人祭於明堂，其無位者祭於太學。」

右蔡邕明堂論。

禮外篇句附。

「周時德澤洽和，蒿茂大以為宫柱，名曰蒿宫。」

右賈思勰齊民要術。

遺句

「子孫娶妻嫁女，必擇孝弟，世世有行義者，是則子孫慈悌孝愛，不敢淫暴，黨無不善，三族輔之，故鳳凰生而有仁義之性，虎狼生而有貪戾之心。嗚呼！戒之哉！無養乳虎，將□②天下。」

---

① 「王氏史記」，依四庫薈要本、文淵閣四庫本、文津閣四庫本、備要本及前列書名應作「王史氏記」。

② 「□」，依補正應作「傷」，文津閣四庫本作「禍」，備要本作「禮」。

右逸①大戴禮。

〔補正〕

「子孫娶妻嫁女」條下，竹垞云「右逸大戴禮」，案：「逸」字當删。此條内「將□天下」，「□」，是「傷」字。

（卷一〇，頁十二）

「父召無諾，君命召不俟駕。」

「諸侯耕助以供粢盛，夫人蠶繅以為衣服。」

「惟士無田，則亦不祭。」

「朝廷不歷位而相與言，不踰階而相揖也。」

右孟子。

「距冬至日四十六日，則天子迎春於東堂，距邦八里，堂高八尺，堂階三等，青稅八乘，旗旄尚青，田車載矛，號曰『助天生』，唱之以角，舞之以羽翟，此迎春之樂也。自春分數四十六日，則天子迎夏於南堂，距邦七里，堂高七尺，堂階二等，赤稅七乘，旗旄尚赤，田車載戟，號曰『助天養』，唱之以徵，舞之以鼓鞉，此迎夏之樂也。自夏至數四十六日，則天子迎秋於西堂，距邦九里，堂高九尺，堂階九等，白稅九乘，旗旄尚白，田車載兵，號曰『助天收』，唱之以商，舞之以干戚，此迎秋之樂也。自秋分數四十六日，則天子迎冬於北堂，距邦六里，堂高六尺，堂階六等，黑稅六乘，旗旄尚黑，田車載甲鐵鍪，號曰『助天

① 「逸」字，依補正應删。

誅』，唱之以羽，舞之以干戈，此迎冬之樂也。」

「春則衣青衣，佩青玉，乘青輅，駕青龍，載青旗，以迎春於東郊，居明堂左，啓東户。夏則衣赤衣，佩赤玉，乘赤輅，駕赤龍，載赤旗，以迎夏於南郊，居明堂正廟，啓南户。秋則衣白衣，佩白玉，乘白輅，駕白駱①，載白旗，以迎秋於西郊，居明堂右，啓西户。冬則衣黑衣，佩玄玉，乘玄輅，駕鐵驪，載玄旗，以迎冬於北郊，居明堂後廟，啓北户。」

右皇覽。

「兆於南郊，所以定天位也。祭地於泰，折在北郊，就陰位也。」

右漢書郊祀志。

「小學碾小節，業小道焉，大學碾大節，業大道焉。」

毛奇齡曰：「賈誼新書引逸禮記文稱『容經曰云云』，容經即容禮。後漢劉昆少習容禮也，容禮當即今之儀禮。」

右賈誼新書。

「珪博三寸，剡上寸半厚半寸，半珪為璋，方中圓外曰璧，半璧曰璜，圓中牙身玄外曰琮。」

孔穎達曰：「逸禮記文。」

右白虎通。

---

① 「駱」，依文淵閣四庫本應作「龍」。

「王者必制巡狩之禮何？尊天重民也。所以五年一巡狩何？五歲再閏，天道大備。所以至四岳者，盛德之山，四方之中，能興雲致雨也。巡狩者何？巡，循也；狩，牧也，為天循行牧民也。」

右太平御覽。

〔補正〕

聘珍案：經義考逸經一類最為疏漏，而禮經尤甚焉。漢志：禮古經五十六篇，高堂生所傳十七篇之外多三十九篇，雖無師説，然其篇名頗見於他書，如學禮見賈誼傳及大戴禮，天子巡狩禮見内宰注，朝貢禮見聘禮注，朝事儀見覲禮注，蒸嘗禮見射人疏，古大明堂禮見蔡邕論，聘禮記見荀子，此皆古禮之篇名，而竹垞未之及者也。（卷一〇，頁十二）

又案：説文所引天子用全純玉也，上公用駹四玉一石，侯用瓚，伯用埒，玉石半相埒也，佩刀，士珕琫而珧珌，天子玉琫而珧珌，諸侯璗琫而璆珌之類，皆當日禮經遺文也。（卷一〇，頁十二）

樂

遺句

「土曰壎，竹曰管，皮曰鼓，匏曰笙，絲曰絃，石曰磬，金曰鐘，木曰柷敔，此謂八音也，法易八卦也。」

「壎，坎音也。管，艮音也。鼓，震音也。絃，離音也，鐘，兑音也，柷敔，乾音也。」

右白虎通。

「磬前長三律二尺七寸，後長二律尺八寸。」

右考工記疏。

春秋左氏傳

遺句

「歲祫及壇墠終禘及郊宗石室。」

毛奇齡曰：「見通典博士徐禪議。按：今左傳無此文。豈左傳亦有遺句耶？」

論語

逸篇

問王①

「璠璵，魯之寶玉也，孔子曰：『美哉璠璵！遠而望之，煥若也；近而視之，瑟若也。一則理勝，一則孚勝。』」

「玉十謂之區，治玉謂之琢，亦謂之雕。」

「瑳，玉色鮮白也。瑩，玉色也。瑛，玉光也。瓊，赤玉也。璿、瑾、瑜，美玉也。璑，三采玉也。玲、瑲、琤、瑱、瑝，玉聲也。璥，玉佩也。瑱，充耳也。璪，玉飾以水藻也。」

---

① 「問王」，文淵閣四庫本作「問玉」。

右太平御覽。

「玉粲之瑳兮，其瑮猛也。」

右説文。

「如玉之瑩。」

右文選注。

〔補正〕

「如玉之瑩」，竹垞云「右文選注」，案：文選注本於説文。（卷一〇，頁一三）

按：逸論語問王篇①疑是問玉，説見論語部。

知道

班固曰：「齊論二十二篇，多問王、知道。」

右漢書藝文志。

遺句

「朋友無所歸，生，於我乎館；死，於我乎殯。」

右白虎通。

「大夫退死，葬以士禮。」

① 「問王篇」，文淵閣四庫本作「問玉篇」。

右王制正義。

孝經

逸篇

子曰：「閨門之内具禮矣乎？ 嚴父嚴兄，妻子臣妾猶百姓徒役也。」

熊禾曰：「開元敕議，意非不美，而司馬貞淺學陋識，并以閨門一章去之，卒啓明皇無禮無度之禍。」

右長孫氏説。

孟子

逸篇

性善、辨文、説孝經、為正

王充曰：「孟子作性善之篇，以為人性皆善，及其不善，物亂之也。」

趙岐曰：「孟子外書四篇，其文不能弘深，不與内篇相似，非孟子本真，後世依倣而託之者也。」

遺句

「孟子三見齊王，不言事，門人曰：『曷為三遇齊王而不言事？』孟子曰：『我先攻其邪心。』」

「人之學者其性善。」

右荀子。

「吞舟之魚不居潛澤，度量之士不居汙世。」

「夫藝冬至必彫，吾亦時矣。」

「其於心為不若求雞犬哉？不知類之甚矣。悲夫！終亦必亡而已矣。」在「有放心而不知求」下，「學問之道無他」上。

「高子問於孟子曰：『夫嫁娶者非己所自親也，衛女何以得編於詩也？』孟子曰：『有衛女之志則可，無衛女之志則篡①。夫道二，常之謂經，變之謂權，權懷其常道而挾其變，權乃得為賢。夫衛女行中孝，慮中聖，權如之何？』」

〔補正〕

「高子問於孟子」條內「無衛女之志則篡」，「篡」當作「怠」。（卷一〇，頁十三）

「孟子曰：『夫電雷之起也，破竹折木，震驚天下，而不能使聾者卒有聞；日月之明偏照天下，而不能使盲者卒有見。』」

右韓詩外傳。

「孟子曰：『夫有意而不至者有矣，未有無意而至者也。』」

右揚子法言。

---

①「篡」，四庫薈要本、文淵閣四庫本俱作「怠」。

「孟子曰：『人皆知以食愈饑，莫知以學愈愚；人皆知糞其田，而莫知糞其心，糞田莫過利苗得粟，糞心易行而得其所欲。』」

右劉向説苑。

「孟子曰：『諸侯有王。』」

右周官大行人注。

「舜年五十，而不失其①孺子之心。」

右坊記注。

「禹生石紐，西夷人也。」

右史記注。

「孟子曰：『紂貴為天子，死曾不如匹夫。』」

右漢書伍被傳。

「蠶麻以時，布帛不可勝衣也。」

「孟子曰：『堯、舜之道，非遠人也，而人不思之爾。』」

右桓寬鹽鐵論。

「人性皆善，及其不善，物亂之也。」

---

① 「其」字，文津閣四庫本脱漏。

右王充論衡。
「矯枉過直。」
右仲長統昌言。
「正①枉者必過其直。」黨錮傳。
「阿諛事貴，脅肩所尊，俗之情也。」張衡傳注。
右後漢書。
「堯、舜不勝其美，桀、紂不勝其惡。」
右風俗通。
「孟子曰：『千載一聖，猶旦暮也。』」
右鮑昭河清頌。
「千年一聖，謂之連步。」
右梁蕭綺拾遺録。
「孟子曰：『今人之於爵禄，得之若其生，失之若其死。』」
右梁書處士傳。
「圖景失形。」

① 「正」，文淵閣四庫本誤作「止」。

右顏氏家訓。

「太山之高，參天入雲。」

右文選注。

「六十四黍為一圭，十圭為一合。」

右廣韻注。

「戰者，危事也。」

右北堂書鈔。

「虐政殺人，何異刃①邪！」

「敬老愛幼，推心於民，天下運掌中也。」

「若久塗炭則易政。」

「見孺子入井，非孺子之父母，亦有惻隱之心。」

「當以直矯枉，若以曲，何以正人？」

「白羽白性輕，白雪白性消，白玉白性貞，雖俱白，其性不同也。」

右馬摠意林。

「仁也者，人也。」下有「義也者，宜也；禮也者，履也；智也者，知也；信也者，實也。」

---

① 「刃」，文淵閣四庫本作「刀」。

右外國本孟子。

按：外國本孟子，世儒莫有見者，朱子集註有云：「或問：信乎？曰：不可知也」。

「孟子曰：『人之所知，未若人之所不知。』」

「君王無好知，君王無好勇，勇、知之過，生平患禍所遵，正當仁義為本。」

右廣弘明集。

按：廣韻「丘」字注：「複姓四十四，孟子齊有曼丘不擇。」今無其文。

爾雅

遺句

「瑟，二十七絃者曰灑。大琴曰離，二十絃。磬，形似犂，以玉為之，大曰罄。笙，十九簧者曰巢。篪，大者尺四寸圍三寸，曰沂。塤，大者曰哴。大鐘曰鏞，中者曰剽，小者曰棧。懸鐘磬者曰筍簴，横曰筍，縱曰簴。簫，編二十三管尺四寸者曰言，十六管長尺二寸者茭。管，長尺圍寸，并漆之，有底，大者曰簥，中者曰篞，小者曰篎。籥，如笛，三孔而短小；七孔，大者曰産，中者曰仲，小者曰箹。」

右沈約宋書樂志所引，比今文詳略不同。

經義考卷二百六十三

毖緯一

易緯

隋志：「八卷，鄭玄注。」七録：「九卷。」舊唐志、崇文總目同，舊唐志云：「宋均注。」佚。惟乾鑿度存，餘未見。

晁公武曰：「隋志有鄭氏注易緯八卷，唐志有宋均注易緯九卷。李氏本注與隋志同，卷數與唐志同。家本蓋出李氏，獨不載乾鑿度二卷，而有乾元叙制一卷。按：後漢注①七緯名，亦無乾元叙制。」

〔補正〕

晁公武條内「按後漢注」，「漢」下脱「書」字。（卷十，頁十三）

---

① 「後漢注」，依補正、四庫薈要本、文淵閣四庫本應作「後漢書注」。

馮椅曰：「崇文總目周易緯九卷，漢鄭康成注。隋志有宋衷注。唐四庫書目有宋均注。中興館閣書目又有李淳風續注。其一推天元甲子之術，其二推易天地人之元術也。唐章懷太子後漢書注稱易緯有六篇，一稽覽圖、二乾鑿度、三坤靈圖、四通卦驗、五是類謀、六辨終備。」

王應麟曰：「康成注易緯，或引以解經，今篇次具存，宋注不傳。李淑書目九卷，凡乾鑿度、稽覽圖、通卦驗各二，辨終備、是類謀、坤靈圖各一，今三館所藏乾鑿度、通卦驗皆別出為一書，而易緯止有鄭氏注七卷，稽覽圖第一、辨終備第四、是類謀第五、乾元序制記第六、坤靈圖第七，二卷、三卷無標目。」

何孟春曰：「蓋寬饒引易傳言『五帝官天下，三王家天下；家以傳子孫，官以傳聖賢。』今易傳無此語，或曰易緯文也。」

垂皇策

佚。

乾鑿度曰：「先元皇介而後有垂皇策。」又曰：「垂皇策、乾文緯、乾坤二鑿度，此三文説易者也。」

鄭舫曰：「伏羲得神蓍而垂皇策。」

萬形經

佚。

乾鑿度曰：「有垂皇策而後有萬形經。」

按：坤鑿度注引萬形經文云：「風者，天地之大信。」又云：「坎，北方，無海。」又云：「天地者，體也；易者，體中情性。」又云：「天地失序，必有沮泄，媧皇用陰陽鈞之。」

乾文緯

佚。

乾鑿度曰：「有萬形經而後有乾文緯。」

乾鑿度

宋均注，通志：「二卷。」

存。

太古文目曰：「乾鑿度，聖人順乾道浩大，以天門為名也。乾者，天也，乾訓健壯，健①不息，日行一度；鑿者，開也，聖人開作；度者，度路，聖人鑿開天路，顯彰化原也。」

坤鑿度曰：「庖犧氏著乾鑿度上下文。」

黃庭堅曰：「易緯、乾鑿度等書，其中多有不可曉者，獨九宮之法頗明。」

① 「健」，四庫薈要本作「順」。

崇文總目曰：「中述陰陽、日辰、數讖。」

紹興續書目曰：「蒼頡注乾鑿度二卷。」

晁公武曰：「右舊題蒼頡修古籀文，鄭氏注。按：唐四庫書目有鄭玄注詩、書緯及宋均注易緯，而無此書。其中多有不可曉者，獨九宮之法頗明。」

程大昌曰：「乾鑿度出於漢世，其書多言河圖，曰太乙取之以行九宮四正四維，皆十五也。夫太乙非所論，其謂四正四維環拱一五，無往而不為十五，即陳摶所傳之圖矣。然則昔之作為乾鑿度者，實嘗親見是圖。其書言七八之象、九六之變，皆以十五為宿，蓋於圖乎得之也。乾鑿度者，世儒多引之以明易旨矣，而鄭康成之論大衍，以十日、十二辰、二十八宿為五十，亦自乾鑿度出也；晉張湛傳列子至七變為九，曰此章全是周易乾鑿度，則漢、魏以降，凡言易、老者皆已宗而用之，非後世託為也。」

程龍曰：「乾坤二鑿度，序稱庖犧氏作；注稱其書謂序乾坤之元體，與易大行者也。考其閒有所謂太乙、九宮、卦宮、卦氣、月卦、爻位之法，與夫軌筭占算之術、律曆相生之數，古今術家多用之，又似陰陽卜筮者流託為庖犧氏書，以自神其説也。」

姚小彭曰：「今所傳戴九履一之圖，乃易乾鑿度九宮法。」

胡一桂曰：「題庖犧氏先文公孫軒轅氏演古籀文，蒼頡修為上下二篇。漢去古未遠，秦燼之餘，猶或尚有祖述，如羲之用蓍，九宮之於洛書，皆有裨於易教者。」

乾坤鑿度 一作坤鑿度。

通志：「二卷。」

存。

坤鑿度曰：「太古變乾之後，次鑿坤度。」又曰：「坤軵於乾，順亨貞。」

晁公武曰：「右題曰庖犧氏先文軒轅氏演古籀文，蒼頡修。按：隋、唐志及崇文總目皆無之，至元祐田氏書目始載焉，當是國朝人依託為之。」

黄震曰：「鑿度不知誰所作，矯黄帝而為之言，云庖犧氏之古文，黄帝演古籀文，而蒼頡修為上下篇。上篇乾鑿度，鑿，開也，度，路也，聖人鑿開天路，顯彰化源也。其説謂有太易而有太初，而有太始，而有太素，乃及古帝者之代興，乃及乾坤巽艮之四門，乃及坎離震兑之四正，至若配身取象、取物制度等説，支離矣。下篇坤鑿度也，謂『太古變乾之後，次鑿坤度』，謂坤元十性，謂坤有八色，曰蕩配，曰淩配，支離益甚矣。乾坤鑿度之言，大率詞澀而理寡，又有周易乾鑿度、周易坤鑿度二篇，又皆矯孔子而為之言，竊取繫辭，餘自太極兩儀八卦而生六十四卦，而至爻象復歸太易太初太始太素之説。謂太易，未見氣也；太初，氣之始也；太始，形之始也；太素，質之始也。較之乾坤鑿度，文頗明直，是出一人之手，而偽為古今華質之不同，以互相發明者歟？然以日之十干、辰之十二支、星之二十八宿，指為大衍之數五十，於易未必合。而以易之三百六十析當期之日，是京房卦氣之法，此書正為此作，而前冒大易為重耳。若其謂『入戊午部，二十九年伐崇侯、作靈臺、改正朔、布王號天下，受録應河圖』；又

『謂消息卦純者為帝，不純者為王』，恐皆非君子之言。而謂帝乙『以生日為名』，亦非，殷以即位之年太歲為號，考曆者已得之矣。」

程龍曰：「宋大明中始禁圖讖，梁天監以後又重其制，隋煬帝發使收天下讖緯書悉焚之，故遂散亂，無復全書。今行於世惟乾坤二鑿度。」

胡應麟曰：「周易乾鑿度二卷、又乾坤鑿度二卷，今合為一，實二書也。乾坤鑿度稱黄帝撰，而乾鑿度皆假孔子為言，其偽固無庸辨説，然亦非鑿度本書也。蓋元包洞極之類，猶是稍能文者所為，此特荒陋，俚儒偽撰爾。」

孫穀曰：「諸緯文俱佚矣，惟乾、坤鑿度猶存。」

易考靈緯

佚。

乾鑿度曰：「有乾鑿度而後有考靈經。」乾鑿度注曰：「考者，成也；諸靈術行，化本於代。」

坤鑿度曰：「炎帝、黄帝有易靈緯。」

鄭康成曰：「神農法古易為考靈緯。」

易制靈圖

佚。

乾鑿度曰：「有考靈經而後有制靈圖。」注：「龜書是也。」

易含文嘉

佚。

乾鑿度曰：「有希夷名而後有含文嘉。」注：「亦名瑞文。」

易稽命圖

佚。

乾鑿度注曰：「算文。」

易含靈孕

佚。

按：坤鑿度注引之。

易八墳文

佚。

鄭康成曰：「公孫氏名軒轅，依大庖之制，作易八墳文，釋八卦之理。」

易九厄讖

佚。

王應麟曰：「三統曆引易九厄。」

按：陽九百六之義，本於九厄讖，其文云：「三統是爲元歲，元歲之閏，陰陽災。初入元，百六、陽九；次三百七十四，陰九；次四百八十，陽九；次七百二十，陰七；次七百二十，陽七；次六百，陰五；次六百，陽五；次四百八十，陰三；次四百八十，陽三。凡四千六百一十七歲，與一元終。經歲四千五百六十，災歲五十七。」

易稽覽圖

通志：「七卷。」通考：「三卷。」

佚。

〔校記〕

趙在翰有輯本。（讖緯，頁六五）

陳振孫曰：「與上易緯前三卷相出入，而詳略不同。」

祝泌曰：「稽覽圖首中孚而復次之，秖六十四卦，故取震、離、兑、坎直二十四氣，而以六十卦三百六十爻各直一日。」

黃震曰：「緯雖非正書，然出漢世。此書言『至今大唐上元二年乙亥』、『卦起中孚』，不知何人作也。書有推天元甲子之術，推易天地人之元術，皆墮小數，不足留情。其曰：『癸巳元年，一百九十萬八千八百五十三歲，乃加太初元年』，殆誣誕耳。惟其謂『六日八十分之七』，注云：『一卦七分』，此為京房卦法則明。至每候言災異之應，恐亦未必然。」

孫穀曰：「此主節候徵應，倚卦立言。」

按：稽覽圖文：「地有險易，故風有遲疾，雖太平之政，猶有不能均同也。惟政平均，風乃不鳴條，雨不破塊。」其辭若出漢以後人語。

易是類謀或作筮謀類。

鄭玄注，通考：「一卷」

佚。

〔校記〕

趙在翰有輯本。是類謀、坤靈圖、乾元序制記並有黃奭輯本。（毖緯，頁六五）

孫穀曰：「書有致其譎以導其庸者，此篇是也。」

按：類書所引是類謀文有云：「斗機絶綱，玉衡撥，攝提亡。五星合，狼弧張；晝視無日，虹蜺煌煌；夜視無月，慧孛將將；當藏者出，當出者藏。太山失金鷄，西岳亡玉羊；天卑地高，雷讙公①行。星晝奔，蜺夜光，上無乾，下無常，天昧昧，履踐冰。民依②霧，主吸霜，閒可倚杵於何藏。不知冬，不知夏，不見父，不見兄；望之漠漠，視之茫茫，群黨假威坐玉床。」通篇純作韻語③，正復古致錯落，孫樵大明宮紀夢文疑本此。

易辨終備「終」或作「中」。

通考：「一卷。」

佚。

〔校記〕

趙在翰有輯本。（毖緯，頁六五）

按：史記正義引中備文云：「孔子正月為商瞿筮曰：『瞿當有五丈夫子。』子貢曰：『何以知之？』子曰：『卦遇大畜，艮之二世。九二，甲寅木為世；九五，丙子④水為應。陽爻五，應有五子。』」蓋唐初其書尚存。

---

① 「公」，四庫薈要本、文淵閣四庫本俱作「虹」。

② 「依」，四庫薈要本、文淵閣四庫本俱作「衣」。

③ 「語」，備要本誤作「誤」。

④ 「丙子」，備要本誤作「景子」，依四庫薈要本作「丙子」改正。

易通卦驗

通考：「二卷。」

佚。

〔校記〕

趙在翰有輯本。（䜟緯，頁六五）

馮椅曰：「館閣本通卦驗有云：『正其本而萬物理，失之毫釐，差以千里。』漢儒引之作『君子正其始，萬物理，差之毫釐，謬以千里。』程可久曰：『此緯書通卦驗之文也，與館閣本其文特小異爾。』」

黄震曰：「卦驗有於七經、於河、洛之目，於理無所考，而亦矯孔子為之辭。首曰：『太皇之先，與耀合元，精五帝期，以序七神。』此不過為無所考以相欺，大率為卦氣發，然僻書耳。」

楊慎曰：「唐邵諤著望氣經，多引易通卦驗、春秋感精符。」

孫穀曰：「古今曆法載晷影之數，互有參差，考之通卦驗，更為悉備。蓋以晷影候病，㞢通於内經五運六氣矣。」

按：通卦驗大都占候之辭，其占雲曰：「冬至，初陽雲如樹木；　立春，如積水；　春分，如白鵠；　穀雨，如連蓋；　立夏，如赤珠；　夏至，如水波；　大暑，雲出，南黄北蒼；　立秋，濁陰雲出，如赤繒；　寒露，如冠纓；　霜降，上如羊，下如磬石。」杜氏編珠引之。

又占風曰：「冬至，廣莫風至，誅有罪，斷大刑；　立春，條風至，赦小罪，出稽留；　春分，明庶風至，正封疆，修田疇；立夏，清明風至，出幣帛，禮諸侯；夏至，景風至，拜大將，封有功；立秋，涼風至，報土功，祀四鄉；秋分，閶闔風至，解懸垂，琴瑟不張；立冬，不周風至，修宫室，完邊城。八風以時，則陰陽正，治道成，萬物得以育生。王者當順八風，行八政，當八卦也。』又占日晷曰：「冬至，晷長丈三尺；春分，晷長七尺三寸四分；夏至，晷長尺有四寸八分；秋分，晷長二寸四分。冬至日①，樹八尺之表，日中，視其晷，晷如度者，則歲美，人民和順；晷不如度者，則歲惡，人民多訛言，政令不平；晷進則水，晷退則旱。」太平御覽引之。

又顔氏家訓、陸氏釋文引其文，俱題曰易通卦驗玄圖，「通」或作「統」。

易通統圖

佚。

按：太平御覽引其文云：「日春行東方青道，曰東陸；夏行南方赤道，曰南陸；秋行西方白道，曰西陸；冬行北方黑道，曰北陸。」

易坤靈圖

通考：「一卷。」

---

① 「冬至日」，四庫薈要本誤作「冬日至」。

佚。

〔校記〕

趙在翰有輯本。是類謀、坤靈圖、乾元序制記並有黃奭輯本。（毖緯，頁六五）

孫穀曰：「此蓋配乾鑿度而名篇。」

按：「至德之萌，日月若聯璧，五星若貫珠。」此坤靈圖文也。

〔補正〕

竹垞「按『至德之萌，日月若聯璧，五星若貫珠。』此坤靈圖文也。」案：今刻易緯坤靈圖作「五星若連珠，日月如合璧。」（卷十，頁十三）

易卦氣圖

佚。

張行成曰：「揚子雲太玄，其法本於易緯卦氣圖，卦氣圖之用，出於孟喜章句。」

易元命包

佚。

乾鑿度曰：「有稽命圖而後有墳文，而後有八文，而後有元命包。」

易萌氣樞

佚。

按：晉書五行志引之，文曰：「人君不好士，走馬被文繡，犬狼食人食，則有六畜談言。」

易曆

佚。

按：乾坤鑿度引易曆文云：「陽紀天心。」鄭康成注曰：「孔子以曆説易，名曰『象』，今易象四篇，是紀古説。」又易曆文云：「別序聖人，題録興亡，州土名號，姓輔友符。」鄭注曰：「言孔子將此應之，而作讖三十六卷。」

易運期

佚。

按：魏志云：「鬼在山，禾女連，王太下。」又云：「言居東，西有午，兩日並光，主友為輔。」

易內戒

佚。

右見抱朴子微旨篇。

易狀圖

一卷。

佚。

右見張彦遠名畫記，當亦緯書也。

乾元序制記

通考：「一卷。」

佚。

〔校記〕

趙在翰有輯本。是類謀、坤靈圖、乾元序制記並有黄奭輯本。（䜣緯，頁六五）

陳振孫曰：「其閒推陰陽卦，直至唐元和中，蓋後世術士所附益也。按七緯之名，無乾元序制記。」

易傳太初篇

佚。

按：易傳太初篇，蔡邕明堂論引之，文曰：「太子旦入東學，晝入南學，暮入西學，在中央曰太學，天子之所自學也。」當亦是緯書。

經義考卷二百六十四

毖緯二

河圖、洛書

隋志：「二十卷。」七録：「二十四卷，目録一卷。」

佚。

禮含文嘉曰：「伏羲德合上下，天應以鳥獸文章，地應以河圖、洛書，則而象之，乃作八卦。」

挺佐輔曰：「天老告黄帝曰：『河有龍圖，洛有龜書。』帝遊翠嬀之川，有大魚出，魚没而圖見。」

握河紀曰：「堯即政七十年受河圖。」

春秋説題辭曰：「河以通乾出天苞，洛以流坤吐地符，河龍圖發，洛龜書感，王者沉禮焉，故圖有九篇，書有六篇。」

春秋命曆序曰：「河圖，帝王之階圖，載江河、山川、州界之分野。」

管仲曰：「昔人受命者，龍龜假河出圖、洛出書，地出乘黃。」

劉安曰：「至德之世，河出丹書，洛出緑圖。」

揚雄曰：「大易之始，河序龍馬，洛貢龜書。」

宋均曰：「堯省河、洛，得龜龍之圖書。」

王充曰：「河神故出圖，洛靈故出書。」

班固曰：「河圖命庖，雒書賜禹，河圖、洛書相為經緯。」又曰：「河、洛，圖書之淵。」

張衡曰：「龍圖授羲，龜書畀姒。」

鄭康成曰：「太平嘉瑞，圖書之出，必龜龍銜負焉。」

蔡邕曰：「洛書皆言存亡之事，覽之以驗禍福也。」又曰：「河圖、洛書，至信至明。」

左思曰：「河、洛開奧，符命用出。」

潘徽曰：「龍筴授河，龜威出洛。」

隋書：「河圖、洛書，自黃帝至周文王所受本文。」

孔穎達曰：「河圖由天，洛書自地。」

劉牧曰：「龍圖龜書，經所不載，然前賢相傳授，數與象合，位將卦偶，不盈不縮，符於自然，故古今陰陽之書靡不宗之。」

車若水曰：「易，六經之祖；河圖，易之祖。」

圖書秘記

漢志：「十七篇。」

佚。

河洛内記

七卷。

佚。

右見抱朴子遐覽篇。

河圖

十二卷，又八卷。

佚。

右見張彦遠名畫記。又法苑珠林引其文曰：「元氣无①形，匈匈蒙蒙，偃者為地，伏者為天。」又郭茂倩樂府詩集引其文曰：「黄河出崑崙山，北流千里，折西而行，至於蒲山；南流千里，至於華山之

① 「无」，備要本誤作「元」。

陰」；東流千里，至於桓、雍；北流千里，至於下津；河水九曲，長九千里，入於渤海。」

佚。

〔校記〕

河圖括地象

黄奭有輯本。（緯，頁六五—六六）

尚書刑德倣曰：「禹長於地理、水泉、九州，得括象圖，故堯以為司空。」

尚書中候曰：「伯禹觀於河，有長人魚身出曰：『吾河精也。』授禹河圖，還入淵。」

鄭玄注曰：「即括地象也。」

羅泌曰：「始禹治水七年矣，傷功未就，悠然沈思，於是上觀河，河精受圖。」

孫轂曰：「昔禹治水，得括地象，此其傳之最古也。」

按：河圖括地象其言雖夸，然大抵本鄒衍大九州之説。今節録之文云：「易有太極，是生兩儀，兩儀未分，其氣混沌，清濁既形，伏者為天，偃者為地。天不足西北，地不足東南，西北為天門，東南為地户，天門無上，地户無下。天有五行，地有五嶽；天有七星，地有七表；天有四維，地有四瀆；天有八氣，地有八風，天有九道，地有九州。東南神州曰晨土，正南卬州曰深土，西南戎州曰滔土，正西弇州曰開土，正中冀州曰白土，西北柱州曰肥土，北方玄州曰成土，東北咸州曰隱土，正東揚州曰信土。八極之廣，東西二億三萬三千里，南北二億三萬一千五百里。夏禹所治四海内地，東西二萬八千里，南北二萬六千里。崑崙者，地之中也，有柱焉，其高入天，即所謂天柱也。高萬一千里，圍三千里，有五城十二樓，出五色雲，五色流水，其泉南流入中國，名曰河也。東南地方五千里，名神州，中有五山，帝王居之，地下有八柱，柱廣十萬里，有三千六百軸，互相牽制，名山大川，孔穴相通。崑崙之山為地首，岐山為地乳，桐柏為地穴，熊耳地之門也，鳥鼠同穴地之幹也，汶山井絡也，太行天下之脊也。」

又按：禹受地統書，攷禮正義「天子祭天地山川」文，疏曰：「案地統書括地象云：『崑崙者，地之中央，東南地方五千里，名曰神州。』」此即括地象之文，然則括地象又名地統書也。

河圖括地象圖

十一卷。

佚。

右見張彦遠名畫記。

河圖録運法

佚。

羅苹曰：「『黄帝坐玄扈閣，與大司馬容光、左右輔將周昌二十二人臨觀鳳圖。』此出河圖録運法，而春秋合誠圖則云百二十二人也。」

河圖赤伏符

佚。

按：建武封禪刻石，援河圖赤伏符、會昌符、提劉、合古篇文。

河圖挺佐輔

佚。

孫㲄曰：「挺佐輔，其符命之祖乎？」

按：挺佐輔文：「百世之後，地高天下，山陵消去，不風不雨，不寒不暑，民復食土，皆知其母，不知其父。如此千載之後，天可倚杵，洶洶隆隆，曾莫知其始終。」亦用韻語，頗與易是類謀相似。

河圖帝覽嬉

佚。

〔校記〕

黄奭有輯本。（讖緯，頁六五—六六）

孫㲄曰：「帝覽嬉者，猶云覽德輝而喜悦爾。」

按：鄭康成注尚書考靈曜引河圖帝覽嬉文云：「黄道一，青道二，出黄道東；赤道二，出黄道南；

白道二，出黃道西；黑道二，出黃道北。日，春東從青道，夏南從赤道，秋西從白道，冬北從黑道。」

河圖握矩起

佚。

孫瑴曰：「五運三正，安有常期？謂之握矩者，明乎皇帝王之迭興，各有禎符，若春規、夏準、秋矩、冬權，可象鑑而不謬也。」

按：易通卦驗有云「遂皇始出握機矩」，或作「握拒」，傳寫誤爾，宋均有注。

河圖稽命曜或作稽命徵。

佚。

〔校記〕

黄奭有輯本。（逸緯，頁六五—六六）

河圖稽曜鉤

佚。

〔校記〕

黄奭有輯本。（逸緯，頁六五—六六）

孫瑴曰：「稽曜曰鈎，以言乎玄象之窈裔無不睹也。」

按：稽曜鈎其説妖占，其文曰：「五星散為五色之彗，歲星之精流為國皇，太白散為天狗，辰星散為枉矢，熒惑散為蚩尤旗；　鎮星散為獄漢，又為五殘，又為旬始。」考晉書天文志：「彗有五色，各依五行本精所主；　蚩尤旗，類彗而後曲，象旗；　國皇，大而赤，類南極老人星；　五殘，一名五鏠，狀類辰星，出角；　獄漢，一名咸漢，大而赤；　旬始，出北斗旁，如雄鷄，其怒，有青黑，象伏鼈；　枉矢，類流星，色蒼黑，蛇行；　天狗，狀如犬奔，色黄①，有聲。」其名義，學者所宜知，故節録之。

〔補正〕

竹垞案内「天狗狀如犬奔，色黄，有聲」，按晉書天文志「色」上有「星」字。（卷十，頁十三）

河圖會昌符

佚。

司馬彪曰：「建武三十二年，上齋，讀河圖會昌符，言九葉封禪。」

河圖記命符

佚。

---

①「色黄」，依補正應作「星色黄」。

右見抱朴子微旨篇。

河圖說徵示

佚。

河圖帝視萌

佚。

皇甫謐曰：「黃帝出遊洛水之上，見大魚，殺五能牲以醮之，天乃甚雨，七日七夜，魚流於海，始得圖書，今河圖帝視萌之篇是也。」

河圖期運授

佚。

太平御覽引之。

河圖帝紀通或作帝通紀。

佚。

按：諸書所引：「雲者，天地之本也；風者，天地之使也；雨者，天地之施也；雷者，天之鼓也；彗星者，天之旗也。」皆帝通紀之文也。

河圖皇參持

佚。

按：皇參持文云：「皇辟出，承乾訖。道無為，治□率。被①遂矩，戲作術。開皇邑，握神日。投輔提，象不絕。立皇後，翼不格。道終始，德優劣。帝任政，河曲出。葉輔嬉，爛可述。」王劭以為隋受命之符，以有開皇字也。

河圖闓苞受

佚。

河圖考曜文

佚。

① 「被」，四庫薈要本作「彼」。

河圖内元經

佚。

右見陶弘景真誥稽神樞篇。

龍魚河圖

一卷。

佚。

〔校記〕

黄奭有輯本。（毖緯，頁六五—六六）

顧野王曰：「龍魚負圖從河中出，付黄帝；從洛水出，詣舜。」

孫穀曰：「河圖篇目已繁矣，類書所録有以『龍魚』命者，豈非以其玉石雜糅、椒艾紛汨，而衍其牘歟？」

按：龍魚河圖，賈思勰齊民要術屢引之，有云：「瓜有兩鼻者，殺人；羊有一角，食之殺人；玄鷄白頭，食之病人。」此服食家言爾。又云：「各以臘月，鼠斷尾。正月旦日，未出時，家長斬鼠，著屋中。祝云：『付敕屋吏，制斷鼠蟲；三時言功，鼠不敢行。』」又云：「埋蠶沙於宅亥地，大富，得蠶絲，吉利。以一斛二斗，甲子日鎮宅，大吉，財致千萬。」又云：「歲暮夕，四更中，取二七豆子、二七麻子、家人頭髮少許，合麻、豆著井中，呪勑井，使其家竟年不遭傷寒，辟五方疫鬼。」又太平御覽引其文云：「婦人無以夫衣合浣之，使不利。」又云：「以責馬錢娶婦，令多惡病，夫妻離別。」又云：「懸艾虎鼻門上，宜官，子孫帶印綬。懸虎鼻門中，周一年，取燒作屑，與婦飲之，二月中便有娠，生貴子。勿令人知之，泄則不驗也，亦勿令婦見之。」又云：「七月七日取小赤豆，男呑一七，女呑二七，令人畢歲無病①。是日取烏鷄血，和三月三日桃花末，塗面及身，三日後肌白如玉。」觀其大略，無異道家厭勝之術，與經義何裨？至謂蚩尤兄弟八十一人，皆銅頭鐵額，食砂石子，尤屬不倫。諸緯中邪說誣民，蓋未有甚於此書者已。

河圖龍文

隋志：「一卷。」

佚。

王應麟曰：「文選注引之。」

河圖八文

佚。

---

① 「病」，文淵閣四庫本作「疾」。

乾鑿度曰：「有制靈圖而後有河圖八文。」

河圖提劉

佚。

河圖真鉤或作真紀鉤。

佚。

按：「王者封泰山、禪梁父，易姓奉度，繼典崇功者，七十有二君。」是真紀鉤文。

河圖著命

佚。

右李善注文選引之。

河圖天靈

佚。

河圖緯象或作絳象。

佚。

按：是編叙河流九曲特明晰，其言曰：「河導崑崙山，一曲也；東流千里，至規其山，二曲也；北流千里，至積石山，三曲也；千里，入隴首，抵龍門，四曲也；南流千里，至隴首，至卷重山，五曲也；東流貫砥柱，觸閼流山，六曲也；東至洛會，七曲也；東流至大伾山，八曲也；東至絳水，千里至大陸，九曲也。」足為洽聞之資。

河圖玉版

佚。

孫穀曰：「緯之說，兆於河圖，故僭河圖者益衆。緯録未聞有玉版，而類書援引及之。」

按：酈道元水經注引此，又裴松之注魏志云：「左中郎將李伏表魏王曰：『昔先王初建魏國，武都李庶、姜合羈旅漢中，謂臣曰：「定天下者，魏公子桓。」臣以合辭語鎮南將軍張魯，魯問合知書所出？合曰：「孔子玉版也。天子曆數，雖百世可知。」合長於内學，關右知名。』所云孔子玉版者，當即是書也。」

河圖叶光圖、合古篇、祕微篇「微」一作「徵」。

佚。

王應麟曰：「光武封禪文載河圖合古篇，蔡邕傳注引河圖祕微篇。」

按：太平御覽引祕微篇云：「帝淫佚，政不平，則奎有角。君急恚怒，無雲而雨。」又引合古篇云：「地淪月散，必有立主。」

河圖始開篇

佚。

〔校記〕

黄奭有輯本。（毖緯，頁六五—六六）

按：其文「黄帝問風后曰：『予欲知河之始開。』風后曰：『河凡有五，皆始於崑崙之墟。』」此其所以名篇也。

河圖要元篇

佚。

楊慎曰：「茅山志引河圖要元篇云：『句金之壇，其閒有陵，兵病不起，洪波不登，乃有地脈，土良水清。句曲之山，金壇之陵，可以度世，上昇曲城。』蓋漢世讖書，後漢書志註不載其目，僅見此焉。」

胡應麟曰：「要元篇，譚苑醍醐所記，以用修語，余未敢深信。」

按：要元篇亦見陶隱居真誥，云是第四十四卷中語，非用修臆撰。

洛書甄曜度

佚。

〔校記〕

黄奭有輯本。（毖緯，頁六五—六六）

孫瑴曰：「緯書以『曜』稱者凡四，曰靈曜、曰文曜、曰曜鈎、曰曜嘉，未有博極軌度者。惟洛書甄曜度，周天罔不具悉。蓋星曆之學，聖門所首務焉，後世不第棄置之，而且曰『知星宿，衣不覆』，率用為戒矣。夫士子出户，舉目見天，顧不解列宿為何物，亦足羞也。」

按：光武封禪刻石，援洛書甄曜度文。又蜀志：劉豹、向舉等上先主言符瑞勸進，引洛書甄曜度、寶號命、録運期文。

又按：周天三百六十五度四分度之一，一度為千九百三十二里，則天地相去六十七萬八千五百里，此甄曜度之文，九峯蔡氏注堯典采之。

又按：李淳風乙巳占述洛書，以禹貢山川分配二十八宿：岍為角、岐為亢、荊山為氐、壺口為房、雷首為心、太岳為尾、砥柱為箕、析城為斗、王屋為牛、太行為須女、恆山為虛、碣石為危、西傾為室、朱圉為壁、鳥鼠為奎、太華為婁、熊耳為胃、外方為昴、桐柏為畢、陪尾為觜、嶓冢為參、荊山為東井，内方為鬼、大別為柳、岷山為星、衡山為張、九江為翼、敷淺原為軫。此亦異聞，諸地志皆未之援引也。

洛書靈準聽

鄭玄注。

佚。

〔校記〕

黄奭有輯本。（毖緯，頁六五—六六）

孫穀曰：「所述多太古溟涬以上，故其言幽靈惚怳，不可為象，而但溢於聽。」

按：洛書靈準聽，乾鑿度引其文，則鑿度之先，已有其書。

洛書寶號命

佚。

按：沈約宋書符瑞志引之作寶予命，或『號』字之譌也。

洛書録運期「期」或作「法」。

佚。

孫瑴曰：「此其書亦必有關運位，蓋隱讖存焉。」

按：沈約宋書符瑞志引之。

洛書稽命曜

佚。

洛書摘六辟「六」或作「亡」。

佚。

〔校記〕

黄奭有輯本。（䜣緯，頁六五—六六）

按：洛書摘六辟，乾鑿度亦引之。

老子河洛讖

佚。

按：老子河洛讖，蕭子顯南齊書符瑞志引之，有云：「年曆七七水滅緒，風雲俱起龍鱗舉。」又云：

「壇竭河梁塞龍淵，消除水災泄山川。」又云：「上參南斗第一星，下土①草屋為紫庭，神龍之岡梧桐生，鳳鳥舒翼翔且鳴。」類皆韻語。

〔補正〕

竹垞案内「下土草屋為紫庭」，「土」當作「立」。（卷十，頁十三）

① 「土」，依補正、四庫薈要本、文淵閣四庫本應作「立」。

經義考卷二百六十五

毖緯三

尚書緯

隋志：「三卷。」七録：「六卷。」

佚。

〔校記〕

趙在翰有輯本。（毖緯，頁六六）

尚書璇璣鈐

鄭玄注。

佚。

〔校記〕

馬國翰、趙在翰均有輯本，璇璣鈐並有黄奭輯本。（毖緯，頁六六）

孫瑴曰：「璇璣鈐當是載曆象之祕奥，而術已無傳矣。」

尚書考靈曜

鄭玄注。

佚。

〔校記〕

馬國翰、趙在翰均有輯本。（毖緯，頁六六）

李善曰：「書緯有考靈曜，靈曜謂天也。」

孫瑴曰：「談天莫詳於緯書，考靈曜所由名也。漢儒窮緯，故談天爲至精。」

按：考靈曜文大都推步之説，其言曰：「天從上臨下八萬里，天以圓覆，地以方載。天如彈丸，圍圜三百六十五度四分度之一，度二千九百三十二里千四百六十一分里之三百四十八。天有九野，九千九百九十九隅，去地五億萬里。何謂九野？中央鈞天，其星角、亢；東方皞天，其星房、心；東北變天，其星斗、箕；北方玄天，其星須、女；西北幽天，其星奎、婁；西方成天，其星胃、昴；西南朱天，其星參、狼；南方赤天，其星輿鬼、柳；東南陽天，其星張、翼、軫。二十八宿之外，各有萬五千里，是爲四游之極，謂之四表。春則星辰西游，夏則星辰北游，秋則星辰東游，冬則星辰南游。地有四游，冬至地游北而西三萬里，夏至地游南而東三萬里，春秋二分其中矣。地恒動不止，譬如人在巨舟中，閉牖而坐，舟行而人不覺也。七戎、六蠻、九夷、八狄①，據形而言之。謂之四海，言皆近海，海之言昏晦無所睹也。日道出於列宿之外萬有餘里，正月假上八萬里，假下一十萬四千里。日有九光，光照四極，臨四十萬六千里。日萬世不失九道謀。仲春、仲秋，日出於卯，入於酉；仲夏，日出於寅，入於戌；仲冬，日出於辰，入於申。日旁白者爲虹，日旁青赤者爲霓。在璿璣玉衡，以齊七政。玉儀之制，昏明主時。璿璣未中而星中，是急，急則日過其度，不及其宿；璿璣中而星未中，是舒，舒則日不及其度，夜月過其宿；璿璣中而星中，是周，周則風雨時，草木蕃盛，而百穀熟，萬事康也。主春者，鳥星，昏中，可以種稷；主夏者，心星，昏中，可以種黍；主秋者，虚星，昏中，可以種麥；主冬者，昴星，昏中，則入山，可以具器械。王者南面而坐，視四星之中，而知民之緩急，急則不賦力役，故授民時。鳥星爲春候，火星爲夏期，陽氣相助；虚星爲秋候，昴星爲冬期，陰氣相佐，德乃弗邪。子助母收，毋合子符。心，火星，天王也；其前星，太子；後星，庶子也。歲星，木精；熒惑，火精；鎮星，土精；太白，金精；辰星，水精也。歲星得度，五穀孳；熒惑順行，甘雨時；鎮星得度，地無災；太白出入當，五穀成熟，人民昌。春政不失，五穀孳；初夏不失，甘雨時；季夏不失，地無災；秋政不失，人民昌；冬政不失，少疾喪；五政不失，百穀稚熟。注：「晚熟曰稚。」詩曰：「稙稚菽麥。」春夏民欲早作，故令民先日出而作，是謂『寅賓出日』；秋冬民欲早息，故令民候日入而息，是謂『寅餞納日』。春迎

① 「七戎、六蠻、九夷、八狄」，文津閣四庫本改作「東西朔南漸被暨訖」。

其來，秋送其去，無不順矣。」考其言，無悖於理，隋燔緯書，若此與括地象，雖置不燔，可也。

又孔氏禮記疏、邢氏爾雅疏俱引鄭注考靈曜云：「天者純陽，清明無形，聖人則之，制璿璣玉衡以度其象。」又云：「地蓋厚三萬里，春分之時，地正當中，自此地漸漸而下。至夏至之時，地下游萬五千里，地之上畔與天中平。夏至之後，地漸漸向下①，至秋分，地正當天之中央，自此地漸漸而上，至冬至上游萬五千里，地之下畔與天中平。自冬至後，地漸漸而下。」又云：「天旁行四表之中，冬南、夏北、春西、秋東，皆薄四表而止。地亦升降於天之中，冬至而下，夏至而上。地與星辰俱有四游升降，四游者，自立春，地與星辰西游，春分，西游之極，地雖西極，升降正中，從此漸漸而東，至春季復正。自立夏之後北游，夏至，北游之極，地則升降極下，至夏季復正。立秋之後東游，秋分，東游之極，地則升降正中，至秋季復正。立冬之後南游，冬至，南游之極，地則升降極上，至冬季復正。」又云：「夏，日道上與四表平，下去東井十二度，爲三萬里。」又云：「日，春東從青道，夏南從赤道，秋西從白道，冬北從黑道。立春星辰西游，日則東游；立夏星辰北游，日則南游。春分星辰西游之極，日東游之極，日與星辰相去三萬里；夏至則星辰北游之極，日南游之極，日與星辰相去三萬里。」又云：「夏至，日與表平，冬至時日下至於地八萬里，上至於天十一萬三千五百里。」其言天體特詳。

〔補正〕

竹垞案内「漸漸向下」，「下」當作「上」。（卷十，頁十三）

---

①「地漸漸向下」，四庫薈要本作「地漸漸向上」，文淵閣四庫本作「地漸漸而上」。

尚書帝命驗或作命令驗。

鄭玄、宋均注。

佚。

〔校記〕

馬國翰、趙在翰、黄奭均有輯本。（讖緯，頁六六）

按：「天有五號，尊而君之，則曰皇天；元氣廣大，則稱昊天；仁覆閔下，則稱旻天；自上監下，則稱上天；據遠視之蒼蒼然，則稱蒼天。天宗，日、月、北辰，地宗，岱、河、海也。日月爲陰陽宗，北辰爲星宗，河爲水宗，海爲澤宗，岱爲山宗。」「秦失金鏡，魚目入珠；桀失玉鏡，用其噬虎。」此皆帝命驗之文也。

尚書帝驗期「驗」或作「命」。

佚。

尚書刑德倣

佚。

〔校記〕

馬國翰、趙在翰、黄奭均有輯本。（讖緯，頁六六）

按：書名刑德倣者，其辭有云：「涿鹿者，笮人頭也；黥者，馬黥笮人面也；臏者，脱去人之臏也；宫者，女子淫亂，執置宫中，不得出也；割者，丈夫淫，割其勢也。劓象七政，臏象七精，墨象斗華。」蓋法家爲之。

尚書鈎命決

佚。

尚書運期授

佚。

〔校記〕

馬國翰、趙在翰、黄奭均有輯本。（讖緯，頁六六）

詹景鳳曰：「運期授謂文王以受命之年爲元年，注云：『周文王以戊午蔀二十九年季秋爲受命之月，至明年乃改元。』如此則何可以爲文王？彼蓋因書序『惟十有三年，武王伐殷』之語而附會之也。」

尚書洛罪級

佚。

尚書中候

宋均注，又隋志：「鄭玄注五卷。」七録：「八卷。」

佚。

〔校記〕

馬國翰有輯鄭注本。（毖緯，頁六六）

書緯曰：「孔子求書，得黄帝玄孫帝魁之書，迄於秦穆公，凡三千二百四十篇。斷遠取近，定可以爲世法者百二十篇，以百二篇爲尚書，十八篇爲中候。」

春秋命曆序曰：「堯壇於河，受龍圖，作握河紀。」

皇甫謐曰：「堯與群臣沈璧於河，爲握河紀，今尚書中候是也。」

蕭子顯曰：「候書章句無銓序。」

孔穎達曰：「鄭玄注中候依運斗樞，以伏羲、女媧、神農爲三皇。」又云：「五帝：帝鴻、金天、高陽、高辛、唐、虞氏。」六人爲五帝。又曰：「中候握河紀説堯，考河命説舜。」

陳振孫曰：「按：後漢書『緯候之學』注：『緯，七緯也；候，尚書中候也。』」

孫穀曰：「中候書佚，而諸書所引篇目猥多，有握河紀、考河命、摘洛戒、洛予命、運衡篇、義明篇、敕省圖、準纖哲、稷起篇。」

按：中候專言符命，當是新莽時所出之書。

中候考河命、題期、立象

佚。

宋均曰：「堯得圖書，舜禪後，演以爲考河命、題期、立象三篇。」

按：御覽引其文云：「若稽古帝舜，曰重華，欽翼皇象。舜曰：『朕惟不艾，蓂莢孚著。』」

中候摘洛戒

佚。

按：摘洛戒文見於載紀者，有云：「若稽古周公旦，欽惟皇天，順踐阼，即攝七年，鸞鳳見，蓂莢生，龍銜甲。」又云：「周公踐阼理政，與天合志，萬序咸得。」疑是王莽居攝時所獻書。

中候握河紀

佚。

王應麟曰：「禮記正義引中候握河紀。」

中候契握

佚。

按：孔氏禮疏引中候契握文云：「玄鳥翔水遺卵，娀簡狄吞之生契。」

中候勅省圖

佚。

按：孔氏禮疏引鄭康成注中候勅省圖文，以伏羲、女媧、神農爲三皇。

中候運衡篇

佚。

按：熊安生引中候運衡文云：「年者既艾。」注云：「七十曰艾。」亦見孔氏禮記疏。

中候準讖哲

佚。

按：孔氏禮疏引其文云：「仲父年艾，誰將逮政？」

中候洛予命

佚。

按：洛予命文：「湯東觀於洛，沈璧而黑龜與之書，黄魚雙躍，云：『寡人慎機。』」孔氏禮疏引之。

中候稷起

佚。

按：稷起文云：「蒼耀稷生感跡。」當亦美新之書。

中候我應篇

佚。

按：詩、檀弓疏引之。

中候儀明篇

佚。

按：蕭氏南齊書符瑞志引之。

詩緯

隋志十八卷。七録：「十卷。」

佚。

〔校記〕

趙在翰、黄奭均有輯本。（《緯書集成》，頁六六）

張衡曰：「凡讖皆云黄帝伐蚩尤，而詩讖獨以爲蚩尤敗，然後堯受命。」

隋書：「魏博士宋均注。」

詩緯圖

一卷。

佚。

詩含神霧

佚。

〔校記〕

馬國翰、趙在翰均有輯本。含神霧、推度災並有黄奭輯本。（《緯書集成》，頁六六）

按：含神霧之辭曰：「齊地處孟春之位，海、岱之間，土地汙泥，流之所歸，利之所聚，律中太簇，音中宫角。陳地處季春之位，土地平夷，無有山谷，律中姑洗，音中宫徵。曹地處季夏之位，土地勁急，音中徵，其聲清以激。秦地處仲秋之位，男懦女弱，高膫①，白色秀身，音中商，其言舌舉而仰，聲清而

① 「男懦女弱，高膫」，應依《太平御覽》卷二十四引《含神霧》作「男懦弱，女高膫」。

揚。唐地處孟冬之位，得常山大岳之風，音中羽，其地磽确而收，其民儉而好畜。魏地處季冬之位，土地平夷。邶、鄘、衛、王、鄭此五國者，千里之城，處州之中，名曰地軸。」以四序分配列國，時闕仲春、孟夏、仲夏、孟秋、季秋、仲冬，國亡豳、檜，亦一隅之論也。

詩氾曆樞

佚。

〔校記〕

馬國翰、趙在翰均有輯本。（毖緯，頁六六六）

孫穀曰：「凡曆生於律，律生於聲，聲生於詩，則詩之爲曆根樞，固矣。作曆者，三統、四分，皆知取諸易，取諸春秋，而了不及詩，豈知詩之有四始、五際，亦如易之有九問，春秋之有十端。而泰、否升沈、皇王籙運，動必關焉，則其謂之氾曆樞，非爽也。」

按：翼奉之言曰：「臣學齊詩，聞五際之要。」其說本於汎曆樞。

詩推度災

佚。

〔校記〕

馬國翰、趙在翰均有輯本。含神霧、推度災並有黄奭輯本。（毖緯，頁六六六）

按：乙巳占引推度災云：「邶，結蝓之宿；宋均注：「謂營室星。」鄘，天漢之宿；注：「天津也。」衛，天宿斗衡；王，天宿箕、斗；鄭，天宿斗衡；魏，天宿牽牛；唐，天宿奎、婁；秦，天宿白虎，氣生玄武；陳，天宿大角；檜國，天宿招摇；曹，天宿張、弧。」其所載國次星野，與淮南子諸書不同。

禮緯

隋志：「鄭玄注三卷。」佚。

〔校記〕

趙在翰有輯本。（崧緯，頁六六）

毛奇齡曰：「王制正義引禮緯文云：『三年一祫，五年一禘。』群儒因之，争論不休，皆此二語啓之。」

禮記默房

隋志：「宋均注二卷。」七録：「鄭玄注三卷。」佚。

禮含文嘉

宋均注，又：「鄭玄注三卷。」

存。

〔校記〕

馬國翰、趙在翰均有輯本。含文嘉、稽命徵並有黄奭輯本。（毖緯，頁六七）

孔穎達曰：「禮含文嘉云：『殷爵三等，殷正尚白，白者兼正中，故三等。夏尚黑，亦從三等。』按：孝經夏制而云『公、侯、伯、子、男』，是不爲三等也。含文嘉之文不可用。」

宋兩朝藝文志：「舊有讖緯七經雜解，今緯書存者獨易，而含文嘉乃後人著，爲占候兵家之説，與諸家所引禮緯乖異不合，故以易緯附經，移含文嘉於五行。」

詹景鳳曰：「含文嘉稽察災祥，於經旨或不相涉。」

按：大戴禮：「古者冕而前旒，所以蔽明也；統紞①塞耳，所以弇聰也。」注引含文嘉文云：「懸紞垂旒，爲閑姦聲，弇亂色。」又：「虞舜以天德嗣堯。」注引含文嘉文云：「質以天德，文以地德，殷受天而王，周據地而王也。」又漢書王莽傳云：「宗臣有九命上公之尊，則有九錫登等之寵。謹以六藝通義，經文所見，周官、禮記宜於今者，爲九命之錫。」顔師古注云：「禮含文嘉云：『九錫者，車馬、衣服、樂

---

① 「統紞」，文津閣四庫本作「黈紞」。

懸、朱户、納陛、武賁、鈇鉞、弓矢、秬鬯也。』」何休注公羊春秋，於「王使榮叔來錫桓公命」傳，引含文嘉文云：「禮有九錫，一曰車馬，二曰衣服，三曰樂則，四曰朱户，五曰納陛，六曰虎賁，七曰弓矢，八曰鈇鉞，九曰秬鬯。皆所以勸善扶不能。」徐彦疏附以禮緯注云：「諸侯有德，當益其地，不過百里。後有功，加以九錫。進退有節，行步有度，賜以車馬，以代其步；其言成文章，行成法則，賜以衣服，以表其德；其長於教誨，内樂至仁，賜以樂則，以化其民；其居處修理，房内不泄，賜以朱户，以明其别；其動作有禮，賜以納陛，以安其體；其勇猛競疾，執義堅彊，賜以虎賁，以備非常；其内懷至仁，執義不傾，賜以弓矢，使得專征；其亢陽威武，志在宿衛，賜以鈇鉞，使得專殺；其孝慈父母，賜以秬鬯，使之祭祀。」此宋均注也，此文較漢書注特詳。又劉昭注續漢書祭祀志引含文嘉文曰：「禮，天子靈臺，所以觀天人之際、陰陽之會也。揆星度之驗，徵六氣之瑞，應神明之變化，覩因①氣之所驗，爲萬物獲福於無方之原，招太極之清泉，以興稼穡之根。倉廩實，知禮節；衣食足，知榮辱。天子得靈臺之則，五車三柱明，制可行，不失其常。水泉川流，無滯寒暴暑之災，陸澤山陵，禾盡豐穰。」故左置辟雍，右立靈臺。其釋靈臺義亦該備。予先後見有二本，文各不同，一本畫雲氣星煇之象，而附以占辭；一本分天鏡、地鏡、人鏡爲三門，門各一卷，凡六十篇，後題紹興辛巳十一月觀察使張師禹授，而前諸書所引之文兩本皆無之，知非原書矣。」

〔補正〕

①「因」，四庫薈要本、文淵閣四庫本作「日」。

竹垞案內「覩因氣之所驗」，「因」當作「日」；「左置辟雍，右立靈臺」，按後漢志注，此係東京賦語，與上含文嘉不屬，此引含文嘉而雜入，似衍。（卷十，頁十四）

禮斗威儀

宋均注。

佚。

〔校記〕

馬國翰、趙在翰均有輯本。（忠緯，頁六七）

孫瑴曰：「禮本於天，殽於太一，斗中者，孝弟之精也。故威儀繫以斗，神明其説而達之天。」

按：禮斗威儀文見於羣書者，檃括附於後：「宫主君，商主臣，角主父，徵主子，羽主夫，少宫主婦，少商主政，是法北斗而爲七政，審候五色也。人君乘土而王，其政平，則日五色無主，月黄而多輝，鎮黄而多暈，甘露降，祥風至，嘉穀並生，蒙水出於山，江海不揚洪波，龜被文而見，鳳集於林苑。君乘木而王，其政平，則日黄中而青暈，海注：「不揚波。」山車垂句。山車者，自然之車也。草木豐茂，松長生，下有人蔆，上有紫氣①，福草生廟中，東海輸以蒼烏。君乘火而王，其政平，則日黄中而赤暈，祥風至，地生朱草，梧桐、楸梓長生，南海輸以文狐駮馬。君乘金而王，其政平，則日黄中而白暈，月圓而

---

①「紫氣」，文津閣四庫本作「紫雲」。

多糴，太白揚光，軒轅之精散爲甘露。鎮星黄時，則祥風至，嘉雨時，蘭桂長生，黄銀見，紫玉韞於深山，麒麟在郊。君乘火①而王，其政平，則日黄中而黑暈，辰揚光，景雲見，醴泉出，河溓，注：「不災溢。」紫脱長生，北海輸白鹿。帝者得其英華，王者得其根荄，霸者得其附枝。故帝道不行不能王，王道不行不能霸，霸道不行不能守其身。」

禮稽命徵

佚。

〔校記〕

馬國翰、趙在翰均有輯本。含文嘉、稽命徵並有黄奭輯本。（緯，頁六七）

孫穀曰：「運有興衰，教有因革，皆稽之乎禮。禮也者，命之元也，故惟禮文質可以徵命。」

按：春秋襄公十有六年，盟於溴梁。公羊傳曰：「君若贅旒然。」何氏注引玉藻云：「天子旂十有二旒，諸侯九，卿大夫七，士五。」徐氏疏云：「今禮記玉藻無此文，惟禮説稽命徵及含文嘉皆云：『天子旂九仞十二旒，曳地；諸侯七仞九旒，齊軫；卿大夫五仞七旒，齊較；士三仞五旒，齊首。』而言玉藻，誤也。」

按：公羊傳疏引春秋緯云：「含，天子以珠，諸侯以玉，大夫以碧，士以貝。」而後漢志劉氏注所引稍

① 「火」，備要本作「水」。

異，云：「天子飯以珠，含以玉；諸侯飯以珠，含以珠；卿大夫、士飯以珠，含以貝。」稱是禮稽命徵文。

又按：禮記疏引稽命徵文云：「天命以黑，故夏有玄圭；天命以赤，故周有赤雀銜書；天命以白，故殷有白狼銜鉤。」又云：「唐、虞五廟，親廟四，始祖廟一；夏四廟，至子孫五；殷五廟，至子孫六。」

禮稽命曜

佚。

右見太平御覽。

禮元命包

佚。

按：杜氏通典引之，文曰：「天子五廟，二昭二穆，以始祖而五。」

禮瑞命記

佚。

右見王充論衡、蔡邕明堂論，其詮「鳳」云：「雄曰鳳，雌曰凰；雄鳴曰即即，雌鳴曰足足。」

樂緯

隋志：「宋均注三卷。」

佚。

〔校記〕

趙在翰有輯本。（毖緯，頁六七）

孫穀曰：「緯以配經也，樂無經矣，復有緯乎？曲禮之樂記、周官之大司樂附禮而見，則樂之緯亦禮緯也。」

樂動聲儀

宋衷注。

佚。

〔校記〕

馬國翰、趙在翰均有輯本。（毖緯，頁六七）

按：動聲儀文有云：「風雨動魚龍，仁義動君子。」其名書之義乎？樂記疏引其文云：「宫爲君，君者當寬大容衆，故聲宏以舒，其和情以柔，動脾也。商爲臣，臣者當以發明君之號令，其聲散以明，其和温以斷，動肺也。角爲民，民者當約儉不奢僭差，故其聲防以約，其和清以静，動肝也。徵爲事，事者君子之功，既當急就之，其事當久流亡，故其聲貶以疾，其和平以切，動心也。羽爲物，物者不有委聚，故其聲散以虛，其和斷以散，動腎也。若宫唱而商和，是謂善太平之樂；角從宫，是謂哀衰國之樂；羽從宫，往而不反，是謂悲亡國之樂。」音相生者和，其言聲儀之動亦詳矣。

樂稽耀嘉

佚。

〔校記〕

馬國翰、趙在翰均有輯本。（毖緯，頁六七）

孫瑴曰：「是書不耑述樂事，但於天地人物，各挹其光大而美淑者，以爲禮立標，故其稱如是。」

按：「耀」，白虎通德論作「熠」。

又按：孔氏疏禮記引稽耀嘉文云：「夏以十三月爲正，息卦受泰；殷以十二月爲正，息卦受臨；周以十一月爲正，息卦受復。」又藝文類聚引其文云：「武王承命，興師誅於商，萬國咸喜。軍渡孟津，前歌後舞；克殷之後，民乃大安。家給人足，酌酒鬱搖。喜貌。」又云：「殷之德，陽德也，故以子爲姓。周之德，陰德也，故以姬爲姓。」又云：「社，土地之主，地闊不可以盡祭，故封土爲社以報功。稷，五穀之長，穀衆不可以徧祭，故祀稷爲神以主之也。」

樂叶圖徵

佚。

〔校記〕

馬國翰、趙在翰均有輯本，叶圖徵並有黃奭輯本。（毖緯，頁六七）

孫瑴曰：「樂不叶則不可以徵，不可以徵，則不可以圖也，此論其諧而傳者以成篇。」

按：續漢書律曆志劉氏注引樂叶圖徵文曰：「天元以甲子朔旦冬至，日月起於牽牛之初，右行二十八宿，以考王者終始。或盡一，其曆數或不能盡一，以四千五百六十爲紀，甲寅窮。」宋均曰：「紀即元也。四千五百六十者，五行相代；一，終之大數也。王者即位，或遇其統，或不盡其數，故一元以四千五百六十爲甲寅之終也。」又禮儀志引樂叶圖徵文云：「夫聖人之作樂，不可以自娛也，所以觀得失之效者也。故聖人不取備於一人，必從八能之士，故撞鐘者當知鐘，擊鼓者當知鼓，吹管者當知管，吹竽者當知竽，擊磬者當知磬，鼓琴者當知琴。故八士曰或調陰陽，或調律曆，或調五音。故撞鐘者以知法度，鼓琴者以知四海，擊磬者以知民事。鐘音調則君道得，君道得，則黃鍾、蕤賓之律應；君道不得，則鐘音不調，鐘音不調，則黃鍾、蕤賓之律不應。鼓音調則臣道得，臣道得，則太簇之律應。管音調則律曆正，律曆正，則夷則之律應。磬音調則民道得，民道得，則林鍾之律應。竽音調則法度得，法度得，則無射之律應。琴音調則四海合歲氣，百川一合德，鬼神之道行，祭祀之道得，如此，則姑洗之律應。五樂皆得，則應鍾之律應。天地以和氣至，則和氣應；和氣不至，則天地和氣不應。鐘音調，臣下以法賀主；鼓音調，主以法賀臣；磬音調，主以德施於百姓；琴音調，主以德及四海。八能之士常以日冬至成天文，日夏至成地理，作陰樂以成天文，作陽樂以成地理。」又五行志引叶圖徵文曰：「五鳳皆五色，爲瑞者一，爲孽者四。一曰鷫鸘，鳩喙圓目，身義戴信，嬰禮膺仁負智，至則旱疫之感也。二曰發明，烏喙大頸，大翼大脛，身仁戴智，嬰義膺信負禮，至則喪之感也。三曰焦明，長喙疏翼圓尾，身義戴信，嬰仁膺智負禮，至則水之感也。四曰幽昌，鋭目小頭，大身細足，脛若鱗葉，身智戴信，負禮膺仁，至則旱之感也。」考樂緯別有五鳥圖，後一條疑即五鳥圖文。

樂五鳥圖

七録：「一卷。」

佚。

經義考卷二百六十六

毖緯四

春秋緯

七録：「宋均注三十卷。」新唐志：「三十八卷。」

佚。

〔校記〕

趙在翰有輯本。（毖緯，頁六七）

春秋演孔圖

佚。

〔校記〕

趙在翰有輯本，演孔圖並有馬國翰輯本。（讖緯，頁六七）

何休曰：「得麟之後，天下血書魯端門曰：『趨作法，孔聖没，周姬亡，彗東出，秦政起，胡破術，書記散，孔不絶。』子夏明日往視之，血書飛爲赤烏，化爲白書，署曰演孔圖，中有作圖制法之狀。」

孫瑴曰：「此耑爲血書烏圖而述，故以演孔立名。」

按：其書雖曰演孔，并及孟子生時有五色雲之瑞云。

春秋孔録法

佚。

春秋説題辭

佚。

〔校記〕

馬國翰、趙在翰、黄奭均有輯本。（讖緯，頁六七）

孫瑴曰：「撰書者統諸緯之義而繹其文。」

按：説題辭文多係汎論，其言雨雪曰：「盛陽之氣温暖爲雨，陰氣薄而脅之，則合而爲雹。盛陰之氣凝滯爲雪，陽氣薄而脅之，則散而爲霰。一歲三十六雨，天地之氣宣；十日小雨，應天文也；十五日大雨，以斗運也；大節二十四，小節十二，功德分也；故一歲三十六雨。」其言嘉禾曰：「天文以七，列精以五，故嘉禾之滋，莖長五尺，五七三十五神盛，故連莖三十五穗，以成盛德，禾之極也。」餘不具録。

春秋元命包

佚。

〔校記〕

馬國翰、趙在翰、黄奭均有輯本。（毖緯，頁六七）

張衡曰：「春秋元命包中有公輸班與墨翟，事見戰國，非春秋時也。」

孫穀曰：「元，大也。命者，理之隱深也。包，言乎其羅絡也，萬象千名，靡不括也。」

按：是書雖佚，而其文存於今者，較他緯爲多。其言三才略備，如曰：「天不足西北，陽極於九，故周天九九八十一萬里。天如雞子，天大地小，表裏有水。日左行，周天二十三萬里，日圓，望之廣尺以應千里。日尊故滿明，故精在外，常盛無虧也。陽數起於一，成於三，故日中有三足烏。太陰水精爲月，兩設以蟾蜍、兔者，陰陽相居，明陽之制陰，陰之倚陽也。陰陽聚而爲雲，和而爲雨，揚而爲雪，合而爲雷，激而爲電，交而爲虹蜺，散而爲露，凝而爲霜，怒而爲風，亂而爲霧。霧，陰陽之氣也。霜以殺木，露以潤草。歲之爲言遂也，三年一閏，以起紀也。冬至百八十日，春夏成，夏至百八十日，秋冬成，合三百六十日。歲數舉陽氣，數極於三，故時三月，陽數極於九，故三月一時，九十日。正朔三而改，文質再而復，天人同度，正法相受。日月出内道，璇璣得常。五星皆大，其事亦大；皆小，其事亦小。早出爲盈，盈者爲客；晚出爲縮，縮者爲主。同舍爲合，相陵爲鬬。」此言乎天也。其曰：「地承氣而立，載水而浮，自東極至於西極，五億十萬九千八百八步。所以右轉者，氣濁精少，含陰而起遲，故右轉迎天，佐其道也。地出雲起雨，以合從天下，勤勞出於地，功歸於天。」此言乎地也。其曰：「昴、畢間爲天街，散爲冀州，分爲趙國；牽牛流爲揚州，分爲越國；軫散爲荆州，分爲楚國；虛、危之精流爲青州，分爲齊國；天氐流爲徐州，别爲魯國；五星流爲兗州，分爲鄭國；鈎鈐别爲豫州；井、鬼散爲雍州，分爲秦國；觜、参流爲益州；箕星散爲幽州，分爲燕國；營室流爲并州，分爲衛國之鎮。」此兼言乎星土也。其曰：「五氣之精，交聚相加，陰陽之性以一起，人副天道，故生一子。頭上圓，象天，氣之府也。歲必十二，故人頭長一尺二寸。顔之言氣畔也，陽立於五，故顔博五寸。天有攝提，人有兩眉，爲人表候；陽立於二，故眉長二寸。舌之爲言達也，陽立於三，故舌在口中者長三寸，象斗玉衡；陰合有四，故舌淪入嗌内者長四寸。脣者，齒之垣也。肝者，木之精；目者，肝之使也。肺者，金之精；鼻者，肺之使也。心者，火之精；耳者，心之候也；火成於五，故人心長五寸。腎者，水之精；陰者，腎之寫也。脾者，土之精；口者，脾之門户也。脾爲胃之主，胃者，穀之委也。膀胱者，肺之府也。髮，精散爲鬚髯。腦之爲言在也，人精在腦。膏者，神之液也。掌圓法天以運動，指五者，法五行。陽立於三，故人脊三寸而結；陰極於八，故人旁八幹，長八寸。臍者，下流並會，合爲臍腹。腰上者爲天，陽之狀也；腰而下者爲地，陰之象也。數合於四，故腰周四尺。髀之爲言跂也，陰二，故人兩髀。」此言乎人也。其曰：「元者，氣之始也。春者，四時之始也。王者，受命之始也。正月者，政教之始也。公即位者，一國之始也。」此則其書冠以春秋之名之義也。

春秋包命

七録：「二卷。」

佚。

按：隋志注有春秋包命二卷，疑即元命包。

春秋文曜鉤

佚。

〔校記〕

馬國翰、趙在翰、黄奭均有輯本。（緯，頁六七）

孫瑴曰：「大率闡星曜而幽曲言之，故曰鉤。」

按：鄭康成注周禮云：「五帝，五色之帝。蒼曰靈威仰，太昊食焉。赤曰赤熛怒，炎帝食焉。黄曰含樞紐，黄帝食焉。白曰白招拒，少昊食焉。黑曰汁光紀，顓頊食焉。」其説本於文曜鉤。又星土占云：「斗者，天之喉舌。布度定紀，分州繫象。華、岐以北，龍門、積石至三危之野，雍州，屬魁。太行以東至碣石、王屋、砥柱，冀州，屬樞。三河、雷澤，東至海、岱以北，兖州、青州，屬機。蒙山以東，至江南會稽、震澤，徐、揚之州，屬權。大别以東，至雷澤、九江，荆州，屬衡。荆山西南至岷山，北距鳥鼠，梁州，屬開陽。外方、熊耳以至泗水、陪尾，豫州，屬瑶光。此九州屬北斗。星有七，州有九，但兖、青、徐、揚并屬二州，故七星主九州也。」其文亦本文曜鈎。

春秋運斗樞

佚。

〔校記〕

馬國翰、趙在翰、黄奭均有輯本。（毖緯，頁六七）

孫穀曰：「此專述璿璣，不及衆星，故以斗名篇。」

按：春秋昭公二十有五年經書「有鸜公羊作「鸛」。鵒來巢」，三傳皆同，獨運斗樞文曰：「有鸛鵒來巢于榆。」見公羊傳疏。

又按：運斗樞主言北斗測驗而作，故其文曰：「北斗七星，第一天樞，第二璇，第三機①，第四權，第五玉衡，第六開陽，第七瑶光。第一至第四爲魁，第五至第七爲杓，合而爲斗，居陰布陽，故稱北斗。樞星散而爲麞、爲虎、爲象，又爲雲母。璇星散而爲橘、爲薑。機星②散而爲鷃、爲雉、爲鶉、爲菝葜。權星散而爲蘼蕪。玉衡散而爲雞、爲鴟、爲兔、爲鼠、爲李、爲桃、爲椒、爲荆、爲榆，又爲菖蒲。瑶光散而爲人蔆、爲象、爲鹿、爲麋、爲烏、爲雀、爲燕、爲鵲、爲鷹、爲黽。天樞得，則景星見，甘露零，鸞鳥

---

①「機」，應依補正、四庫薈要本、文淵閣四庫本作「璣」。

②「機星」，四庫薈要本俱作「璣星」。

集，朱草生；失，則虎銜魚。璇星得，則嘉禾液；失，則蘴生翼。機星③得，則狐九尾；失，則鶉生鷚，無頭。權星得，則日月光，烏三足。玉衡得，則麒麟生，百獸率舞，靈龜躍，椒桂連，萬人壽；不明，則菖蒲冠環，李生爪，雄雞五足。瑶光得，則醴泉，陵出黑芝，烏反哺；不明，則人蕿不生，服翼九足，彘生鹿。攜則服翼兩頭並翔，失則兔出月。」

〔補正〕

竹垞案：内「機」皆當作「璣」。（卷十，頁十四）

春秋感精符

佚。

〔校記〕

馬國翰、趙在翰、黄奭均有輯本。（毖緯，頁六七）

孫穀曰：「此言一切災祥，皆精神之感召，而天物來符，故多述人事。」

按：徐氏公羊傳疏引感精符文云：「蒼帝之始，二十八世。滅蒼者翼也，滅翼者斗，滅斗者參，滅參者虚，滅虚者房。」并録其注云：「堯，翼之星，精在南方，其色赤。舜，斗之星，精在中央，其色黄。禹，參之星，精在西方，其色白。湯，虚之星，精在北方，其色黑。文王，房之星，精在東方，其色青。」其説亦不經甚矣。

又按：春秋僖公二年書：「冬，十月，不雨。三年，春，王正月，不雨。夏，四月，不雨。六月，雨。」何氏公羊注引感精符文云：「僖公得立，欣喜，不恤庶衆，比致三旱。即能退辟正殿，飾過求己，循省百官，放佞臣郭都等，理冤獄四百餘人，精誠感天下，不雩而得澍雨。」此事左氏内、外傳俱不載。又按：李善注文選引春秋感精記云：「西秦東闞，謀襲鄭伯。晉成同心，遮之殺谷。反呼老人，百里子哭語之，不知泣血何益。」疑即感精符之文，非别一書也。

春秋合誠圖

佚。

〔校記〕

馬國翰、趙在翰、黄奭均有輯本。（緯，頁六七）

孫穀曰：「此主赤龍一圖，立名。」

按：「天文地理，各有所主，北斗有七星，天子有七政也。」又：「明堂位在辰巳者，木火之際。辰，木也；巳，火也。木生數三，火成數七，政在三里之外，七里之内。」此二則合誠圖之文。

春秋考異郵

佚。

〔校記〕

馬國翰、趙在翰、黄奭均有輯本。（緯，頁六七）

孫穀曰：「此專談物應，郵、尤通。」

按：賈氏齊民要術引考異郵文云：「陽物大惡水，故蠶食而不飲。陽立於三春，故蠶三變而後消。死於三七二十一日，故二十一日而繭。」

春秋保乾圖「保」或作「寶」。

宋衷注。

佚。

〔校記〕

馬國翰、趙在翰、黄奭均有輯本。（讖緯，頁六七）書正義引之云：「移河爲界在齊吕，填遏八流以自廣。」又李善注吴都賦引保乾圖文曰：「日以圓照，月以虧全。」宋均注曰：「全，十五日時也。」又注魏都賦引保乾圖文曰：「五運七變，各以類鷩。」宋衷注曰：「五運，五行用事之運也。」又晉書刑法志引保乾圖文云：「王者三百年一蠲法。」

春秋漢含孶

佚。

〔校記〕

馬國翰、趙在翰均有輯本。（讖緯，頁六八）

按：李善注西都賦引漢含孳文云：「强榦弱流，天之道。」宋均注曰：「流猶枝也。」

又按：漢含孳文有足采者，曰：「三公在天爲三台，九卿爲北斗。三公象五岳，九卿法河、海，二十七大夫法山陵，八十一元士法谷阜，合爲帝佐，以匡綱紀。」

又：「穴藏之蟻先知雨，陰曀未集，魚已噞喁。巢居之鳥先知風，樹木未摇，禽已刷羽。」

春秋佐助期

佚。

〔校記〕

馬國翰、趙在翰、黄奭均有輯本。（䜟緯，頁六八）

孫穀曰：「此主爲炎漢佐命，豫識其籙，故蕭何之狀見於圖文。」

按：李淳風乙巳占列占候諸家，有春秋佐助期占。

又按：「列宿所居，角爲天門，亢爲廟庭，房爲四表，心爲明堂，尾、箕后宫之場，昴、畢爲天街，觜觹天廟，天女主布帛，虚主禮堂，營室主軍糧，奎主武庫，婁主苑牧，胃主倉廩，昴主獄事，東井主水衡，鬼主神明，柳主教令。」皆見佐助期文。外「箕爲天口」，見詩推度災；「翼爲天倡」，見合誠圖。

春秋握成圖

佚。

〔校記〕

馬國翰、趙在翰、黃奭均有輯本。（毖緯，頁六八）

按：握成圖疑即合誠圖。

春秋潛潭巴

佚。

〔校記〕

馬國翰、趙在翰、黃奭均有輯本。（毖緯，頁六八）

孫穀曰：「潛潭者，水之沈深也。巴，又水之屈曲也。蜀江學巴字而流，蓋其遠也。撰名如此，弔詭之甚矣。」

按：日蝕自甲子至癸亥，天文異略各有其占，劉昭注續漢書志引潛潭巴文云：「甲子蝕，有兵敵強臣。乙丑蝕。闕。丙寅蝕，久旱。丁卯蝕，有旱有兵。戊辰蝕。闕。己巳蝕。闕。庚午蝕，後火燒官兵。辛未蝕，大水。壬申蝕，水滅陽潰陰欲翔。癸酉蝕，連陰不解，淫雨毀山，有兵。甲戌蝕，草木不滋，王命不行。乙亥蝕，東國發兵。丙子蝕。闕。丁丑蝕。闕。戊寅蝕。闕。己卯蝕。闕。庚辰蝕，彗星東至，有寇兵。辛巳蝕。闕。壬午蝕，久雨旬望。癸未蝕，行義不明。甲申蝕。闕。乙酉蝕，仁義不明，賢人消。丙戌蝕。闕。丁亥蝕，匿謀滿玉堂。戊子蝕，宮室內淫，雌必成雄。己丑蝕，天下倡亂。庚寅蝕，將相誅，大水，多死傷。辛卯蝕，臣代①其主。壬辰蝕，河海決，久霧連陰。癸巳蝕。闕。甲午蝕。闕。乙未蝕，天下多邪氣，鬱鬱蒼蒼。丙申蝕，諸侯相攻。丁酉蝕。闕。戊戌蝕，有土殃，主后死，天下諒陰。己亥蝕，小人用事，君子縶。庚子蝕。闕。辛丑蝕，主疑臣。壬寅蝕，天下苦兵，大臣驕横。癸卯蝕。闕。甲辰蝕，四騎脅，大水。乙巳蝕。闕。丙午蝕。闕。丁未蝕，王者崩。戊申蝕，地動摇，侵兵强。己酉蝕。闕。庚戌蝕。闕。辛亥蝕，子爲雄。壬子蝕，妃后專恣，女謀主。癸丑蝕。闕。甲寅蝕，雷電擊殺，骨肉相攻。乙卯蝕，雷不行，雪殺草長，姦人入宫。丙辰蝕。闕。丁巳蝕，下有敗兵。戊午蝕，久旱，穀不傷。己未蝕。闕。庚申蝕。闕。辛酉蝕，女謀主。壬戌蝕。闕。癸亥蝕，天子崩。」其占辭不同，惜乎成闕文矣。

〔補正〕

竹垞案内「行義不明」，「行」當作「仁」。（卷十，頁十四）

又按：前闕占辭者二十有四日，孫氏古微書有之，曰：「乙丑蝕，大旱。戊辰蝕，地震，陰盛。己巳蝕，火災。丙子蝕，夏霜爲災。丁丑蝕，三公有罪。戊寅蝕，天下大風。己卯蝕，多盜。辛巳蝕，后妃有謀。甲申蝕，四月雨霜。丙戌蝕，多冤訟。癸巳蝕，權不一。甲午蝕，蟲螟爲害。丁酉蝕，侯王侵。庚子蝕，君有疑。癸卯蝕，外國伐王。乙巳蝕，東國起兵。丙午蝕，民多流亡。己酉蝕，有相疑者。庚戌蝕，臣下相侵。癸丑蝕，水潦爲敗。丙辰蝕，山水大出。己未蝕，王失其土。庚申蝕，外國相侵。

① 「代」，備要本誤作「伐」。

壬戌蝕，羣小用事，君子縶。」不知其從何處捃拾也。

春秋考曜文

佚。

按：考曜文有云：「王者，往也。神所輸向，人所樂歸。」藝文類聚有之。

春秋命曆序

佚。

〔校記〕

馬國翰、黄奭均有輯本。（毖緯，頁六八）

續漢書律曆志曰：「元命包、乾鑿度皆以爲開闢至獲麟，二百七十六萬歲，及命曆序積獲麟至漢起庚子蔀之二十三歲，竟己酉、戊子及丁卯蔀六十九歲，合爲二百七十五歲。漢元帝歲在乙未，上至獲麟則歲在庚申，推此以上，上極開闢，則不在庚申。讖雖無文，其數見存，而馮光、陳晃以爲開闢至獲麟二百七十五萬九千八百八十六歲，獲麟至漢百六十一歲，轉差少一百一十四歲云。」

孔穎達云：「緯候之書及春秋命曆序言五帝傳世之事，爲毛說者皆所不言。」

〔補正〕

續漢書律曆志内「獲麟至漢百六十一歲」，「一」當作「二」。（卷十，頁十四）

王應麟曰：「漢志：『魯僖公五年正月辛亥朔旦冬至，殷曆以爲壬子。』春秋緯命曆序云：『僖公五年正月壬子朔旦冬至。』然則緯與殷曆同。故劉洪云：『甲寅曆於孔子時效，即命曆序所謂孔子修春秋用殷曆也。』」

按：命曆序文皆荒唐謬悠之説，不足録。

春秋玉版讖

佚。

按：沈約①宋書符瑞志引之云：「代赤者魏公子。」

春秋句命決

佚。

右見羅苹路史注。

春秋含文嘉

佚。

① 「沈約」，備要本誤作「沈均」。

按：白虎通德論引春秋含文嘉文云：「天子墳高三仞，樹以松；諸候半之，樹以柏；大夫八尺，樹以欒；士四尺，樹以槐；庶人無墳，樹以楊柳。」又別引含文嘉文云：「殷爵三等，周爵五等。」又云：「天子射熊，諸侯射麋，大夫射虎豹，士射鹿豕。」雖不言春秋，度即其書中語也。

春秋括地象

佚。

按：緯書止有河圖括地象，若春秋括地象，言毖緯者不及。惟隋著作佐郎杜公瞻纂編珠引其文云：「河有九曲，發崑崙，爲地首，至積石爲地門，出龍門爲天橋，至卷重山爲地咽，貫砥柱，觸閼流山爲地喉，至洛、汭爲地腰，至大伾山爲地齒，至大陸爲地腹，東至碣石入於海，爲天臍。」此可補禹貢注疏之闕。

春秋文義

佚。

按：白虎通德論引其文云：「天子社廣五丈，諸侯半之。其色東方青，南方赤，西方白，北方黑，上冒以黄土。」

〔補正〕

竹垞「按白虎通德論引其文云：『天子社廣五丈，諸侯半之，其色東方青、南方赤、西方白、北方黑，上

冒以黄土。』」按：白虎通德論此係别引春秋傳文，與上春秋文義語不屬，似誤。（卷十，頁十四）

春秋内事

七録：「四卷。」通志：「六卷。」

佚。

〔校記〕

馬國翰、黄奭均有輯本。（𢘿緯，頁六八）

孫穀曰：「春秋、孝經各有内事，俱有宋均注。」

按：枚乘七發「歸神日母」，李善注引内事文云：「日者，陽德之母。」又：「天有十二次，日月之所躔也。地有十二分，王侯之所居也。」亦内事文。

春秋祕事

七録：「十一卷。」

佚。

春秋録圖

佚。

按：録圖文有曰：「蒼精萌姬，稷之後昌。」見李善文選注。

春秋災異

隋志：「郗萌撰，十五卷。」

佚。

隋書：「漢末郎中郗萌集圖緯讖雜占爲五十篇，謂之春秋災異。」

孫穀曰：「漢郎中郗萌集圖緯讖雜占爲五十篇，於是七經緯各自爲篇部。至宋均始合而集之，得三十卷，總名曰春秋災異，而言緯者始主春秋，諸書徵引殊不別，疏皆曰春秋緯，以故緯之篇，春秋爲多。」

春秋少陽篇、撰命篇

佚。

王應麟曰：「論語疏：按春秋少陽篇：『伯夷姓墨，名允，字公信。伯，長也，夷，謚。叔齊名智，字公達，伯夷之弟，齊亦謚也。』真宗問陳彭年：『墨允、墨智何人？』彭年曰：『伯夷、叔齊也。』上問見何書，曰：『春秋少陽篇。』」

按：徐氏公羊傳疏引撰命篇文云：「孔子年七十歲知圖書，作春秋。」

經義考卷二百六十七

毖緯五

論語讖新唐志作「緯」。

七録：「宋均注八卷。」新唐志：「十卷。」

佚。

〔校記〕

黄奭有輯本。（毖緯，頁六八）

陳振孫曰：「唐志有論語緯十卷，七緯無之。太平御覽有論語摘輔象、撰考讖者，意其是也。」

論語摘輔象

宋均注。

佚。

〔校記〕

黄奭有輯本。（《緯》，頁六八）

孫瑴曰：「陶淵明《聖賢羣輔録》本之。」

按：《摘輔象》文多説聖門儀表，如：「孔子胸應矩，顔淵山庭日角，曾子珠衡犀角，樊遲山額，有若月衡，子貢山庭斗繞口，南容井口，澹臺滅明岐掌。」又稱：「宰我、子游、公冶長、子夏、公伯周手握之異。以仲尼爲素王，左邱明爲素臣。」皆本此書。又以顔淵爲素王之司徒，子貢爲素王之司空，悉無稽之説。而又溯於上古燧人四佐，明由、必育、成博、隕藘。伏羲六佐，金提、烏明、視默、紀通、仲起、陽侯。黄帝七輔，風后、天老、五聖、知命、窺紀、地典、力墨。蓋好事者爲之。

論語摘衰聖

佚。

〔校記〕

黄奭有輯本。（《緯》，頁六八）

按：《摘衰聖》文有曰：「帝不先義任道德，王不先力尚仁義，霸不先正尚武力。」

論語素王受命讖

佚。

按：李善注文選引其文云：「王者受命，布政易俗，以御八極，莫不喁喁，引頸歸德。」

論語陰嬉讖

佚。

論語紀滑讖

佚。

按：李善注文選引其文云：「漸漬以道，廢消乃行。」又云：「陳滅齊，六卿分晉。」

論語崇爵讖

佚。

按：讖文云：「子夏六十四人共撰仲尼微言，以當素王。」亦見李氏文選注。

論語比考讖

宋均注。

佚。

孫穀曰：「命曰比考，蓋以上比之三王，下自考也。」

論語撰考讖

佚。

孫穀曰：「比考之外，别有撰考，不言讖，實讖文也。」

按：論語讖雖有比考、撰考之目，諸書所引，往往互見。如曰：「軒知地理，九牧倡教，正朔所加也，莫不歸義；遠都殊域，莫不嚮風；穿胸、儋耳，莫不來貢。堯步，舜驟，禹馳，湯騖。」又云：「古者七十二家爲里。」又曰：「水名盜泉，仲尼不漱；里名勝母，曾子斂襟；邑號朝歌，顔淵不舍。七十弟子掩目，宰予獨顧，由蹶墮車。」又曰：「殷惑妲己，玉馬走。」爲比、爲撰，不能盡别也。

孝經雜緯

七録：「宋均注十卷。」新唐志：「五卷。」

佚。

〔校記〕

趙在翰有輯本。（毖緯，頁六八）

毛奇齡曰：「禮記正義引孝經緯文云：『后稷爲天地之主，文王爲五帝之宗。后稷配天地於南北郊，文王配五帝於明堂。』羣儒争南北郊，并争祭地北郊，祭昊天上帝與五帝於明堂。聚訟不已，皆本此文。」

按：應劭風俗通引孝經云：「聖不獨立，智不獨治。」王制正義引孝經云：「德不倍者，不異其爵；功不倍者，不異其土。」今孝經無此文，當亦緯書中語也。又風俗通引孝經説云：「社者，土地之主，土地廣博，不可徧敬，故封土以爲社而祀之。稷者，五穀之長，五穀衆多，不可徧祭，故立稷而祭之，報功也。」

又禮記正義引孝經説云：「封於泰山，考績燔燎；禪於梁父，刻石紀號。」又廣弘明集引孝經説云：「奇者，陽節；偶者，陰基。得陽而成，合陰而居，數相配偶，乃爲道也。」

又按：公羊春秋「作僖公主」，傳何氏注：「主狀正方，穿中央，達四方。天子長尺二寸，諸侯長一尺。」又「閽弑吴子餘祭」，傳何氏注引孔子曰：「三皇設言民不違，五帝畫象世順機，三王肉刑揆漸加，應世黠巧姦僞多。」徐彦疏云：「孝經説文。」

孝經讖圖

十二卷。

佚。

右見張彦遠名畫記。

孝經句命決

隋志：「宋均注六卷。」

佚。

〔校記〕

馬國翰、趙在翰、黄奭均有輯本。（嵗緯，頁六八）

羅苹曰：「孝經句命決云：『任己感神生帝魁。』故鄭康成云：『任己，帝魁之母。』而春秋句命決作任姒，傳者誤也。夫任乃太昊之後，黄帝所封，爲己姓；姒氏，夏始有之。」

王應麟曰：「何休公羊傳序、鄭康成中庸注俱引孔子云：『吾志在春秋，行在孝經。』此孝經句命決之言也。」

孫瑴曰：「參其奥以示人，故名決。」

按：尚書、春秋、孝經俱有句命決，白虎通德論所引有云：「三皇步，五帝趨，三王馳，五霸騖。」續漢書天文志劉昭引宋均句命決注云：「彗，五彗也，蒼則王侯破，天子苦兵；赤則賊起，强國恣；黄則女害色，權奪於后妃；白則將軍逆，二年兵大作；黑則水精賊，江河決，賊處處起也。」此是孝經説。其云：「欲觀我襃貶諸侯之志在春秋，崇人倫之行在孝經。」何休約其辭，明皇述之，世遂以爲何休文，非矣。

佚。

隋志：「宋均注七卷。」

孝經援神契

〔校記〕

徐彦曰：「援神契自是孝經緯説、横説，非是正解。」

王應麟曰：「周官九嬪注引孔子云：『日者，天之明；月者，地之理。』孝經援神契之言也。」

孫穀曰：「此言孝道之至，行乎陰陽，通乎鬼神，上下古今，若合符契也。」

馬國翰、趙在翰、黄奭均有輯本。（毖緯，頁六八）

〔補正〕

按：禮文王世子，鄭注引孝經説云：「諸侯歸，各帥於其①國，大夫勤於朝，州里騐於邑。」孔氏疏謂是援神契文。

又按：大戴禮注引其文云：「日月屬於天，則陰類消於淵。」又賈氏齊民要術引其文云：「黄白土宜禾，黑墳宜黍麥，汙泉宜稻，赤土宜菽也。」

① 四庫薈要本無「其」字。

竹垞案内「各帥于其國」，「其」字衍。（卷十，頁十四）

援神句命解詁

十二篇。

佚。

後漢書：「翟酺，字子超，廣漢雒人，拜光禄大夫，遷將作大匠，善圖緯、天文、曆算，著援神句命解詁十二篇。」

按：益部耆舊傳謂是酺弟子緜竹杜真孟宗所著。

孝經威嬉拒

佚。

按：威嬉拒之説，欲去惡鬼，須具五刑，令五人皆持大斧，著鐵兜鍪駈之。此真邪説，於孝經何與焉？

孝經元命苞

七録：「一卷。」

佚。

孝經内事

隋志：「一卷。」

佚。

〔校記〕

王謨有輯本。（毖緯，頁六八）

按：此係借經説災祥之書。

孝經古祕援神

七録：「二卷。」

佚。

〔校記〕

馬國翰有輯本。（毖緯，頁六八—六九）

孝經古祕圖

七録：「一卷。」

佚。

孝經左右握

七録：「二卷。」

佚。

孝經左右契圖、中契

七録：「一卷。」

佚。

〔校記〕

馬國翰有輯本。（毖緯，頁六八—六九）

按：孝經緯有左右契，亦有中契。其曰：「元氣混沌，孝在其中。天序日月星辰以自光，人序孝悌忠敬以自彰，務一德也。」此左契之文也。其曰：「内深藏不足爲神，外博觀不足爲明，惟孝者爲能法天之神，麗日之明。」此右契之文也。其曰：「孝經文成，玄雲涌北極，紫宫開北門。」此中契之文也。

孝經雌雄圖

七録：「三卷。」

佚。

〔校記〕

馬國翰有輯本。（毖緯，頁六八—六九）

五代會要：「周顯德六年八月，高麗遣使進孝經雌雄圖三卷、皇靈孝經一卷。雌圖者止説月之環暈、星之彗孛、災異之應，乃讖緯之書也。」

龐元英曰：「雌圖亦非奇書。」

宋永亨曰：「孝經雌雄圖本京房易傳，日星占相之書也。」

高麗史：「光宗光德十年秋，遣使如周，進皇靈孝經一卷、孝經雌雄圖三卷。」

孝經異本雌雄圖

七録：「二卷。」

佚。

皇靈孝經

一卷。

佚。

龐元英曰：「皇靈者，止説延年避災之事，及志符文，乃道書也。」

孝經分野圖

七録：「一卷。」

佚。

孝經内事圖

七録：「二卷。」

佚。

〔校記〕

馬國翰、黄奭均有輯本。（《緯》，頁六九）

孝經内事星宿講堂七十二弟子圖

七録：「一卷。」

佚。

孝經口授圖

七録：「一卷。」

佚。

孝經應瑞圖

舊唐志：「一卷。」

佚。

孝經河圖

佚。

按：賈氏齊民要術載孝經河圖文云：「少室之山有爨器，竹堪爲釜甑。安思縣多苦竹，竹之醜有四，有青苦者、白苦者、紫苦者、黄苦者。」其目不見於他書。

孝經皇義

一卷。

佚。

册府元龜：「宋均爲河内太守，撰孝經皇義一卷。」

孝經內記星圖

唐志：「一卷。」

佚。

孝經元辰

唐志：「二卷。」

佚。

孝經中黄讖

佚。

按：沈約宋書符瑞志、裴松之魏志注引之云：「日載東，紀火光，不横一，聖明聰；四百之外，易姓而王，天下歸功，致於太平。」

孝經錯緯

佚。

繆泳曰：「晉燉煌郭瑀元瑜撰。」

書易詩孝經春秋河洛緯祕要

七録：「一卷。」

佚。

句命決圖

一卷。

佚。

靈命本圖

一卷。

辨靈命圖

二卷。

俱佚。

右三圖見張彦遠名畫記，未詳何經之緯。

楊氏統**内讖解説**

二卷。

佚。

益部耆舊傳曰："統，字仲通，家新都，建初中爲彭城令。代以夏侯尚書相傳，作内讖二卷解説，朝廷災異多以訪之，位至光禄大夫，爲國三老。"

孫氏瑴**古微書**

三十六卷。

存。

瑴自序曰："緯有七，儷經而行，顧其文，皆删餘也。相傳孔子既述六經，知後世不能稽同其意，别立緯及讖八十一首以遺來世，故東漢謂之古學。魏、晉以降，倚爲符圖，圖令人諱，諱令人憚，至隋而燬，遂禁不傳。噫，傷哉！使孔門知百世之學，而今無聞也。病之者以爲多談怪迂，義致無取。夫經之尊，譬帝王也；圖緯雖纖陋，譬之猶騶賁、奄奚，而日環侍帝也。今欲親識帝之面，而曰必屏而騶賁，卻而奄奚，則帝難見矣。欲見孔子，而不欲見其親授受者之謦欬、之光容，孔子可見乎？然則惟孔宜删，非孔烏得删？且非孔而欲識孔，又烏得删也？自昔爲之説者有郗、有袁，爲之注者有鄭、有宋。一以爲起於中興之前，終、張之徒，皆借仲尼，雜以己説。一以爲盛於建武之代，俗儒趨時，篇卷第目，轉加增廣。惟劉彦和以爲事幽辭富，有助文章，故羲、皞之源，鍾律之要，瑞孽之符，鬼神之狀，讀之者皆有取焉。嘗讀歷代史經籍、藝文志，空標其目，而書竟隱泯矣，閒有存者，亦復如裂錦碎璧，聲味不聯。予苦心於兹且十年，顧簡不一遘，遘不連行，於是考其班部，榷其宗旨，覈其譌闕。蓋句累而章，章累而篇，篇累而帙焉。雖非其本卷本文之後先，要亦可以大義徵，以文律準也。」

〔四庫總目〕

經義考毖緯一門，其所引據，出毅書者十之八九。（卷三三，頁五三—五五，古微書三十六卷提要）

〔補正〕

按：王深寧曰：「李尋有五經六緯之言，蓋起于哀、平，至光武篤信之，諸儒習爲内學。隋焚其書，今唯易緯存焉。正義多引讖緯，歐陽公欲取九經之疏，删去讖緯之文，使學者不爲怪異之言惑亂，然後經義純一。」又按：張衡謂劉向校七略尚無讖緯，據此則經義考毖緯一門，略存其概可矣，似毋庸備載其書也。（卷十，頁十四—十五）

經義考卷二百六十八

擬經一

揚氏雄**太玄經章句**

隋志：「九卷。」

存。章句佚。

漢書：「雄大潭思渾天，參摹而四分之，極於八十一。旁則三摹九據，極之七百二十九贊，亦自然之道也。故觀易者，見其卦而名之；觀玄者，數其畫而定之。玄首四重者，非卦也，數也。其用自天元，推一晝一夜、陰陽、數度、律曆之紀，九九大運，與天終始，故玄三方、九州、二十七部、八十一家、二百四十三表、七百二十九贊，分爲三卷，曰一二三，與泰初曆相應，亦有顓頊之曆焉。𢱢之以三策，關之以休咎，絣之以象類，播之以人事，文之以五行，擬之以道德仁義禮智。無主無名，要合五經，苟非其事，文不虛生。爲其泰曼漶①而不可知，故有首、衝、錯、測、攡、瑩、數、文、掜、圖、告十一篇，皆以解剥玄

① 「曼漶」，四庫薈要本、文淵閣四庫本作「漫漶」。

體，離散其文，章句尚不存焉。」」。

漢紀：「雄好賦頌，晚節以爲無益而輒止。乃依易著太玄經，其文五十萬，筮之以三十筴，關之以休咎，播之以人事，義合五經，而辭解剥玄體，十一篇，復爲章句。」

〔補正〕

漢紀：「雄依易著太元經，其文五十萬，筮之以三十筴。」按：漢書揚雄傳：「揲之以三策。」蘇林曰：「三三而分之。」此作三十筴，乃沿荀悦漢紀原文，似誤。（卷十一，頁一）

桓譚曰：「揚雄作玄書，以爲玄者，天也、道也，言聖賢制法作事，皆引天道以爲本統，而因附續萬類、王政、人事、法度，故宓犧氏謂之易，老子謂之道，孔子謂之元，而揚子謂之玄。太玄經三篇，以紀天地人之道，立三體，有上中下，如禹貢之陳三品；三三而九，因以九九八十一，故爲八十一卦。以四爲數，數從一至四，重累變易，竟八十一而偏，不可損益。以三十五蓍揲之。玄經五千餘言，而傳十二篇。」又曰：「揚子雲才知聞道，卓絶於衆，所造法言、太玄，漢興以來，未有此也。」又曰：「揚雄不貧則不能作玄言。」

〔補正〕

桓譚條内「因以九九八十一，故爲八十一卦」，按：周易名「卦」，太元名「首」，此「卦」字沿後漢書張衡傳注原文，似誤。又云：「以三十五蓍揲之。」按：太元經筮法，三十六筴，虚其三而用三十有三。此作三十五蓍，乃沿後漢書張衡傳注原文，似誤。（卷十一，頁一）

張衡曰：「觀太玄經，知子雲殆盡陰陽之數也。非特傳記之屬，實與五經相擬。」

王充曰：「揚子雲作太玄，造法言，張伯松不肯一觀。與之並肩，故賤其言。使子雲在伯松前，伯松以爲金匱矣。」又曰：「子雲作太玄，侯鋪子隨而宣之。」

陸績曰：「雄建立玄經，與聖人同趣，雖周公繇大易，孔子修春秋，不能是過。」

葛洪曰：「揚雄著太玄經，夢吐白鳳凰集其頂上而滅。」又曰：「揚雄酒不離口，而太玄乃就。」

王隱曰：「玄經雖妙，非益也，是以古人謂其屋下架屋。」

袁準曰：「太玄幽虛而少效。」

阮孝緒曰：「太玄經九卷，揚雄自作章句。」

顏之推曰：「揚雄投閣，周章怖慴①，不達天命，而桓譚以勝老子，葛洪以方仲尼。直以曉算術、解陰陽，故著太玄經。夫太玄今竟何用乎？不啻覆醬瓿而已。」

韓顯宗曰：「揚雄著太玄經，當時不免覆盎之談，二百年外，則越諸子。」

王涯曰：「八十一首擬乎卦，九贊之位類夫爻，易以八八爲數，其卦六十有四；玄以九九爲數，其首八十有一。易之占以變，玄之筮以逢。數有陰陽，而時有晝夜，首有經緯，而占有旦夕。參而得之謂逢。四位成列，性在其中矣；九虛旁通，情在其中矣。以一生三，以三生九，以九生二十七，以二十七生八十一，三相生，玄之數也。一首九贊，故有七百二十九贊，其外踦、嬴二贊，以備一儀之月數。玄之首也始於中，中之始也在乎一，一之所配，自天元甲子朔旦冬至，惟一晝一夜，終而復始，天元二十七首

---

①「慴」，四庫薈要本作「習」。

中至事，地元二十七首更至昆，人元二十七首減至養。」

宋維幹曰：「揚子欲贊明易道，乃大覃思渾天而作太玄。蓋玄生於一而極於三，天地人各有九，重三而變，故有二十七部。天取其一，地取其二，人取其三，自下相重，三位成列，各以其數成方、州、部、家之道也。因而革之、推而盪之，故謂之三表。升降於六十四卦，共成於八十一家，由是廣其三材，統成九位，行陰陽進退之氣，窮日星經緯之機。有九州以統二十七部，有二十七部以統八十一家，自家至州，統之於伯。是以三材備而萬物生，乃以三材配屬於一家，乃以三家配屬於一部，乃以三部配屬於一州，乃以三州配屬於一方，乃以三方配屬於一歲。莫不推之以宿度，佐之以五行。首以準卦，贊以顯爻，表以會象，玄以明易。運則通，通則久，久則極，極則變。變也者，周而復始之謂也。觀夫易象設位，自下而生，玄道位分，自北而運，運則能覆，生則能載，覆載交泰，兩儀成①，動變在中，吉凶休咎見乎外也。故知觀玄者，知易道之至深；觀易者，知玄道之至大。玄則易也，易則玄也。玄則上行乎天地之氣，易則下通乎天地之神，其用自中孚，推六十四卦陰陽之度數、律曆之紀綱、九九大運之終始也。詳夫聖人觀象於天、觀法於地，知天之氣五日一移、七日一節，地之氣五日一應、七日一易，進退有度，出處有時，所以拱默而經緯乎天下，莫不其防也。在乎微其杜也，在乎漸二分二至，履霜堅冰，戒懼之至也。所謂太玄之作，其知幾乎？若夫天道左行，日月右迎，天象昭列，經緯時成，陰陽相交，晬魄相感，陰陽氣盛，感而下達。地氣右動，山澤相通，陰陽相交，晬魄相感，陰陽氣盛，感而上通。天地氣交，

① 「兩儀成」，當依補正、四庫諸本作「兩儀象成」。

水火相薄，雷風相盪，剛柔相摩，寒暑生焉，變化行焉，四時成焉，萬物立焉。精氣爲物，遊魂爲變。變也者，各有所歸。天地以之乎相承，彰往察來，窮微盡變。如谷從響，無有幽遐。非覃思之至精，孰能與於此乎。」

〔補正〕

宋維幹條内「兩儀成」，「成」上脱「象」字。（卷十一，頁一）

吴祕曰：「太玄，其事則述，其書則作。按：自子辰申子，冠之以甲。分二十七章爲一會，八十一章爲一統。從子至辰，自辰至申，自申至子，凡四千六百一十七歲爲一元。與太初曆相應，亦有顓頊曆焉。此『其事則述』也。作二百四十三表、七百二十九贊、十一篇，此『其書則作』也。」

邵子曰：「揚雄作玄，可謂見天地之心者也。」

司馬光曰：「予少之時，聞玄之名而不獲見，獨觀揚子雲之自序稱玄盛矣。及班固爲傳，則曰：『劉歆嘗觀玄，謂雄曰：「空自苦，今學者有禄利，然尚不能明易，又如玄何？吾恐後人用覆醬瓿也。」雄笑而不應。諸儒或譏，以爲雄非聖人而作經，猶春秋吴、楚之君僭號稱王，蓋誅絶之罪也。』固存此言，則固之意雖愈於歆，亦未謂玄之善如揚子所云也。予亦私怪揚子不贊易而别爲玄。易之道，其於天人之藴備矣，揚子豈有以加之，乃更爲一書，且不知其焉所用之，故亦不謂揚子宜爲玄也。及長學易，苦其幽奥難知，以謂玄者賢人之書，校於易，其義必淺，其文必易。夫登喬山者，必踐於峽嶂；適滄海者，必沿於江漢。故願先從事於玄，以漸而進於易，庶幾乎其可跂而望也。於是求之積年，乃得觀之。初則溟涬漫漶，略不可入，乃研精易慮、屏人事而讀之數十過，參以首尾，稍得窺其梗概，然後喟然置書歎曰：嗚呼！揚子真大儒者耶。孔子既殁，知聖人之道者，非揚子而誰。孟與荀殆不足擬，況其餘乎。觀玄之書，昭則極於人，幽則盡於神，大則包宇宙，細則入毛髮。合天地人之道以爲一，刮其根本，示人所出，胎育萬物而兼爲之母，若地履之而不可窮也，若海挹之而不可竭也。蓋天下之道，雖有善者，其蔑以易此矣。考之渾元之初，而玄已生；察之於當今，而玄非不行；窮之於天地之末而玄不可亡，叩之以萬物之情而不漏，測之以鬼神之狀而不違，槩之以六經之言而不悖，藉使聖人復生，視玄必釋然而笑，以爲得己之心矣。乃知玄者，所以贊易也，非别爲書以與易競也，何歆、固知之之淺，而過之之深也？或曰：『易之法與玄異，揚子不遵易而自爲之制，安在其贊易乎？且如與易同道，則既有易矣，何以玄爲？』曰：『夫畋者，所以爲禽也，網而得之，與弋而得之，何以異哉？書者，所以爲道也，易，網也；玄，弋也，何害其既設網而使弋者爲之助乎？子之求道亦謬①矣。且揚子作法言所以準論語，作玄所以準易，子不廢法言而欲廢玄，不亦惑乎？夫法言與論語之道庸有異乎？玄之於易亦然，大廈將傾，一木扶之，不若衆木扶之之爲固也；大道將晦，一書辨之，不如衆書辨之之爲明也。學者能專精於易誠足矣，然易，天也；玄者，所以爲之階也。子將升天而廢其階乎？』先儒爲玄解者多矣，然揚子爲文既多訓詁，指趣幽邃，而玄又其難知者也，故予疑先儒之解，未能盡契揚子之志。世必有能通之者，比老終且學焉。」又曰：「易與太玄大抵道同而法異，易畫有二，曰陽、曰陰；玄畫有三，曰一、曰二、曰三。易有六位；玄有四重。易以八卦相重爲六十四卦；玄以一二三錯於方、州、部、家爲八十一首。易每

① 「謬」，四庫諸本作「膠」。

卦有六爻，合爲三百八十四爻；玄每首有九贊，合爲七百二十九贊，皆當期之日。易有元亨利貞，玄有罔直蒙酋冥。易大衍之數五十，其用四十有九；玄天地之策各十有八，合爲三十六策，地則虛三用三十三策。易揲之以四，玄揲之以三。易有七九八六謂之四象，玄有一二三謂之三摹。易有彖，玄有首。易有爻，玄有贊。易有象，玄有測。易有文言，玄有文。易有繫辭，玄有攡、瑩、掜、圖、告。易有説卦，玄有數。易有序卦，玄有衝。易有雜卦，玄有錯。殊途而同歸，百慮而一致，皆本於太極、兩儀、三才、四時、五行，歸於道德、仁義也。」

〔補正〕

司馬光條内「亦謬矣」，「謬」當作「膠」。（卷十一，頁一）

林之奇曰：「揚子雲之太玄，蓋擬於易之數也。其泰積之要，始於十有八策，終於天地人之數五十有四，共爲七十有二。而其半爲泰中之數，故三十有六策而虛三以筮焉。此其爲多寡乘除之法，又若有異於易者。」

楊時曰：「揚雄作太玄準易，此最爲誑後學。後之人徒見其言艱深，其數汗漫，遂謂雄眞有得於易，故不敢輕議，其實雄未嘗知易也。」

朱彧曰：「揚子雲作太玄以擬易，先儒已有屋下架屋之誚。予嘗讀之，拘拘於句法之蹈襲、字訓之模倣，信乎其不可也。易以八爲數，推之而爲六十四；玄以九數，轉之而爲八十一。易有元亨利貞，玄有罔直蒙酋①。易有彖，玄有首。易有爻，玄有贊。易有象，玄有測。易有説卦、序卦、雜卦，玄有數、有衝、有錯。易曰：『雲從龍，風從虎。』玄則曰：『風識虎，雲知龍。』易闢户之謂乾，闔户之謂坤；玄則曰：『闔天之謂宇，闢宇之謂宙。』其他率多此類，亦何取於玄哉。及讀桓譚新論，又知一三九之類，亦老子之緒餘耳。而張衡謂其與易相擬，陸績、宋衷、范望、王涯之徒，尤酷嗜之，温公至謂：『叩之以物之情而不漏，測之以鬼神之狀而不違，概之以六經之言而不悖。』是皆溺於所好，未得爲公論也。」

〔補正〕

朱彧條内「罔直蒙酋」，下脱「冥」字。（卷十一，頁一）

朱震曰：「曆元始於冬至，卦氣起於中孚，其書本於夏后氏之連山。子雲通達陰陽之數，故太玄之作，發明連山之旨以準周易。爲八十一卦，凡九分，共二卦，一五隔一四，細分之，則四分半當一日，準六十卦，一卦六日七分也。中，中孚也；周，復也；礥、閑，屯也；少，謙也；戾，睽也；上、干，升也；狩、羨，臨也；此冬至以至大寒之氣也。差，小過也；童，蒙也；增，益也；鋭，漸也；達、交，泰也；耎、傒，需也；從、進②，隨也③；釋，解也；格、夷，大壯也；樂，豫也；争，訟也；務、事，蠱也；更，革也；斷、毅，夬也，此立春以至穀雨之氣也。裝，旅也；衆，師也；密、親，比也；斂，小畜也；彊、睟，乾

---

① 「罔、直、蒙、酋」，應依補正、四庫諸本作「罔、直、蒙、酋、冥」。
② 四庫薈要本、文淵閣四庫本無「進」字。
③ 「從進，隨也。」應依補正、四庫薈要本、文淵閣四庫本作「從，隨也；進，晉也。」

也；盛，大有也；居，家人也；法，井也；應，離也；迎，咸也；遇，姤也；竈，鼎也；大、廓，豐也；文，渙也；禮，履也；逃、唐，遯也；常，恆也，此立夏以至大暑之氣也。永，恆也；度，節也①；昆，同人也；減，損也；唫、守，否也；翕，巽也；聚，萃也；積，大畜也；飾，賁也；疑，震也；視，觀也；沈，兑也；內，歸妹也；去，无妄也；晦、瞢，明夷也；窮，困也；割，剥也，此立秋以至霜降之氣也。止、堅，艮也；成，既濟也；鬭，噬嗑也；失、劇，大過也；馴，坤也；將，未濟也；難，蹇也；勤、養②，坎也③，此立冬以至大雪之氣也。日月之行有離合，陰陽之數有盈虛，踦、嬴二贊有其辭而無其卦，而附之於養者，以閏爲虛也。踦，火也、日也；嬴，水也、月也，日月起於天元之初，歸其餘也。蓋定四時成歲者，以其閏月再扐而後掛者，由於歸奇，六日七分必加算焉，以三百六十五日四分之不齊也。坎、離、震、兑，四正之卦也，二十四爻周流四時，玄則準之，日右斗左，秉巡六甲，東西南北，經緯交錯，以成八十一首也。一月五卦也，侯也、大夫也、卿也、公也、辟也，辟居於五謂之君卦，四者雜卦也。玄則準之，故一玄象辟、三方象三公、九州象九卿，二十七部象大夫，八十一首象元士，其大要則曆數也，律在其中也，體有所循，而文不虛生也。」

〔補正〕

---

① 「永，恆也；度，節也」，補正、四庫薈要本、文淵閣四庫本「度，節也」在「永，恆也」之上。

② 四庫薈要本、文淵閣四庫本無「養」字。

③ 「勤養，坎也」，應依補正、四庫薈要本、文淵閣四庫本作「勤，坎也；養，頤也」。

朱震曰："太元之作，發明連山之旨，以準周易，爲八十一卦。"按：大元以首擬易之卦，此云八十一卦，蓋沿後漢書注桓譚語之誤。又此條内"從、進，隨也"，"進"字當删，下當補"進，晉也"三字。"度，節也"，當在"永，恆也"之上。"勤、養，坎也"，"養"字當删，下當補云"養，頤也"。杰按：太元以應、迎準咸，以飾、疑準賁，以視、沈準觀，以勤、養準頤，蓋離、震、兑、坎分居四正，不在所準之内，朱震强爲分配，朱子已駁正之，然其誤本於司馬光云。（卷十一，頁一一二）

張行成曰："玄紀日於牛宿者，法日也；紀氣於中首者，法天也。以罔冥爲玄，則艮之終始萬物，神妙之理。故太玄於三易，實依連山而作也。"

晁公武曰："太玄經十卷，漢揚雄子雲撰。雄作此書，當時以誚其艱深，其後字讀多異。予嘗以諸家本參校，不同者疏於其上，且發策以問諸生云。揚雄準易作太玄經，其自序稱玄盛矣，而諸儒或以爲猶吴、楚僭王，當誅絶之罪；或以爲度越老子之書，大抵譽之者過其實，毁之者失其真，皆未可信。然譬夫聽訟，曾未究其意，烏能决其曲直哉。今欲論玄之得失，必先窺其奥，然後可得而議也。夫玄雖準易，然託始高辛、大①初二曆而爲之，故玄有方、州、部、家，凡四重，而爲一首、九贊，通七百二十九贊有奇，分主晝夜，以應三百六旬有六日之度。首準一卦，始於中準中孚，而終於養準頤。二十四氣、七十二候與夫二十八宿，錯居其閒，先後之序，蓋不可得而少差也。夫易卦之直日，起於漢儒之學，舍四正卦，取六十卦之爻三百六十，各直一日，此玄之所準者也。然易之卦直日，其亦如玄之首有序乎？抑無

① "大"，依四庫薈要本、文津閣四庫本應作"太"。

也？若亦有之，則雄之爲玄不亦善乎？不然，則玄之序亦贅矣。自復、姤而爲乾、坤，十有二卦，皆以陰陽之消長，分居十二月，謂之辟卦，固有序矣。其餘一月而四卦之序云何耳？如中孚、頤，何以爲一日之卦也？曰公卿、大夫、侯者，何謂也？其所謂屯正於丑閒，時而左行，蒙正於寅閒，時而右行者，其旨可得而聞歟？又一陽一陰者，玄相錯之法也，然養爲陽，而中不爲陰；水火木金土者，玄相傳之法也，然狩①爲金而羨不爲土，其自相戾類如此，豈得無說也哉？」

吳仁傑曰：「太玄以方、州、部、家爲首，倣易六畫而成卦也。以初一至上九爲贊，倣易六位而成章也。首之數綦少而四綦多，而十二而定爲九位焉。老蘇先生所謂二者並行，而其用各異者也。」

唐仲友曰：「雄最知大衍數者，故玄數曰：『三八爲木，四九爲金，二七爲火，一六爲水，五五爲土。』玄圖曰：『一與六共宗，二與七共朋，三與八成友，四與九同道，五與五相守。』不言五十爲土、五與十相守者，知藏十之爲大衍也。」

鄭東卿曰：「揚雄之太玄、子明之洞極，倣易爲書，泥於文字，後世忽之，以爲屋下架屋，頭上安頭也。」

王炎曰：「揚子以言語求道，故爲法言，曰：『吾以擬論語也。』爲太玄，曰：『吾以準易也。』無西子之美而效其顰，亦增其醜而已。」

陳淳曰：「太玄本爲擬易而作也，而又參之易緯以序卦氣，準之太初曆以考星度，蓋雜乎爲書而不

---

①「狩」，「疏」之異體字，備要本誤作「狩」。

純於易；密於數而道則未也。夫易以八爲數，而玄以九爲數。易數始於一，一重之而爲二，二重之而爲四，四重之而爲八，八重之至於六十四，而八八之數立焉。故自太極生兩儀，兩儀生四象，四象生八卦，八卦生六十四卦。玄數始於一，一轉之而爲三，三轉之而爲九，九轉之而爲二十七，二十七轉之而爲八十一，而九九之數具焉。故自一元分而爲天、地、人之三方；方各有三州，三其三方而爲九州；州各有三部，三其九州而爲二十七部；部各有三家，三其二十七部而爲八十一家。易以六畫成卦，而玄擬以方、州、部、家之四位，四位立而首成焉。自中至事爲天元二十七，自更至昆爲地元二十七，自減至養爲人元二十七，合三二十七爲八十一首，以擬易之六十四卦。首下有辭，以擬卦之彖；首爲有九贊，以擬卦之六爻；九其八十一首，則爲七百二十九贊。贊下有測，以擬爻之象，爲七百二十九測。測、贊之外，又有玄衝以擬序卦，玄錯以擬雜卦，玄數以擬説卦，玄攡、玄瑩、玄捝、玄圖、玄告以擬上下繫。至於筮策，又以擬易之大衍虛其一而用四十有九，玄則虛其三而用三十有三，大衍以乾之策二百一十有六，坤之策百四十有四，合三百六十以當期之日，積爲萬有一千五百二十以當萬物之數。而玄則以天數十有八，地數十有八，合三十六策，以律七百二十有九贊以當一歲之日，積爲二萬六千二百四十四策以配萬物之數。大衍揲以四，而玄則揲以三。大衍以七八九六定六爻而辨吉凶，玄則以七八九六定四位而别休咎。與夫三摹之擬三索，三表之擬四象，一一與易相準而猶以爲未也。何氏易緯稽覽圖創爲卦氣之説，以爲起於中孚而終於頤六十卦，别以坎、離、震、兑爲四卦，各主一方，卦中二十四爻各主二十四氣，其餘六十卦有三百六十爻，主三百六十日，餘有五日，每日分爲八十分，合四百分，又四分日之一爲二十分，是有四百二十分。以六十卦分之，六七四十二卦各得七分，每卦得六日七分，以當期三百六十五日四分日之一之數。而玄則又從而參之，始於中首以配中孚，而終於養首以配頤，凡八十一首，皆法卦氣之次序。首以二贊當一日，凡七百二十九贊當三百六十四日有半，又增踦、嬴二贊爲閏餘之數以足之。太初上元十一月甲子朔旦冬至無餘分，後千五百三十九歲甲辰朔旦冬至又無餘分，又千五百三十九歲甲申朔旦冬至又無餘分，又千五百三十九歲復甲子朔旦冬至無餘分。而玄則又從而準之，始於中首冬至之節初一日起牽牛一度，而終於養首之上九，以周二十八宿之行而爲一歲，十九歲爲一章，二十七章凡五百一十三歲爲一會，八十一章則三會，凡千五百三十九歲爲一統。自子至辰，自辰至申，自申復子，凡三統九會二百四十三章，有四千六百一十七歲爲一元。一章則閏分盡，一會則月分盡，一統則朔分盡，一元則六甲盡，與太初曆相應，是玄之爲數密矣。然密於其數，而道則未也。吾觀其書，有如中首曰：『陽氣濳萌於黃宮，信無不在其中。』而養首又曰：『藏心於淵，美厥靈根。』則天理始終，循環無閒之義，似亦察矣。然於玄攡有曰：『其上也，垂①天下也，淪淵纖也，入薉廣也，包畛其道，游冥而挹盈。』又曰：『虛形萬物所道之謂道，因循無革天下之理得之謂德，理生昆群兼愛之謂仁，列敵度宜之謂義。』又未能根極乎理義之大本，而不免乎老、墨之指歸，於易之宏綱大義，亦何所發明哉？況乎以周配復、以戾配暌、以上配升、以差配小過、以童配蒙、以增配益、以達配泰、以從配隨、以進配晉、以釋配解、以樂配豫、以争配訟、以更配革、以斷配夬、以裝配旅、以衆配師、以親配比、以盛配大有、以居配家人、以竈配鼎、以大配豐、以逃配遯、以永配恒、以度配節、以減配損、以聚配萃、以飾配賁、

① 「垂」，四庫薈要本、文淵閣四庫本作「懸」。

以視配觀、以晦配明夷、以窮配困、以割配剥、以止配艮、以成配既濟、以失配大過、以難配蹇、以養配頤，徒區區爲字訓之模倣，而復拘拘於句法之循襲。易曰：『幽贊神明而生蓍。』而玄則曰：『昆崙天地而産蓍。』易曰：『雲從龍，風從虎，聖人作而萬物覩。』而玄則曰：『風識虎，雲知龍，賢人作而萬類同。』易曰：『闢①户謂之乾，闔户謂之②坤。』而玄則曰：『闔天謂之③宇，闢宇謂之④宙。』易曰：『乾確然示人易，坤隤然示人簡。』而玄則曰：『天宙然示人神，地他然示人明。』易之元亨利貞，萬化之原也，故君子行此四者，曰：乾，元亨利貞；而玄配之以君子能此五者，曰：罔直蒙酋冥。愚不知罔直蒙酋冥，於元亨利貞之義何得哉？易之陰陽、剛柔、仁義，三才之本也，故立天之道曰陰與陽，立地之道曰柔與剛，立人之道曰仁與義；而玄配之以立天之經曰陰與陽，形地之緯曰縱與横，表人之行曰晦與明。愚不知縱横、晦明，與剛柔、仁義之旨何有哉？其他效爲天、爲圜等語，則有爲雷、爲鼓之辭；效革去故鼎取新等語，則有更造新常因故之説；效十三卦所取，則有衣裳圭璧，槐⑤擬之論。若此之類，不可勝數，而於易道初無一補。前不足以發往聖之心，後不足以開來哲之耳目。子思氏之中庸，孟軻氏⑥之七篇，所以與堯、孔心傳，千載若合符契者，何嘗必爲如是之配倣哉。抑又多爲誇張自贊之語，曰：『知陰、知陽、知止、知行、知晦、知明者，惟玄乎。』又曰：『曉天下之瞑瞑，瑩天下之晦晦者，惟玄乎。』又曰：『夫玄，

① 「闢」，備要本误作「闔」。
②③④ 「謂之」，文津閣四庫本俱作「之謂」。
⑤ 「槐」，四庫諸本作「捝」。
⑥ 「孟軻氏」，文淵閣四庫本作「孟氏」。

卓然示人遠矣，曠然開人大矣，淵然引人深矣，渺然絶人眇矣。』殊非聖賢氣象，此當時如劉歆者，所以有『空自苦覆醬瓿』之譏，而近世如東坡、如伊川所以謂其道不足，與『屋上架屋』之誚，是雖侯芭之受、桓譚之傳、張衡比之五經、陸績推之爲聖人、宋衷之訓詁、范望之解釋、王涯之纂述、司馬温公之作書與擬類，皆隨己之好，而終不足厭服千萬世學者同然之見也。」

〔補正〕

陳淳條内「其上也垂天」，「垂」當作「縣」。「槐擬之論」，「槐」當作「捝」。（卷十一，頁二）

陳埴曰：「太玄模倣周易，只起數不同，先儒謂將易變作十部，太玄亦得，但無用耳。」

陳振孫曰：「按漢志，揚雄所序三十八篇，太玄十九。本傳三方①、九州、二十七部、八十一家、七百二十九贊，分爲三卷，有首、衝、錯、測、摛②、瑩、數、文、挩、圖、告十一篇，皆以解剥玄體，蓋與本經三卷共爲十四。今志云『十九』，未詳。初，宋、陸二家各依舊本解釋，范望折衷長短，或加新意，既成此注，乃以玄首一篇，加經贊之上，玄測一篇，附贊之下，爲九篇，列爲四卷。首、測二序，載之第一卷之首，蓋猶王弼離合古易之類也。卷首有陸績述玄一篇。」

葉適曰：「太玄雖云幽深，然既枝葉扶疎，獨説十萬餘言，侯芭又受其辭，則是雄所以作之意，固嘗曉然號於人，使皆可識，不爲甚難明也。至宋衷、陸績、范望乃皆創立注釋，若昔未嘗聞知者，如首名以

① 「三方」，文淵閣四庫本誤作「二方」。
② 「摛」，文淵閣四庫本作「攡」。

節氣起止，贊義以五行勝尅，最爲此書要會，不知自雄及芭親相傳授已如此耶？或舊語果零落，而衷、績等方以意自爲參測也？以位當卦，以卦當日，出於漢人。若夫節候晷刻，推其五行所寄，而吉凶禍福生之，至玄而益詳。蓋農工小人所教以避就趨舍者，雄爲孔氏之學，其書將經緯大道，奈何俛首效之？且未有求其小而能得其大者。惜乎！其未講矣。」

高似孫曰：「易可準乎？曰：難矣。何爲其難也？曰：天地人之理，混淪於未畫之前，二三聖人察天之微，窺地之奥，以神明天人之用。文王因伏羲，孔子因羲、文，而易道極矣。文王非舍伏羲，孔子非舍羲、文而自爲之書也。易經三聖，以經天地人之道，是道也，吉凶晦吝、消息盈虚，雖天地鬼神無所藏其藴，而匹夫匹婦可與知者也。揚雄氏欲以一人之力而規三聖所成之功，是爲難乎。子雲豈不知此者，然則子雲亦有得於易之學而欲自神其用。其曰：『天以不見爲玄，地以不形爲玄，人以腹心爲玄。』此子雲之所以神者也。子雲之意，其疾莽而作者乎？哀、平失道，莽輒亂常，子雲酌天時行運、盈縮消長之數，推人事進退、存亡成敗之端，存之於玄。三方象三公，九州象九卿，二十七部象大夫，八十一家象元士，而玄者，君象也。總而治之，起牛宿之一度，終牛宿之二十二度，而成八十一首、七百二十九贊、二萬六千二百四十四筴，明天人終始逆順之理，正君臣上下去就之分，順之者吉，逆之者凶，以爲違天咈人、賊臣盜國之戒，子雲之意也。子雲敢以此準易。言者蓋以卦氣起於中孚，震、離、兑、坎分配四方，六十四卦各主六日七分，以周一歲三百六十五日四分日之一，據此言之，窒矣。桓譚曰：『玄與大易準。』班固曰：『經莫大乎易，故作太玄。』是知子雲者乎？不知子雲者乎？」

〔補正〕

高似孫曰：「蓋以卦氣起於中孚，震、離、兌、坎分配四方，六十四卦各主六日七分，以周一歲。」杰按：卦氣圖除去震、離、兌、坎四正卦，餘所得六十卦，此云「六十四卦」，「四」字疑衍。（卷十一，頁二）

林希逸曰：「子雲之書，一而三，三而九，九而二十七，二十七而八十一，是或一數也。黄鍾之長八十一分，則是法蓋始於律；河圖之數，藏十用九，則是法亦得於河圖。使雄自爲一書，誰敢輕議？凡其牴牾者，皆雄自爲拙也。請試言之，説卦、雜卦乃聖人紬繹其所未盡者，玄何必倣乎？則衝可去也，錯亦可去也。文言大傳乃當時議論之所及者，玄何必倣乎？則攡可去也，瑩亦可去也，玄文亦可去也。無乾之四德，則何必爲罔直酋蒙冥；無十三卦創物之義，則何必爲玄掜；無八卦自然之象，則何必取五行之常，論而及形色聲味之繁且碎也。故其數可存，其圖可存，若此，則不必存者也。」

趙汝楳曰：「揚子雲擬易以作太玄，而主於曆。魏伯陽假爻象①以作參同契，而主於養生。他如洞極、元包皆依倣卜筮而作，又何害於易哉？」

林駉曰：「淵哉，太玄之爲書乎。易以八，玄以九。易之蓍也以七，玄之蓍也以六。易之八也，八而八之，凡六十四卦，然不易者八，反易者五十六，實以三十六卦而六十四也。玄之九也，九而九之，凡八十一家，然不易者九，反易者七十二，實以四十五而八十一也。蓍之七也，七而七之，凡四十九筴，其

①「象」，備要本誤作「彖」。

虛一也，存一而虛之也。蓍之六也，六而六之，凡三十六筴，其虛三者，取其三而虛之也。易以當日，玄亦以當日；易以當曆，玄亦以當曆；其闔闢變通，無一而非易也。至若易有彖，玄則有首。易有爻，玄則有贊。易之爻有象，玄之贊有測。以玄文而準文言，以攡、瑩、掜、圖、告而準繫辭，此又其文之巃耳。然亦誠有可疑者，易之天五配以地十，玄也有五而無十，非易也。易之六畫加以六位，玄也有畫而無位，非易也。易之畫即易之爻，玄之重爲重，玄首四重，方、州、部、家。贊自贊，玄首九贊，非以四重爲贊。非易也。玄以玄文擬文言，似矣，然玄文不加之晬，玄以晬準乾。而加之中，如其有心於卦氣也，則去玄文可也，而何必規規於聖人也。玄以首名準卦，似矣，然或以一首當一卦，而或以二首焉，如其有心於曆法也，則自爲之名可也，而何必規規於聖人也。」

胡一桂曰：「太玄經，揚雄作以擬易，其畫四，以方、州、部、家爲次，自上而下，最上一畫爲方，第二畫爲州，第三畫爲部，最下第四畫爲家，每四畫爲一首。一玄生三方，三方生九州，九州生二十七部，二十七部生八十一家，而成八十一首，首各有名，以擬易六十四卦。每首雖四畫，而贊則有九，以初一、次二、次三、次四、次五、次六、次七、次八、上九爲次，而分水、火、木、金、土，一六水、二七火、三八木、四九金、五土；每首九贊，八十一首共七百二十九，末一首上九，後獨增踦、嬴二贊以擬易之三百八十四爻；首之下各有辭，贊亦各有辭，贊下又各有測辭以擬爻之小象，又有玄文以擬文言，有玄攡、玄瑩、玄掜、玄圖、玄告以擬繫辭，有玄數、玄衝、玄錯以擬說、序、雜。八十一首分天地人三玄，七百二十九贊，又加踦、嬴，分晝夜日星節候以直一歲，三百六十五日二百三十五分以擬卦氣。又有揲法，筮首贊以斷事之吉凶，其學不傳，世罕有其書。予得之友人查顔叔抄本。」又曰：「太玄以八十一首繫之於方、州、部、家四畫之下，於象與義初無所取，特不過以四畫分之，有八十一樣，借以識八十一首之名。又有七百二十九贊，散之於八十一首之下，每首九贊，皆是初一、次二、次三、次四、次五、次六、次七、次八、上九，首首一樣，更無分別。而七百二十九贊，亦與八十一首象與義，皆無相關。以八十一首名彊附於四畫之下，以七百二十九贊又彊附於八十一首之下，然以中之初一作冬至第一日，積起至養之上九，而一歲節氣三百六十四日半一周。又加踦、嬴二贊以足日之餘分，而起閏又自冬至一日，繫之以牽牛星之第一度日，一日躔星一度，至三百六十四日半而斗星二十五度半亦周。又以踦、嬴二贊繫斗星餘度，而一歲周天之日與星湊合恰好，太玄之要法全在於此。而老泉又甚議其增二贊之非，且曰始於中之一，訖於養之九，闕焉而未見者四分日之三爾，以一百八分而爲日，以一分而加之一首之外，盡八十一首，而四分日之三可以見矣。又曰：玄四日以爲首，而以四百八十七分求合乎二十八宿之度，加分而數定，去踦、嬴而道勝，吾無憾焉爾。」

王申子曰：「太玄取數以一，加二爲三，爲三方；三三而九，爲九州；三九而二十七，爲二十七部；九九而八十一，爲八十一家，純乎取洛書數而用奇。其所謂準易者，玄之家準易之卦，玄之首準易之象①，故八十一家有八十一首；玄之贊準易之爻，故有七百二十九贊；玄之贊有測，準易爻②之小象；玄之文準易之文言；玄之攡、瑩、挩、圖、告準易之上繫、下繫；玄之數以論九贊，所象準易之説

① 「象」，四庫薈要本、文淵閣四庫本作「彖」。
② 「爻」，備要本誤作「文」。

卦；玄有衡以序八十一首陰陽之相對，準易之序卦；玄有錯以錯雜八十一首而説之，準易之雜卦，自首以下爲十一篇。然以愚觀之，名曰準易而大不同者，易之彖所以斷是卦之全體，而玄之首四重方、州、部、家，而贊則不以四重爲贊；易之爻所以乘六虚之時用宜與不宜、當與不當，玄則初一、次二、次三、次四、次五、次六、次七、次八、次九①而无位，且无剛柔、上下、遠近之分，則何以辨其時用宜不宜、當不當耶？易文言惟乾、坤有之，晬，玄之乾也，而玄之文不加之晬而加之中，中者，玄之中孚也，其意專主交成卦氣，以中孚爲陽貞，建子之月起於中孚，故獨加之以文而詳説之也。是以司馬君實潛虚擬太玄，專以氣候説易。」又曰：「易以兼取河圖、洛書之數，故奇耦亭②當，體用兼備，其數無欠亦無餘。太玄純取洛書之數，一六、二七、三八、四九、五五，而無十，自一至九，亦無十，故欠而增踦、嬴二贊。潛虚純取河圖之數而用十，爲五十五行，故餘而退元、齊、餘三者。元，始也；齊，中也；餘，終也。退此三者而无變，愚故曰太玄、潛虚各得易之一偏者，此也。」又曰：「易之揲蓍也，以天地貞元之數一二三四五，小衍之爲十五，大衍之爲五十，故四營之以求老少陰陽之筴。其五十之中，又虚其一者，天地之數皆生於一。一，太極也，是所虚之一，在七七四十九筴之外。是數也，皆倚天地圓奇方耦而用之，故能成變化而行鬼神。太玄之數則起於三，而終於九。九者，三其三也，故玄之蓍用六。六者，兩其三也；六而六之，故玄用三十六筴而揲以數。起於三，故又虚其三而用三十三而揲，是所虚之三，乃在六六三

① 「次九」，四庫薈要本、文淵閣四庫本作「上九」。
② 「亭」，文淵閣四庫本作「停」。

十六之内，與易異矣。以三搜之，至三而止，得七爲一，得八爲二，得九爲三，是再合餘而以三搜之也。故有旦筮、晝筮、夜筮之不同，奇奇而欠故也。潛虚之數起於十，十者，兩其五也，故潛虚之蓍用五。五而五之，合用二十五筴而揲，乃三倍而用七十五策，以其起於五，故虚五而用七十筴，是於五行數内各虚其一也。揲之以十，謂可以得名而未可以得變，故再揲以七偶，偶而餘故也。」又曰：「易之先天八卦，後天重爲六十四卦，以反對反易觀之，止三十六卦，三十六乃自一至八之積也。太玄以一加二成三，爲三方；三三而九，爲九州；三九而二十七，爲二十七部；九九而八十一，爲八十一家。其不易者，九中增毅、迎、度、唫、瞢、勤、□①，其反易者七十二，合而觀之止四十五家，四十五乃自一至九之積也。潛虚以十，十而十之，其行當一百，乃退而用五十五行，是專用河圖五行之數，故潛虚數有正有屈，五十五亦自一至十之積也。」

〔補正〕

王申子條内「元之首準易之象」，「象」當作「彖」。「次九而無位」，「次」當作「上」。「九中增毅迎度唫瞢勤」，當作「增争斷應永守窮養」。（卷十一，頁二）

鮑雲龍曰：「太玄倣焦、京卦氣而作，朱子已言之矣，若邵子之學，程子嘗稱之曰：『堯夫之學大抵似揚雄。』又曰：『亦不盡如之。』則於揚子之學，信乎其深有所得矣，故其每取揚子之説。有曰：『洛下

---

① 「九中增毅迎度唫瞢勤□」，四庫諸本作「九中增争斷應永守窮養」。

閎改顓帝曆爲太初曆，揚子雲準太初而作太玄，凡八十一首，九分，共三①卦，凡五隔四四分之，則四分②當一卦，卦氣起於中孚，故首中卦。』又云：『子雲既知曆法，又知曆理。』又云：『子雲作太玄，可謂知天地之心。』而詩又有内外天人之説，天根而對以月窟卦氣，亦用六日七分，其他默會處甚多，未易枚舉。是經世之作，於太玄不無所助也，而謂其學盡出於玄，則不可。某非深於玄者也，亦粗識其梗槩，而不忍棄耳。彼蘇氏解易且不識性，宜其不取太玄之擬易，而謂其以艱深而文淺易。易有奇⚊、偶⚋，而揚子雲有𝌀焉，人謂其好奇字而怪也，多載酒以問之，豈知多識先秦古書焉。今觀商卣所刻，有作𝍠、作𝌆，一象天、一象地、𝌀象人，其文已見於商，豈子雲所杜撰者？字既本於古，而數尤合於易，人見其數以三起，謂一生三而近於老也，詎知太極函三爲一，而易乾初畫亦止有三焉。由是推之，三三而九，三九二十七，三其天，三三其地，四三其天，五三其地，六其爲數也，亦無往而不與易合，豈五千文之可例耶？學雖未純，亦一奇也。自先漢以來，至今千數百年，好之者不下一二十家，即大儒如唐韓昌黎尊之以爲聖人之徒，宋司馬公嘗準之以作潛虚，彼其功名在宇宙，纘著在通鑑，而其精神心術則寓於潛虚之一書。今人才不曉其旨，又取而罵之，當知康節之在當時，與馬公相與至矣，此書豈無自而作，蓋亦祖於玄耳。一自莽大夫之書出於朱子，而後諸儒始有議論，而薄其爲人，先儒論之詳矣。朱子既書之，以爲後世爲儒而無節義之戒矣；而其於玄，間亦取焉，亦道並行而不相悖也。所以世之鉅人絶德，間有

① 「三」，四庫薈要本、文津閣四庫本作「二」，文淵閣四庫本作「玄」。
② 「四分」，文淵閣、文津閣四庫本「分」下有「半」字。

好之者，豈其胸中盡無斟酌而妄取之哉？必有以也，得非以其理之所在，人心所同，自有不可磨滅者邪。」

〔補正〕

鮑雲龍條内「凡八十一首九分共三卦」，「三」當作「二」，「卦」當作「首」。「則四分當一卦」，「分」下脱「半」字。（卷十一，頁二）

鄭善夫曰：「揚雄太玄實失之滯。」